Paul Gans · Ansgar Schmitz-Veltin · Christina West

Bevölkerungsgeographie

westermann

© 2009 Bildungshaus Schulbuchverlage
Westermann Schroedel Diesterweg
Schöningh Winklers GmbH, Braunschweig
www.westermann.de

Auf verschiedenen Seiten dieses Buches befinden sich Verweise (Links) auf Internet-Adressen.

Haftungshinweis: Trotz sorgfältiger inhaltlicher Kontrolle wird die Haftung für die Inhalte der externen Seiten ausgeschlossen. Für den Inhalt dieser externen Seiten sind ausschließlich deren Betreiber verantwortlich. Sollten sie bei dem angegebenen Inhalt des Anbieters dieser Seite auf kostenpflichtige, illegale oder anstößige Inhalte treffen, so bedauern wir dies ausdrücklich und bitten Sie, uns umgehend per e-mail davon in Kenntnis zu setzen, damit beim Nachdruck der Verweis gelöscht wird.

Druck A^1 / Jahr 2009

Alle Drucke der Serie A sind im Unterricht parallel verwendbar.

Redaktion: Thilo Girndt
Typografie und Herstellung: buchHermes, Hardegsen
Umschlaggestaltung: Thomas Schröder, Heike Rieper
Druck und Bindung: westermann druck GmbH, Braunschweig

ISBN   978-3-14-**151059**-1

Inhalt

Zur Einführung

Bevölkerungsgeographische Themen finden sowohl in regionalen als auch in globalen Zusammenhängen zunehmende Beachtung in Politik und Wissenschaft. Gründe hierfür liegen in großräumig sehr unterschiedlichen Trends, die sich mit mehreren Gegensatzpaaren beschreiben lassen: hohes Bevölkerungswachstum versus -rückgang, Geburtenversus Sterbeüberschüsse, steigende versus sinkende Lebenserwartung von Neugeborenen, Gewinne versus Verluste bei internationalen Migrationen. Diese Trends stehen auch im Fokus der acht Milleniumsziele, auf die sich im September 2000 alle Mitgliedsstaaten der Vereinten Nationen mit einem Zeithorizont bis 2015 geeinigt haben: Beseitigung der extremen Armut und des Hungers, Bildung für alle, Förderung der Gleichheit der Geschlechter, Senken von Kinder- und Müttersterblichkeit, Bekämpfung von HIV/AIDS und Malaria, Sicherung der ökonomischen und ökologischen Nachhaltigkeit.

Maßnahmen, die zur Erreichung dieser Ziele führen, stoßen meist auch andere gesellschaftliche Entwicklungen an: So stärkt „Bildung für alle" die Gleichheit der Geschlechter, verbessert Beschäftigungs- und Einkommenschancen, verringert die Armut, senkt die Fruchtbarkeit und verlangsamt damit das Bevölkerungswachstum oder hilft bei Informationskampagnen zur Gesundheitsvorsorge oder AIDS-Aufklärung. Es geht um das übergreifende Ziel, die Gleichheit der Chancen und der Zugangsmöglichkeiten für alle Menschen zu gewährleisten. Auf den ersten Blick betreffen diese Ziele vor allem Menschen in weniger entwickelten Ländern. Jedoch sind Verbesserungen des Bildungsniveaus oder die Bekämpfung globaler Krankheiten auch in weiter entwickelten Industriestaaten aktuelle Themen.

Noch intensiver werden dort allerdings die Folgen von Bevölkerungsrückgang und -alterung erörtert. Im Vordergrund der Diskussionen stehen die Konsequenzen für nationale Ökonomien, die Auswirkungen der bevölkerungsstrukturellen Änderungen auf die Finanzierung der sozialen Sicherungssysteme, die Umsetzung von Maßnahmen zur Erhöhung der Geburtenhäufigkeit oder die Zuwanderung mit ihren Anforderungen an die Integration der Migranten. Die zukünftige Bevölkerungsentwicklung variiert in ihren räumlichen Ausprägungen von Land zu Land, von Region zu Region, von Gemeinde zu Gemeinde. Diese Unterschiede beeinflussen die Nachfrage auf den Wohnungsmärkten und damit Immobilienpreise wie Leerstandsquoten, wirken sich auf die Auslastung von Bildungsinfrastruktur oder vom öffentlichen Personennahverkehr aus und bestimmen in hohem Maße die zukünftige Stadt- und Regionalentwicklung.

Diese Vielfalt von Fragestellungen der Bevölkerungsgeographie versucht das vorliegende Buch zu umreißen. Inhaltliche Schwerpunkte sind Themen zur Bevölkerungsentwicklung und -struktur, zu den natürlichen wie räumlichen Bevölkerungsbewegungen und zum zukünftigen Bevölkerungswachstum. Dabei verdeutlicht eine globale Darstellung allgemein gültige Trends. Regionale Fallbeispiele vertiefen mit ihren spezifischen Kontexten die dargelegten Erklärungsansätze und Modelle.

1 Bevölkerungsgeographie: Fragestellungen und Grundlagen

Wie lässt sich die weltweit zunehmende Bevölkerung auf Dauer ernähren? Welche Maßnahmen können unter welchen Bedingungen das Wachstum verringern? Bevölkerungsgeographische Fragestellungen befassen sich mit den Ursachen und Folgen global unterschiedlicher Bevölkerungsverläufe in Ländern und Regionen. Der räumliche Bezug grenzt die Bevölkerungsgeographie von anderen Wissenschaften ab, die sich wie die Demographie, Soziologie, Wirtschaftswissenschaften oder Ethnologie ebenfalls mit Bevölkerungsthemen befassen.

Bevölkerungsgeographie analysiert die Ursachen für die räumlich differenzierte Entwicklung und Struktur der Bevölkerung in ihrem gesellschaftlichen und naturräumlichen Kontext. Die zunehmende Vielfalt der Bevölkerungsdynamik und die jeweiligen gesellschaftlichen Bedingungen werden im Folgenden am Beispiel von China und Indien, USA und Deutschland umrissen.

Noch 1994 diskutierten Regierungsvertreter anlässlich der Weltbevölkerungskonferenz in Kairo Konzepte, wie das Bevölkerungswachstum insbesondere in den weniger entwickelten Ländern reduziert werden könnte. Doch seit geraumer Zeit sind die Trends der Bevölkerungsentwicklung zunehmend vielfältiger und unabhängiger vom Entwicklungsstand der jeweiligen Länder geworden. So wächst die Bevölkerung von Indien und den USA beständig weiter, während die Zuwachsraten in China und Deutschland in den letzten Jahrzehnten deutlich fielen.

2008 zählte China 1 324,7 Mio. Einwohner, das heißt jeder fünfte Mensch lebt heute im Reich der Mitte (M 1). Bis 1981 war das Wachstum aufgrund einer relativ hoch bleibenden Geburtenhäufigkeit bei deutlich sinkender Sterblichkeit zum Teil beachtlich. Dann verringerte sich die Zuwachsrate bis 2008 auf unter zehn Promille, da sich der Geburtenrückgang bei gleichzeitig verlangsamtem Anstieg der Lebenserwartung beschleunigte. Schon 1956 führte die Regierung ein erstes Familienplanungsprogramm zur Reduzierung der Geburtenhäufigkeit ein. Die geringen Erfolge hatten in den 1960er-Jahren ein neues Programm zur Folge, das unter dem Motto *wan xi shao* stand: *Wan* bedeutet spätere Heirat, *xi* längere Abstände zwischen zwei Geburten und *shao* weniger Kinder. Das autoritäre politische System ermöglichte die Durchsetzung von Quoten, die entsprechend der Zahl und des Alters verheirateter Frauen bis zur untersten Verwaltungsebene die Zahl der Geburten vorgaben. Seit 1979 erhöhte die Ein-Kind-Politik durch materielle Belohnung oder Bestrafung der Eltern den Druck auf die Bevölkerung, da eine noch stärkere Reduzierung des Wachstums als notwendige Bedingung für die erfolgreiche Modernisierung Chinas angesehen wurde.

Indikatoren	1951	1961	1971	1981	1991	2001	2008
Bevölkerung (in Mio.)	557,5	686,4	784,8	1 007,8	1 155,8	1 273,3	1 324,7
Bevölkerungszunahme (in Mio.)[1]	94,3	128,9	98,4	223,0	148,0	117,5	51,4
mittlere jährliche Wachstumsrate (in ‰)[1]	18,7	21,0	13,5	25,3	13,8	9,7	5,7
Geburtenziffer (in ‰)	37,3	29,5	32,4	21,3	21,6	15,0	12,0
Sterbeziffer (in ‰)	21,1	13,2	15,3	7,4	6,6	6,0	7,0
natürliche Wachstumsrate (in ‰)	16,2	16,3	17,1	13,9	15,0	9,0	5,0
Zahl der Kinder je Frau[2]	6,22	5,72	4,86	2,55	1,92	1,8	1,6
Lebenserwartung bei Geburt in Jahren[2]	40,8	49,5	63,2	66,6	68,4	71,0	73,0

[1] bezogen auf den jeweils vorangegangenen Zeitraum; 1951 bezogen auf 1935
[2] Für die Jahre 1951 bis 1991 beziehen sich die angegebenen Mittelwerte auf die ersten fünf Jahre der jeweiligen Dekade.

M 1: *Ausgewählte demographische Indikatoren zur Bevölkerungsentwicklung in China (1951–2008)*

Die wirtschaftliche Liberalisierung in China seit 1980 beschleunigte einen gesellschaftlichen Wandel, der eine erhöhte Akzeptanz der Ein-Kind-Politik unterstützte. Die Zahl von 1,6 Geburten je Frau (2008) belegt die Erfolge in der Familienplanung: Gründe hierfür sind soziale Veränderungen mit weitreichenden Auswirkungen auf das Gesundheits- und Bildungswesen, die straffe Organisation der Kommunistischen Partei und eine effiziente Organisation, um den Zugang zu Kontrazeptiva zu ermöglichen. Die Kehrseite der rigiden chinesischen Ein-Kind-Politik zeigt sich in hohen Abtreibungszahlen und einer erhöhten Säuglingssterblichkeit von Mädchen vor allem in ländlichen Teilregionen, in denen die Geburt eines Jungen noch immer eine höhere gesellschaftliche Akzeptanz verspricht. Folge ist eine zunehmende Asymmetrie der Geschlechterverteilung: In China lag 2008 bei den unter 15-Jährigen die Relation von Knaben zu Mädchen bei 1,13. Weitere Faktoren, die das Geschlechterverhältnis zu den männlichen Jugendlichen verschiebt, sind in Ostasien die weit verbreiteten auf Konfuzius zurückgehenden Wertvorstellungen und die Tatsache, dass ohne menschliche Einflussnahme stets mehr Knaben als Mädchen geboren werden. So betrug 2008 die Relation in Südkorea 1,10, obwohl es keine Ein-Kind-Politik gab, und in Deutschland 1,05.

In Indien hat sich die Einwohnerzahl seit 1950 mehr als verdreifacht (M3). Indiens Bevölkerungsentwicklung verzeichnete aus ähnlichen Gründen wie die Chinas nach 1950 zunächst einen Anstieg der Wachstumsraten, aber erst ab 1991 bremste die überdurchschnittlich fallende Geburtenhäufigkeit die Bevölkerungszunahme. Dennoch haben die zukünftigen, zahlenmäßig stark besetzten Elternjahrgänge trotz weiter rückläufiger Fruchtbarkeit zur Konsequenz, dass Indien bis 2050 mit über 1,6 Mrd. Einwohnern China als bevölkerungsreichstes Land der Erde ablösen wird (M6, S. 16).

Angesichts der ungebrochenen Bevölkerungsdynamik erstaunt, dass Indien 1952 der erste Staat war, der einen Fünfjahresplan mit Vorschlägen zur Familienplanung und Geburtenkontrolle implementierte. Nach

M 2: *Chinesisches Propaganda-Plakat aus dem Jahr 1978*

Indikatoren	1951	1961	1971	1981	1991	2001	2008
Bevölkerung (in Mio.)	361,1	439,2	548,2	683,3	843,4	1 027,0	1 149,3
Bevölkerungszunahme (in Mio.)[1]	42,4	78,1	109,0	135,1	160,1	183,6	122,3
mittlere jährliche Wachstumsrate (in ‰)[1]	12,6	19,8	22,4	22,3	21,3	19,9	16,2
Geburtenziffer (in ‰)	39,9	41,7	41,1	34,5	32,5	27,0	24,0
Sterbeziffer (in ‰)	27,4	22,8	18,9	14,7	11,4	9,1	8,0
natürliche Wachstumsrate (in ‰)	12,5	18,9	22,2	19,8	21,1	17,9	16,0
Zahl der Kinder je Frau[2]	5,96	5,87	5,94	4,76	4,23	3,31	2,8
Lebenserwartung bei Geburt in Jahren[2]	38,7	45,5	50,3	54,9	60,3	61,0	65,0

[1] bezogen auf den jeweils vorangegangenen Zeitraum; 1951 bezogen auf 1941
[2] Für die Jahre 1951 bis 1991 beziehen sich die angegebenen Mittelwerte auf die ersten fünf Jahre der jeweiligen Dekade.

M 3: *Ausgewählte demographische Indikatoren zur Bevölkerungsentwicklung in Indien (1951–2008)*

Überzeugung der damaligen Regierung stand die natürliche Bevölkerungszunahme von weniger als 15 Promille dem Ziel einer Verbesserung der Lebensverhältnisse aller Bevölkerungsgruppen entgegen. Alle Fünfjahrespläne benannten seitdem Ziele, das Wachstum zu begrenzen, verfehlten jedoch stets die Vorgaben. Erst seit den 1990er-Jahren geht die Familienplanung von einem ganzheitlichen Ansatz aus, der zum Beispiel versucht, die Position von Frauen in der Gesellschaft aufzuwerten.

Dennoch stellt sich nach wie vor die Frage nach dem Erfolg. Gerade der Faktor „politischer Wille" könnte hier angesichts des föderalistischen Systems in Indien, der Diversität seiner Bevölkerung und Parteienlandschaft mit dem Aufkommen regionaler Parteien zu einem entscheidenden Problem werden, wenn *number games* einzelner Gruppen, Ethnien, Kasten, Parteien und Bundesstaaten die politische Entscheidungskraft beeinflussen.

Die USA hatte 2008 mehr als 300 Mio. Einwohner, etwa doppelt so viele wie beim Zensus 1950 (M 4). Die außerordentlich positive Bevölkerungsentwicklung nach dem Zweiten Weltkrieg ging etwa seit 1960 aufgrund einer rückläufigen Geburtenhäufigkeit kontinuierlich zurück. Ab 1990 kehrte sich der Trend um. Im Gegensatz zu vielen anderen Industriestaaten liegt für die USA aufgrund einer relativ hohen Fruchtbarkeit nach wie vor ein Geburtenüberschuss vor. Die Sterblichkeit hat sich ähnlich wie in Deutschland seit den 1950er-Jahren weiter stetig verringert, obwohl die Lebenserwartung von Neugeborenen im Jahre 1950 etwa der in China oder Indien Anfang des 21. Jahrhunderts entsprach und damals das Ausmaß dieser Zunahme nicht erwartet werden konnte.

Während bis in die 1980er-Jahre die Geburtenüberschüsse ausschlaggebend für das Bevölkerungswachstum waren, wurde der Anstieg der Einwohnerzahlen anschließend entscheidend von Wanderungsgewinnen getragen (vgl. 5.5.4). Die Migranten kamen überwiegend aus Lateinamerika und Asien, und die Immigration beschleunigte den Wandel zu einer multiethnischen Struktur der US-Bevölkerung (vgl. 5.7.1).

2008 wohnten in Deutschland 82,3 Mio. Menschen, 20 Prozent mehr als im Jahre 1950 (M 5). Seit 1950 ist für West- und Ostdeutschland eine gegenläufige Bevölkerungsentwicklung festzustellen. Westdeutschland verzeichnete insgesamt einen positiven, Ostdeutschland einen negativen Trend. Bis zum Mauerbau 1961 profitierte die Bundesrepublik vor allem von Flüchtlingen aus der DDR sowie anschließend von der Zuwanderung ausländischer Arbeitnehmer. Demgegenüber war der Trend in der DDR

Indikatoren	1950	1960	1970	1980	1990	2000	2008
Bevölkerung (in Mio.)	150,7	179,3	203,3	226,5	248,7	281,4	304,5
Bevölkerungszunahme (in Mio.)[1]	19,0	28,6	24,0	23,2	22,2	32,7	23,6
mittlere jährliche Wachstumsrate (in ‰)[1]	13,6	17,5	12,6	10,9	9,4	12,4	9,9
Geburtenziffer (in ‰)	24,0	23,7	17,7	15,9	16,4	15,0	14,0
Sterbeziffer (in ‰)	9,7	9,4	9,4	8,7	8,6	9,0	8,0
natürliche Wachstumsrate (in ‰)	14,3	14,3	8,3	7,2	7,8	6,0	6,0
Zahl der Kinder je Frau	3,1	3,7	2,5	1,8	2,0	2,1	2,1
Lebenserwartung bei Geburt in Jahren	68,2	69,7	70,9	73,7	75,7	77,0	78,0

[1] bezogen auf den jeweils vorangegangene Dekade

M 4: *Ausgewählte demographische Indikatoren zur Bevölkerungsentwicklung in den USA (1950–2008)*

Indikatoren	1950	1960	1970	1980	1988	2000	2007[2]
Früheres Bundesgebiet / Westdeutschland							
Bevölkerung (in Mio.)	50,0	55,4	60,7	61,5	61,5	67,0	67,7
Bevölkerungszunahme (in Mio.)[1]	7,0	5,4	5,3	0,8	0,0	5,5	0,7
mittlere jährliche Wachstumsrate (in ‰)[1]	13,8	10,4	9,0	1,5	−0,2	7,2	1,5
Geburtenziffer (in ‰)	16,2	17,4	13,4	10,1	11,0	9,8	8,4
Sterbeziffer (in ‰)	10,5	11,6	12,1	11,6	11,2	10,1	9,9
natürliche Wachstumsrate (in ‰)	5,7	5,8	1,3	−1,5	−0,2	−0,3	−1,5
Zahl der Kinder je Frau	2,1	2,4	2,0	1,4	1,4	1,4	1,4
Lebenserwartung bei Geburt in Jahren	66,6	69,7	70,7	75,3	77,0	79,2	79,7
Gebiet der ehemaligen DDR / Ostdeutschland							
Bevölkerung (in Mio.)	18,4	17,2	17,1	16,7	16,7	15,2	14,6
Bevölkerungszunahme (in Mio.)[1]	1,6	−1,2	−0,1	−0,4	0,0	−1,5	−0,6
mittlere jährliche Wachstumsrate (in ‰)[1]	8,4	−6,6	−0,7	−1,9	−0,5	−7,9	−5,7
Geburtenziffer (in ‰)	16,5	17,0	13,9	14,6	12,9	7,6	7,9
Sterbeziffer (in ‰)	11,9	13,6	14,1	14,2	12,8	11,6	10,8
natürliche Wachstumsrate (in ‰)	4,6	3,4	−0,2	0,4	0,1	−4,0	−2,9
Zahl der Kinder je Frau	2,4	2,3	2,2	1,9	1,7	1,2	1,4
Lebenserwartung bei Geburt in Jahren	65,9	68,8	70,6	71,6	72,8	78,3	78,9

[1] bezogen auf den jeweils vorangegangenen Zeitraum; 1950 bezogen auf 1939
[2] Seit 2005 wird Berlin in der Bevölkerungsstatistik Ostdeutschland zugeordnet. Wegen des zeitlichen Vergleichs wurde die Einwohnerzahl des früheren West-Berlins West-, die des früheren Ost-Berlins Ostdeutschland zugerechnet.

M 5: *Ausgewählte demographische Indikatoren zur Bevölkerungsentwicklung in Deutschland (1950–2007)*

negativ, da das natürliche Wachstum nicht die Wanderungsverluste ausgleichen konnte. In den 1970er- und 1980er-Jahren stagnierten die Einwohnerzahlen in beiden Teilstaaten, wozu der Geburtenrückgang sowie in Westdeutschland die geringer werdenden Außenwanderungsgewinne beitrugen. Seit dem Jahr der Maueröffnung klafft die Entwicklung immer weiter auseinander. Im früheren Bundesgebiet führten vor allem die Außenwanderungsgewinne zu einer positiven Tendenz, in den neuen Ländern ging der negative Trend nach der Wegzugswelle um die Jahreswende 1989/90 im Wesentlichen auf das Geburtendefizit zurück.

M 6: *Auszug aus einem Plattenbau in Hoyerswerda, Sachsen*

Der Vergleich der Bevölkerungsentwicklung in den vier Staaten belegt, dass in beiden weniger entwickelten Ländern die Geburtenüberschüsse die entscheidende Komponente für den Anstieg der Einwohnerzahlen sind. Allerdings gelang es der Regierung in China mit Hilfe rigider Familienplanungsprogramme die Geburtenhäufigkeit und damit die jährliche Wachstumsrate deutlich abzusenken, was in Indien trotz aller Anstrengungen bisher noch nicht erreicht wurde.

In beiden weiter entwickelten Ländern sind die Geburtenüberschüsse erheblich niedriger als in China oder Indien, in Deutschland ist seit den 1970er-Jahren die natürliche Bilanz sogar negativ. Daher ist in den USA und Deutschland das Ausmaß der Wanderungsbilanzen und damit die nationale Migrationspolitik die entscheidende Größe für die Bevölkerungsentwicklung. Die Ursache für die niedrige Geburtenhäufigkeit liegt in einem gesellschaftlichen Wandel, der auch in den USA zu beobachten ist, jedoch dort nicht die Auswirkungen auf Geburtenrückgang und Kinderlosigkeit von Frauen wie in Deutschland hat (vgl. 4.4.2).

1. Vergleichen Sie die Familienplanungspolitik von China und Indien.

2. Vergleichen Sie die Einwanderungspolitik von Deutschland und den USA.

1.2 Bevölkerungsstatistische Grundlagen und Parameter

Die Bevölkerungsstatistik stellt Verwaltung, Politik, Wirtschaft und Wissenschaft unerlässliche Informationen über die Einwohner eines Landes und dessen Teilräume zur Verfügung.

Bevölkerung oder Bevölkerungsstand

Gesamtheit der Einwohner eines Gebietes zu einem bestimmten Zeitpunkt

Die Statistik des Bevölkerungsstandes ermittelt zum Beispiel durch Volkszählung (Zensus) oder Teilerhebungen, wie der Mikrozensus in Deutschland, die Zahl und räumliche Verteilung der Bevölkerung zu einem bestimmten Stichtag nach ihren strukturellen Merkmalen (vgl. 3.1). Während ein Zensus als Totalerhebung zum Ziel hat, alle Personen zu erfassen, basiert der Mikrozensus auf einer Stichprobe von rund einem Prozent. Seine Ergebnisse erlauben, Angaben für die Bevölkerung größerer Verwaltungseinheiten eines Staates zu schätzen und somit Ungenauigkeiten der Bevölkerungsfortschreibung zu verringern.

Auf Basis der demographischen Grundgleichung werden die Bevölkerungsstände regelmäßig fortgeschrieben. Die Grundlage hierzu bildet die Statistik der Bevölkerungsbewegungen. Als Quelle dienen in Deutschland die Registrierungen von Standes- und Einwohnermeldeämtern, deren Angaben in Einwohnermelderegistern zusammengeführt werden. Wanderungen können entweder über direkte Methoden aus den An- und Abmeldungen der Bewohner bei den Meldebehörden gewonnen werden oder indirekt mit Hilfe von Volkszählungen. Hierbei werden alle Einwohner nach ihrem Wohnsitz zu einem bestimmten Zeitpunkt, teilweise auch nach dem Geburtsort, gefragt. Beide Vorgehensweisen beinhalten Fehlerquellen wie das Unterlassen von An- oder Abmeldungen und das Nicht-Erfassen aller Wanderungen zwischen den Referenzzeitpunkten.

Bevölkerungsentwicklung

Ausgangspunkt der Forschungen zur Bevölkerungsentwicklung ist die demographische Grundgleichung. Die Einwohnerzahl P_{t_1} zu einem Zeitpunkt t_1 ergibt sich aus der Einwohnerzahl P_{t_0} zu einem früheren Zeitpunkt t_0 aus folgender Gleichung

Demographische Grundgleichung

$$P_{t_1} = P_{t_0} + (G - S) + (Z - W)$$

mit G = Zahl der Geburten, S = Zahl der Sterbefälle, Z = Zahl der Zuzüge, W = Zahl der Wegzüge; alle Angaben für den Zeitraum zwischen t_0 und t_1 für einen beliebigen Kontinent, Staat oder eine Region. G, S nennt man natürliche Bevölkerungsbewegungen, (G – S) die natürliche Bilanz; Z, W nennt man räumliche Bevölkerungsbewegungen, (Z – W) die Wanderungsbilanz.

Aus der demographischen Grundgleichung leitet sich die Berechnung der mittleren jährlichen Wachstumsrate r einer Bevölkerung P_{t_0} und P_{t_1} zu den Zeitpunkten t_0 und t_1 entsprechend der Zinseszinsüberlegung ab. Das heißt, dass nicht nur die Ausgangsbevölkerung P_{t_0} der Wachstumsrate r unterworfen ist, sondern auch die Einwohnerzahl, die jährlich hinzukommt: $P_{t_1} = P_{t_0} (1 + r)^m$ mit $m = t_1 - t_0$ und die mittlere jährliche Wachstumsrate

$$r = \sqrt[m]{\frac{P_{t_1}}{P_{t_0}}} - 1, \text{ in Prozent } r\% = r \cdot 100 \text{ oder in Promille } r‰ = r \cdot 1000.$$

Hieraus ergibt sich die Verdoppelungszeit n einer Bevölkerung $n = \frac{\ln 2}{\ln(1+r)}$ unter der Annahme, dass die jährliche Wachstumsrate in diesem Zeitraum konstant bleibt.

Zur Analyse der Geburtenhäufigkeit (oder Fertilität) als eine Komponente der natürlichen Bevölkerungsbewegungen gibt es mehrere Parameter mit unterschiedlicher Aussagekraft. Eine grobe Abschätzung der Geburtenhäufigkeit erlaubt die Geburtenrate oder -ziffer, welche die Zahl der Lebendgeborenen in einem Kalenderjahr auf 1 000 Einwohner im jeweiligen Land bezieht. Der Wert der Geburtenrate ist von der Altersstruktur der jeweiligen Bevölkerung abhängig. Bei einem hohen Anteil junger Erwachsener ist eine vergleichsweise hohe Geburtenrate zu erwarten, auch wenn die Zahl der Geburten je Frau niedrig ist. Daher muss für räumliche und zeitliche Vergleiche eine Größe wie die Totale Fruchtbarkeitsrate (TFR) als Summe der altersspezifischen Geburtenraten verwendet werden (M 1), die diese bevölkerungsstrukturellen Einflüsse ausschließt.

**Natürliche Bevölke-
rungsbewegungen
Geburtenhäufigkeit**

Alter der Frauen (Jahre)	Zahl der Frauen	Geburten der Frauen in diesem Alter	altersspezifische Geburtenrate
15 – 19	2 338 000	18 357	7,85
20 – 24	2 389 000	99 726	41,74
25 – 29	2 410 900	192 818	79,98
30 – 34	2 408 300	201 964	83,86
35 – 39	3 193 200	129 863	40,67
40 – 44	3 508 400	28 679	8,17
Summe:			**262,27**

Die TFR lag 2006 in Deutschland bei 1 311, das heißt 1 000 Frauen würden im Durchschnitt 1 311 Kinder gebären, wenn sie während ihrer gesamten reproduktiven Phase den altersspezifischen Fruchtbarkeitsbedingungen des Jahres 2006 unterworfen wären und die Sterblichkeit unberücksichtigt bleibt. Eine TFR von etwa 2,1 sichert auf natürliche Weise den Bevölkerungsbestand.

Die Sterblichkeit (oder Mortalität) als weitere Komponente der natürlichen Bevölkerungsbewegungen ergibt sich aus der Zahl der Gestorbenen einer Bevölkerung in einer Region in einem bestimmten Zeitraum. Die Sterberate oder -ziffer ist die Zahl der Sterbefälle in einem Kalenderjahr auf 1 000 Einwohner. Die Rate beschreibt die Sterblichkeitsverhältnisse nur unzureichend, da sie von der Altersstruktur der jeweiligen Bevölkerung abhängig ist. So liegt in den Industriestaaten die Sterberate trotz erheblich günstiger Mortalitätsbedingungen bei zehn Promille aufgrund des hohen Anteils der mindestens 65-Jährigen (2008: 16 %) und damit über der Ziffer von acht Promille (Anteil der mindestens 65-Jährigen: 6 %) in den weniger entwickelten Ländern.

Räumliche und zeitliche Vergleiche sind hingegen mit der mittleren Lebenserwartung eines Neugeborenen möglich. In Deutschland erreichte sie im Mittel der Jahre 2005 bis 2007 für Mädchen 82,25 Jahre, für Jungen 76,89 Jahre (M 2). Was besagen diese Werte? Sie beziehen sich auf eine hypothetische Ausgangsgruppe von jeweils 100 000 Mädchen und Jungen, die während ihres imaginären Lebens in jedem Alter der mittleren Sterblichkeit in den Jahren 2005 bis 2007 unterworfen wären. Aus diesen altersspezifischen Sterbewahrscheinlichkeiten berechnen sich die Zahl der Sterbefälle der jeweiligen Altersgruppe und damit die Zahl der in den nachfolgenden Altersgruppen noch lebenden Personen. Damit weiß

1.2

M 1: *Berechnung der TFR
TFR = 262,27 × 5 (ergibt sich
aus den 5 Jahrgängen in jeder
Altersgruppe) ≈ 1 311 Geburten
je 1 000 Frauen*

**Natürliche Bevölke-
rungsbewegungen
Sterblichkeit**

man, von allen 100 000 Personen der Ausgangsbevölkerung, wie alt jede bei ihrem Tod war und man kann die Summe aller durchlebten Lebensjahre durch Addition ermitteln. Der Mittelwert ist dann die Lebenserwartung in diesem Alter. Die mittlere Lebenserwartung ist eine Schätzung, denn im Laufe des Lebens einer Person verändern sich stets die altersspezifischen Sterberaten der noch zu durchlebenden Altersjahre, so dass das Sterbealter höher oder niedriger ausfallen kann als die mittlere Lebenserwartung bei Geburt.

Untersuchungen zur altersspezifischen Mortalität verwenden häufig die Säuglingssterblichkeitsrate, da ihre Werte Hinweise auf die Qualität von Gesundheitssystemen und Infrastrukturen geben. Die Ziffer bezieht die Zahl der Sterbefälle von unter einjährigen Personen auf 1 000 Lebendgeborene in einem Kalenderjahr.

voll-endetes Alter	Sterbewahrscheinlichkeit vom Alter x bis x + 1		Überlebende im Alter x		durchschnittliche Lebenserwartung im Alter x in Jahren	
	Männer	Frauen	Männer	Frauen	Männer	Frauen
0	0,004271	0,003459	100 000	100 000	76,89	82,25
1	0,000360	0,000295	99 573	99 654	76,22	81,54
2	0,000183	0,000181	99 537	99 625	75,25	80,56
10	0,000082	0,000077	99 432	99 543	67,33	72,62
20	0,000632	0,000218	99 166	99 400	57,49	62,72
21	0,000628	0,000210	99 103	99 378	56,53	61,73
22	0,000618	0,000242	99 041	99 357	55,56	60,75
50	0,004483	0,002416	95 126	97 329	29,06	33,60
60	0,010575	0,005444	88 741	93 937	20,75	24,61
65	0,016124	0,007566	83 316	91 046	16,93	20,31
80	0,068326	0,044938	49 433	68 509	7,56	8,92

M 2: *Auszug aus der Sterbetafel für Deutschland (2005/07) nach Männern und Frauen*

Räumliche Bevölkerungsbewegungen

Analysen der räumlichen Bevölkerungsbewegungen verwenden Parameter vor allem zur Messung von Wanderungshäufigkeiten. Die Zuzugsrate zum Beispiel bezieht die Zahl der Zuzüge in eine Region oder Stadt in einem Kalenderjahr auf 1 000 Einwohner des Wanderungsziels. Entsprechend wird die Wegzugsrate oder Wanderungshäufigkeit von Bevölkerungsgruppen berechnet. Die Wanderungsbilanz- oder Nettowanderungsrate ist die Differenz, die Bruttowanderungsrate die Summe von Zu- und Wegzugsrate. Zudem gibt es Parameter, welche die Stärke eines Wanderungsstromes zwischen zwei Regionen messen, indem sie die Zahl der Zu- und Wegzüge in Relation zum Produkt der jeweiligen Einwohnerzahlen setzen. Die Wanderungseffektivität fasst die Auswirkungen des Wanderungsgeschehens auf die regionale Bevölkerungsverteilung zusammen:

$$\text{Wanderungseffektivität} = \frac{\text{Zuzüge} - \text{Wegzüge}}{\text{Zuzüge} + \text{Wegzüge}} \cdot 100$$

Die Ziffer schwankt zwischen +100 (nur Zuzüge) und −100 (nur Wegzüge). Ein Wert von 0 liegt bei ausgeglichenem Saldo vor. In diesem Falle wirken sich die Migrationen unabhängig von der Wanderungshäufigkeit zahlenmäßig nicht auf die Bevölkerungsentwicklung aus. Von großem Interesse ist die Verwendung zum Beispiel altersspezifischer Daten für die Zu- und Wegziehenden, da die Ergebnisse auf den zukünftigen Trend der Altersstruktur einer Bevölkerung hinweisen.

2 Bevölkerungsent-wicklung und Bevölkerungsverteilung

Im Jahre 2000 erreichte die Weltbevölkerung mit knapp 6,1 Mrd. Menschen einen fast viermal so hohen Wert wie 1900. Dabei erfolgte die enorme Zunahme von 4,4 Mrd. im 20. Jahrhundert sehr ungleichmäßig. Heute entfallen 90 Prozent des Bevölkerungswachstums auf die weniger entwickelten Länder. Besonders hier werden Großstädte zu Millionenstädten, Millionenstädte zu Megacities. Gleichzeitig verzeichnen immer mehr Industriestaaten rückläufige Einwohnerzahlen. Die Bevölkerungsgeographie untersucht die Komponenten der räumlich differenzierten Bevölkerungsentwicklungen, um die Konsequenzen der natürlichen und räumlichen Bevölkerungsbewegungen für die Ernährungssicherheit, die Umwelt und die Lebensqualität der Menschen besser abschätzen zu können.

2.1 Bevölkerungsentwicklung nach Kontinenten

Das enorme Bevölkerungswachstum verlagerte sich im Verlauf des 20. Jahrhunderts von den weiter zu den weniger entwickelten Ländern. Für das Jahr 2050 wird prognostiziert, dass rund 9,2 Mrd. Menschen auf der Erde leben, gut 2,5 Mrd. mehr als 2007.

Im September 1963 überraschte die Zeitschrift U. S. News & World Report mit der provokativen Schlagzeile „Gibt es zu viele Menschen auf der Erde?". 1968 veröffentlichte der amerikanische Biologe Paul Ralph Ehrlich seinen Bestseller „Population Bomb". Das plötzliche Interesse für die Demographie hatte einen einfachen Grund: In nur zwei Jahrzehnten war die Weltbevölkerung um mehr als eine Mrd. Menschen gewachsen. Von 1950 bis 1970 hatte sich der Zeitraum, in dem sich die Weltbevölkerung bei gleich bleibendem Wachstum verdoppelt, auf weniger als 40 Jahre verkürzt. Im Jahre 1970 ging man daher davon aus, dass 2006 fast 7,4 Mrd. Menschen auf der Erde leben würden. Experten befürchteten zu jener Zeit, dass diese Zahl mit der damaligen Technologie in Landwirtschaft und Industrie die Tragfähigkeit der Erde überschreiten würde. Allerdings verlangsamte sich nach 1990 die Zunahme merklich. 2006 lebten eine Milliarde Menschen weniger auf der Erde als 1970 vorausberechnet.

Trendwenden in der Entwicklung der Weltbevölkerung hat es in der Geschichte bereits zuvor gegeben (M 1). So beschleunigte sich in Europa nach Jahrhunderten der Stagnation um 1800 das Bevölkerungswachstum, da ein langsamer Rückgang der Sterblichkeit einsetzte und die Geburtenhäufigkeit zunächst auf hohem Niveau verharrte. Diese allmähliche Steigerung der natürlichen Zunahme machte sich verzögert weltweit in der Statistik bemerkbar: Zum einen übertraf die jährliche Wachstumsrate in der zweiten Hälfte des 19. Jahrhunderts erstmals den Wert von 0,5 Prozent, zum andern erhöhte sich der Anteil der Einwohner Europas an der Weltbevölkerung. Ein zweiter sprunghafter Anstieg der Weltbevölkerung begann nach dem Zweiten Weltkrieg. Es entstand der Begriff „Bevölke-

Jahr	Welt-bevölkerung (in Mio.)	Anteile Europas (in %)[1]	mittlere jährliche Wachstumsrate (in %)[2]	Verdoppelungs-zeit (in Jahren)
1500	490	13,3	–	–
1750	791	15,8	0,19	362
1800	987	15,5	0,44	157
1850	1 262	16,5	0,49	141
1900	1 650	17,9	0,54	129
1950	2 516	15,6	0,85	82
1970	3 693	12,4	1,94	36
1980	4 449	10,9	1,88	37
1990	5 321	9,4	1,81	39
2000	6 071	8,4	1,33	53
2007	6 671	11,0	1,36	51
2050	9 192	7,2	0,75	93

M 1: *Entwicklung der Weltbevölkerung (1500–2050)*

[1] bis 2000 ohne ehemalige UdSSR; [2] jeweils auf den vorherigen Zeitpunkt bezogen

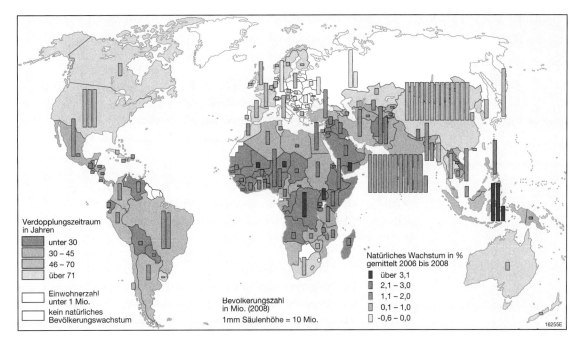

Verdopplungszeitraum in Jahren
- unter 30
- 30 – 45
- 46 – 70
- über 71

Einwohnerzahl unter 1 Mio.
kein natürliches Bevölkerungswachstum

Bevölkerungszahl in Mio. (2008)
1mm Säulenhöhe = 10 Mio.

Natürliches Wachstum in % gemittelt 2006 bis 2008
- über 3,1
- 2,1 – 3,0
- 1,1 – 2,0
- 0,1 – 1,0
- -0,6 – 0,0

rungsexplosion", der vor allem die Dynamik in den weniger entwickelten Ländern charakterisierte. Dort verbesserten sich nach Erlangen der Unabhängigkeit vieler Staaten die Überlebenschancen nachhaltig. Fortschritte in der Medizin und im Gesundheitswesen senkten sehr rasch die Sterblichkeit. Zudem erhöhten Neuerungen in der Landwirtschaft die Nahrungsmittelsicherheit, während sich gesellschaftliche Wertvorstellungen nur verzögert änderten. So blieb die Geburtenhäufigkeit anfänglich hoch, stieg sogar oftmals noch leicht an, da sich auch die Sterblichkeit von Frauen verringerte.

Der Anteil der Menschen, die in „Dritte-Welt-Staaten" leben, nahm seit 1950 kräftig zu (M 3). Allerdings dürfte sich der Bevölkerungsanstieg auch hier in Zukunft deutlich abschwächen. Die UN erwarten nach der mittleren Variante ihrer neuesten Vorausberechnungen für 2050 etwa 9,2 Mrd. Menschen — beträchtlich weniger als die knapp 12,0 Mrd., die bei einer konstanten Geburtenhäufigkeit bis 2050 vorliegen würden.

Doch auch wenn sich das Bevölkerungswachstum weltweit verlangsamt, so vergrößert sich gleichzeitig die demographische Schere (demo-

M 2: *Verdoppelungszeit der Bevölkerung in den Ländern der Erde (≥ 1 Mio. Einw.)*

1. *Nennen Sie die Phasen der weltweiten Bevölkerungsentwicklung, die sich räumlich und zeitlich unterscheiden lassen.*

2. *Charakterisieren Sie anhand M 2 Länder mit geringem und hohem Bevölkerungswachstum nach ihrem Entwicklungsstand.*

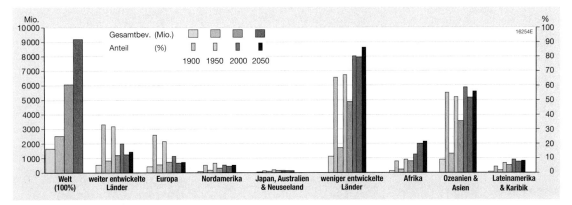

M 3: *Bevölkerungsentwicklung in den Großräumen der Erde (1900–2050)*

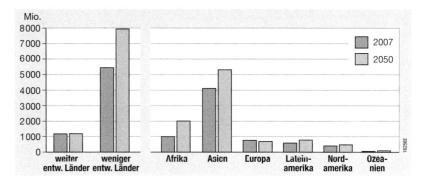

M 4: *Prognostizierte Bevölkerungsentwicklung (2007–2050)*

graphic divide) in der Welt. In den meisten Staaten Afrikas südlich der Sahara und Südasiens beträgt der Zeitraum, in dem sich die Bevölkerung bei der gegenwärtigen Wachstumsrate verdoppeln würde, weiterhin weniger als 45 Jahre, während man in Europa von rückläufigen Zahlen ausgehen muss (M 2). Dort ist in Zukunft das Geburtendefizit vermutlich so hoch, dass es auch von zu erwartenden Wanderungsgewinnen aus den Entwicklungsländern kaum mehr ausgeglichen werden kann. Vom globalen Bevölkerungszuwachs von etwa 2,5 Mrd. Menschen, den die UN für

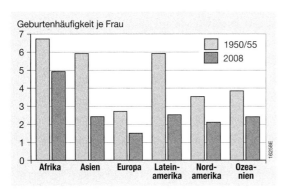

M 5: *Geburtenhäufigkeit der Frauen (nach Kontinenten 1950/55–2008)*

2007 bis 2050 erwarten, entfallen lediglich 22 Mio. oder 0,9 Prozent auf die Industriestaaten. Dagegen ist der Anstieg in Asien in absoluten Zahlen am größten, gefolgt von Afrika, während Lateinamerika klar zurückfällt (M 4). Relativ gemessen erreicht Afrika den mit Abstand höchsten Wert. Doch auch auf den Kontinenten unterscheiden sich Verlauf und Dynamik der prognostizierten Bevölkerungsentwicklung der einzelnen Länder zum Teil erheblich. Diese Abweichungen spiegeln sich zum Beispiel in den Veränderungen der Reihenfolge der zehn bevölkerungsreichsten Staaten 2007 und 2050 wider (M 6). So entfallen vom zukünftigen Wachstum fast 30 Prozent auf die südasiatischen und 15 Prozent auf die afrikanischen Länder. Im Vergleich dazu stagniert die Einwohnerzahl Chinas aufgrund seiner Ein-Kind-Politik (vgl. 1.1).

Anfang der 1950er-Jahre übertraf die Geburtenhäufigkeit oder die mittlere Zahl der Kinder je Frau mit 6,2 in den Entwicklungsländern deutlich den Wert von 2,8 in den Industriestaaten. Bis 2008 verringerte sich

M 6: *Die zehn nach der Einwohnerzahl größten Länder der Erde (2007, 2050)*

Land	Einwohnerzahl 2007 (in 1000)	Land	Einwohnerzahl 2050 (in 1000)
China	1 329	Indien	1 658
Indien	1 169	China	1 409
USA	306	USA	402
Indonesien	232	Indonesien	297
Brasilien	192	Pakistan	292
Pakistan	164	Nigeria	289
Bangladesch	159	Brasilien	254
Nigeria	148	Bangladesch	254
Russland	142	Dem. Rep. Kongo	187
Japan	128	Äthiopien	183

	Länder[1] mit einem Pro-Kopf-Einkommen < 3 000 US-$			Länder[2] mit einem Pro-Kopf-Einkommen > 15 000 US-$		
	Min.	Me[3]	Max	Min.	Me[3]	Max.
Geburtenrate (in ‰)	23	40	50	8	11	30
Sterberate (in ‰)	7	14	23	3	9	13
natürliche Bilanz (in ‰)	1,1	2,5	3,4	−0,3	0,2	2,7
Geburtenhäufigkeit	2,7	5,3	7,1	1,0	1,45	4,1
Lebenserwartung	37	54	67	73	79	82
Säuglingssterblichkeit (in ‰)	50	79	158	1,8	3,9	16
Anteil der Bevölkerung						
unter 15 Jahren	32	43	50	14	17,0	38
mind. 65 Jahre	2	3	6	2	16	21
in Städten	10	31	63	55	77	100
Anteil der unter 5-Jährigen mit Untergewicht	6	23	46	1	2	2

[1] Länder mit mind. fünf Mio. Einwohnern; insgesamt 39 Länder mit 1 147 Mio. Einwohnern; [2] Länder mit mind. fünf Mio. Einwohnern; insgesamt 26 Länder mit 1 033,5 Mio. Einwohnern; [3] Alle Werte werden nach der Größe geordnet; der Wert, der die Reihe halbiert, ist der Median.

in allen Kontinenten die Geburtenhäufigkeit (M 5). Während sie jedoch in Asien und Lateinamerika um mehr als drei Kinder je Frau oder um fast 60 Prozent fiel, sank sie in Afrika lediglich um weniger als 30 Prozent. Dort übertrifft die Zahl der Geburten je Frau nach wie vor deutlich das Bestandserhaltungsniveau von etwas mehr als zwei Kindern, was in Zukunft eine junge Bevölkerung mit hohen Geburtenzahlen sowie wenigen Sterbefällen und damit ein hohes natürliches Wachstum zur Folge haben wird (vgl. 2.3). Im Gegensatz dazu sichert den UN-Prognosen zu Folge die Geburtenhäufigkeit in Europa nicht mehr den Bestand der Bevölkerung auf natürliche Weise (mindestens 2,1 Geburten je Frau), da in Zukunft die Bilanz aus Geburten und Sterbefällen negativ sein wird. Während in Nordamerika Wanderungsgewinne den negativen natürlichen Saldo mehr als ausgleichen werden, ist dies in Europa nicht der Fall.

Aber auch der hohe Rückgang der Sterblichkeit stimulierte seit Anfang der 1950er-Jahre das Bevölkerungswachstum in den Entwicklungsländern (M 8). So erhöhte sich die Lebenserwartung um mehr als 25 Jahre und hat angesichts einer Säuglingssterblichkeit von 54 Promille (2008) weiterhin Potenzial zu steigen. Allerdings wird sich in einigen subsaharischen Ländern die Abnahme der Sterblichkeit wegen HIV / AIDS verlangsamen und sogar umkehren. In den weiter entwickelten Ländern führt der weiterhin positive Trend der Lebenserwartung aufgrund des anhaltenden Mortalitätsrückgangs bei älteren Menschen zu einer Abschwächung des Bevölkerungsrückgangs.

Untersuchungen in den Entwicklungsländern selbst haben (…) kein klares Bild ergeben. Dabei konzentrieren sich die Erklärungsbemühungen insbesondere auf die Analysen der folgenden Zusammenhänge:

1. *Beziehungen zwischen Fertilität und wirtschaftlichen Faktoren,*
2. *Beziehungen zwischen Fertilität und Modernisierungsindikatoren (zum Beispiel Schulbildung, Verstädterung),*
3. *Beziehungen zwischen Fertilität und Familienplanungsprogrammen*

M 7: *Bevölkerung und Entwicklungsstand (um 2007)*

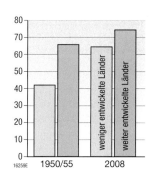

M 8: *Lebenserwartung von Neugeborenen in weiter und weniger entwickelten Ländern (1950 / 55–2008)*

1. *Analysieren Sie den Zusammenhang zwischen Entwicklungsstand und Bevölkerungsentwicklung (M 7).*

M 9: Quellentext zum weltweiten natürlichen Bevölkerungswachstum
Bähr, J.: Bevölkerungsgeographie (2004)

Jürgen Bähr war Professor für Stadt- und Bevölkerungsgeographie an der Universität Kiel.

Länder mit sehr geringer wirtschaftlicher Leistungskraft haben auch in Zukunft ein hohes Bevölkerungswachstum, das in vielen Fällen Probleme wie Armut, Unterernährung und Infrastruktur-defizite weiter verschärft.

Die Meinungen zu den Auswirkungen eines hohen Bevölkerungswachstums auf die Entwicklung der jeweiligen Länder gehen weit auseinander. Pessimisten beharren darauf, dass eine hohe Zunahme der Einwohnerzahlen eine gesellschaftliche Modernisierung verhindert. Demgegenüber argumentieren Optimisten, dass Bevölkerungswachstum mehr Humankapital und zusätzliche Nachfrage nach Gütern und Dienstleistungen generiert und damit positive Impulse für alle setzt. Beide Standpunkte vernachlässigen in ihrer Argumentation die Altersstruktur der Bevölkerung. Personen im erwerbsfähigen Alter erstellen mehr Güter und Dienstleistungen als sie selbst benötigen, während ältere und jüngere Menschen mehr Ressourcen verbrauchen als sie produzieren. Ein hoher Anteil von

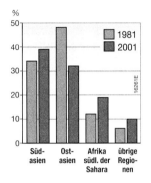

M 1: *Verteilung der Armen, die von weniger als zwei US-$ je Tag leben, nach Großräumen (1981–2001)*

Großregion	natürliche Bilanz (in ‰)	Anteil (in %) der	
		unter 15-Jährigen	mind. 65-Jährigen
Welt	1,2	28	7
weiter entwickelte Länder	0,2	17	16
weniger entwickelte Länder	1,5	30	6
am wenigsten entwickelte Länder	2,4	41	3
Nordafrika	1,9	33	5
Afrika südlich der Sahara	2,5	43	3
Südasien	1,7	33	5
Südostasien	1,4	29	6
Ostasien	0,5	19	9
Lateinamerika	1,5	30	6
Nordamerika	1,2	20	13
Europa	-0,0	16	16
Ozeanien	1,1	25	10

M 2: *Natürliches Bevölkerungswachstum und Anteil ausgewählter Altersgruppen (2008)*

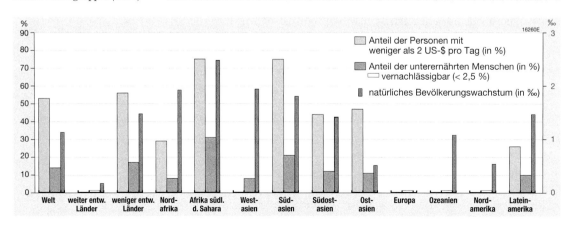

M 3: *Unterernährung (2008), Armut (2001) und natürliches Bevölkerungswachstum (2008) in Großräumen der Erde*

Jüngeren oder Älteren in Relation zur Zahl der Personen im erwerbsfähigen Alter erfordert erhöhte Investitionen in den Ausbau von Schulgebäuden, Gesundheitszentren und Krankenhäusern, in neue Arbeitsplätze oder zusätzliche finanzielle Mittel für soziale Sicherungssysteme.

Länder mit hohem natürlichem Wachstum haben eine junge Altersstruktur (M 2). Indikatoren zu Armut oder Unterernährung deuten jedoch darauf hin, dass dort nicht genügend in die soziale Infrastruktur investiert wird. Um 2000 lebten in den Entwicklungsländern mehr als 30 Prozent der Einwohner von täglich weniger als zwei US-$ (M 1), 17 Prozent waren unterernährt. Spitzenwerte bei beiden Indikatoren erreichen das subsaharische Afrika und Südasien. In beiden Großräumen verringert sich zwar seit 1981 die Zahl von Menschen, die in Armut leben, allerdings ist der Rückgang ihres Anteils an der dortigen Bevölkerung geringer als bei der weltweiten Entwicklung. Zugleich ist in Afrika südlich der Sahara ein Drittel und in Südasien ein Fünftel der Bevölkerung unterernährt, was Auswirkungen auf die physiologische Leistungsfähigkeit, Erkrankungsrate und Sterblichkeit der Menschen hat.

Im subsaharischen Afrika gibt es erhebliche Probleme, die Menschen ausreichend mit Nahrungsmitteln zu versorgen (M 3), obwohl die Region insgesamt keine hohe Bevölkerungsdichte aufweist. Gründe hierfür sind unzureichende Technologien in der landwirtschaftlichen Produktion, ökonomische Abhängigkeiten, Folgen des Kolonialismus, politische und kriegerische Auseinandersetzungen, Korruption und Krankheiten. Dabei verfügen diese Länder über ein hohes Entwicklungspotenzial in der Landwirtschaft und im Bergbau und damit im Ausbau weiter verarbeitender Industrien.

Die weltweite Getreideproduktion in den Jahren 2007 / 08 betrug knapp 320 kg je Einwohner. Bei mindestens 3 000 kcal sowie 100 g Eiweiß je Kilo Getreide und einem mittleren Tagesbedarf einer Person von 2 500 kcal sowie 70 g Eiweiß war damit der Welternährungsbedarf rein rechnerisch ausreichend gedeckt, sogar ohne weitere Nahrungsmittel einzubeziehen. Lebensmittelknappheit erscheint als ein Verteilungsproblem zwischen den Regionen der Erde (vgl. 3.4): Mit Blick auf die Gefahr von Ernteausfällen, eine nachhaltige Nutzung der Ressourcen und auf eine ausgewogene Ernährung ist jedoch zu hinterfragen, ob die weltweite Tragfähigkeit nicht schon überschritten ist (M 4).

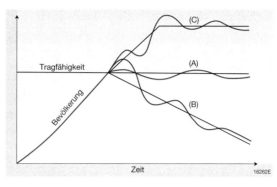

M 4: *Beziehung zwischen Bevölkerungsentwicklung und Tragfähigkeit*

Im Verlauf A werden frühzeitig Maßnahmen zur Begrenzung des Geburtenüberschusses (preventive checks) eingeleitet. Im Verlauf B erfolgen sie nicht. Übernutzung des Raumes führt zu einer sinkenden Tragfähigkeit, die wiederum Hungersnöte (positive checks) und eine rückläufige Bevölkerungsentwicklung hervorruft. Im Verlauf C verursacht der technologische Fortschritt, ausgelöst durch die bestehenden Knappheiten, zunächst eine Steigerung der Tragfähigkeit und dann erzielen preventive checks eine Anpassung.

Tragfähigkeit

Menschenmenge, die in einem Raum unter Berücksichtigung der naturräumlichen Bedingungen, des technologischen Fortschritts, der gesamtwirtschaftlichen Basis unter Wahrung eines bestimmten Lebensstandards bzw. des Existenzminimums auf längere Sicht leben kann

---

Malthus (…) argumentiert, dass die Bevölkerung gemäß ihrer natürlichen Dynamik geometrisch anwachse, d. h. um den Faktor 2, 4, 8, 16 etc., während die Nahrungserzeugung aufgrund von Ressourcenbeschränkungen nur arithmetisch zunehme, d. h. um den Faktor 1, 2, 3, 4 etc. Das unvermeidliche Resultat wäre nach Malthus eine zunehmende Einengung des Nahrungsspielraums und eine wachsende Beschränkung der globalen Tragfähigkeit mit der Folge von Hungersnöten, Epidemien und Kriegen und letztlich einem globalen Kollaps. Nur in „moralischer Einschränkung", z. B. in Form von sexueller Abstinenz, spätem Heiratsalter und zielgerichteter Bevölkerungsstabilisierung sah Malthus einen Hoffnungsschimmer.

M 5: Quellentext zur Tragfähigkeitstheorie des britischen Ökonomen Thomas Robert Malthus (1798)

Bohle, H.-G.: Bevölkerungsentwicklung und Ernährung. Geographische Rundschau 2 / 2001

Hans-Georg Bohle ist Professor für Kultur- und Entwicklungsgeographie an der Universität Bonn.

2.3 Konsequenzen des Bevölkerungsrückgangs

In Europa und in einigen Ländern Asiens stagniert die Entwicklung der Einwohnerzahlen, in manchen Staaten ist sie sogar negativ. Diese Tendenz geht mit einem überproportional wachsenden Anteil älterer Menschen einher.

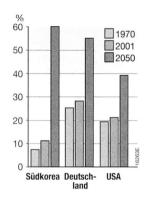

M 1: *Altenquotient für Südkorea, Deutschland und die USA (1970, 2001, 2050)*

Altenquotient

Zahl der mindestens 65-Jährigen bezogen auf 100 Personen im Alter 20 bis 64 Jahren

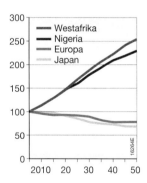

M 2: *Zahl der Frauen im Alter von 15 bis 49 Jahren (potenzielle Mütter) in ausgewählten Regionen und Ländern (2005–2050, 2005 = Indexwert 100)*

Den UN-Prognosen zu Folge werden die meisten Länder Europas bis 2050 einen Bevölkerungsrückgang verzeichnen, der in Osteuropa vielerorts über 20 Prozent betragen wird. Von den weiter entwickelten Staaten erreichen nur die USA ein Plus von über 30 Prozent, das vor allem auf Wanderungsgewinnen basiert. Auch in China, in den Tigerstaaten Südkorea, Taiwan, Hongkong und Singapur oder Thailand stagniert die Einwohnerzahl. Die Ursache für diesen Trend liegt in den niedrigen Geburtenhäufigkeiten, die in Ländern wie Deutschland oder Italien seit den 1970er-Jahren deutlich das natürliche Bestandserhaltungsniveau unterschreiten. Die Zahl der Geburten je Frau von weniger als 2,1 hat zur Folge, dass von Generation zu Generation immer weniger Kinder und damit weniger potenzielle Mütter geboren werden. Geht man wie die Vereinten Nationen für Japan von 1,4 Geburten je Frau im gesamten Zeitraum von 2005 bis 2050 aus (M 2), verringert sich die Zahl der potenziellen Mütter um ein Drittel (1,4 : 2,1) oder um 9,6 Mio. von 29 Mio. (2005) auf 19,4 Mio. (2050). Für Nigeria wird ein Rückgang der Fruchtbarkeit von 5,3 auf 2,4 Geburten je Frau angenommen, doch wird sich die Zahl der potenziellen Mütter von 30 Mio. (2005) auf fast 70 Mio. (2050) mehr als verdoppeln. Damit wird sich auch bei gleich bleibender Fruchtbarkeit die Zahl der Geburten in Japan negativ entwickeln, in Nigeria dagegen trotz sinkender Geburtenhäufigkeit steigen.

In Deutschland verringert sich nach der 11. Koordinierten Bevölkerungsvorausberechnung des Statistischen Bundesamtes die Zahl der unter 20-Jährigen von 16,5 Mio. (2005) auf 10,5 Mio. (2050; mittlere Variante; vgl. 6.3.2). Dieser Rückgang der jüngsten Gruppe führt bis 2050 zu einer Abnahme der 20- bis unter 65-Jährigen. Gleichzeitig erhöht sich Zahl und Anteil der älteren Menschen, deren Zunahme durch die weiter-

M 3: *Rückbau einer Plattenbausiedlung in Leipzig*

Länder	natürliche Bevölkerungs- entwicklung (in %)	Zahl der Geburten (je Frau)	medianes Alter	
	2007 – 2050	2008	2005	2050
Deutschland	–10,3	1,3	42,1	49,4
Italien	–7,2	1,3	42,0	50,4
Frankreich	+10,7	2,0	38,9	44,7
Schweden	+14,9	1,9	40,2	43,3
Polen	–20,5	1,3	36,8	52,4
USA	+31,6	2,1	36,0	41,1
Japan	–19,9	1,3	42,9	54,9
China	+6,0	1,6	32,5	45,0
Südkorea	–12,2	1,3	35,0	54,9
Thailand	+5,5	1,6	32,6	44,3

M 4: *Bevölkerungsentwicklung und Alterung in ausgewählten Ländern bis 2050*

hin steigende Lebenserwartung noch verstärkt wird. Dieser Trend drückt sich im Anstieg des Altenquotienten (M 1) wie des medianen Alters aus (M 4). Eine Geburtenhäufigkeit, die wie in Deutschland fast 40 Jahre unter dem Bestandserhaltungsniveau liegt, hat auch bei positiven Wanderungssalden auf lange Sicht sinkende Einwohnerzahlen, eine Überalterung der Bevölkerung bei gleichzeitiger Unterjüngung zur Folge.

Beide Phänomene haben weit reichende ökonomische, soziale und politische Konsequenzen:

- Die Belastungen für die sozialen Sicherungssysteme steigen, da die Renten für immer mehr Personen im Ruhestand von immer weniger Erwerbstätigen erwirtschaftet werden.
- Ältere Menschen verursachen höhere Kosten für das Gesundheitswesen.
- Die rückläufige Zahl von Personen im erwerbsfähigen Alter kann die Produktivität und damit die Wettbewerbsfähigkeit der nationalen Ökonomie gefährden.
- Ein Bevölkerungsrückgang kann die internationale Bedeutung eines Landes schwächen.
- Die sich ändernden Gewichte der Altersgruppen können zu einer Verschiebung gesellschaftlicher Machtverhältnisse führen.

Die sich zukünftig verringernde Zahl erwerbsfähiger Personen könnte durch eine vermehrte Zuwanderung aus dem Ausland ausgeglichen werden. Sie kann aber die Alterung allenfalls verlangsamen und nicht umkehren.

1. *Erklären Sie den beträchtlichen Anstieg des Altenquotienten für Südkorea.*

2. *Erläutern Sie den Begriff „demographische Dividende".*

Vielleicht ist es durchaus nützlich, das Renteneintrittsalter zu erhöhen und andere ökonomische Anpassungen umzusetzen, wie zum Beispiel die Produktivität zu steigern. (...) Aber auf Dauer sind diese Maßnahmen bei einer Fruchtbarkeit von 1,2 Geburten je Frau unzureichend. Wenn man die Größe der Gruppe der unter 5-Jährigen und der 29- bis 34-Jährigen in Spanien und Italien miteinander vergleicht, sieht man, dass die Zahl der Jüngeren fast nur noch halb so groß ist wie die der Älteren. Man kann nicht weiter machen mit einer sich völlig umkehrenden Altersverteilung, mit einer Pyramide, die auf ihrer Spitze steht. Kein Land ist auf Dauer überlebensfähig, in dem jeder zweite in einem Altenheim lebt.

M 5: Quellentext zu den Konsequenzen des Bevölkerungsrückgangs
Population Reference Bureau (Hrsg): World population highlights. Population Bulletin 2008

2.4 Weltweite Verstädterung

Das weltweite Wachstum der städtischen Bevölkerung – insbesondere in den Entwicklungsländern – ist eine der größten Herausforderungen im 21. Jahrhundert.

Erstmalig in der Menschheitsgeschichte leben heute genauso viele Menschen in Städten wie auf dem Land. Nach Schätzungen der Vereinten Nationen wird die Einwohnerzahl in Städten von derzeit 3,4 weiter auf 6,4 Mrd. im Jahr 2050 steigen, was einer Verstädterungsquote von nahezu 70 Prozent entspricht (M 1). Ein Anstieg der Verstädterung setzte in den weiter entwickelten Ländern mit der Industrialisierung ein (vgl. 5.6.2). Der Anteil der städtischen Bevölkerung erreichte bereits 1920 knapp 30 Prozent und erhöhte sich bis heute auf etwa drei Viertel. Für das Jahr 2050 wird er mit 86 Prozent prognostiziert. Eine ähnliche Entwicklung zeigt sich in Lateinamerika, während die Verstädterung in Asien oder Afrika merklich langsamer verläuft. Aber auch auf Länderebene sind beträchtliche Abweichungen zu beobachten. Indien oder Thailand verzeichnen zum Beispiel im Vergleich zu den Philippinen oder Indonesien niedrige Werte, durchweg hohe Quoten registrieren die Staaten im Nahen und Mittleren Osten.

Kennzeichnend für die Verstädterung in Entwicklungsländern sind die ausufernden Megacities mit mindestens zehn Mio. Einwohnern (M 2). Ein Beispiel für extremes Wachstum ist Dhaka, dessen Einwohnerzahl sich von 1950 bis 2005 fast vervierfacht hat und sich bis 2025 noch einmal beinahe verdoppeln wird. Folge dieser Expansion ist Armut, die über Generationen für viele Familien insbesondere in den Megacities prägend ist. Es fehlen Arbeitsplätze, Infrastruktur, Trinkwasserver- und Abwasserentsorgung, Gesundheitseinrichtungen und Wohnungen. Die Grundversorgung im Rahmen der Daseinsvorsorge der Menschen, die wesentliche Voraussetzung für politische Stabilität und öffentliche Sicherheit ist, ist nicht gegeben.

Städtisches Bevölkerungswachstum hängt von der Bilanz der natürlichen und räumlichen Bevölkerungsbewegungen ab. Aber auch die Neuzuordnung ländlicher zu städtischen Gebieten sowie Eingemeindungen zu Städten können von Bedeutung sein. Einfluss auf die Verstädterungsquote nehmen die wirtschaftliche Dynamik, die Zahl der Geburten je Frau sowie historische, soziokulturelle und politische Bedingungen. Auch

M 1: *Anteil der städtischen Bevölkerung in ausgewählten Großräumen (1950–2050)*

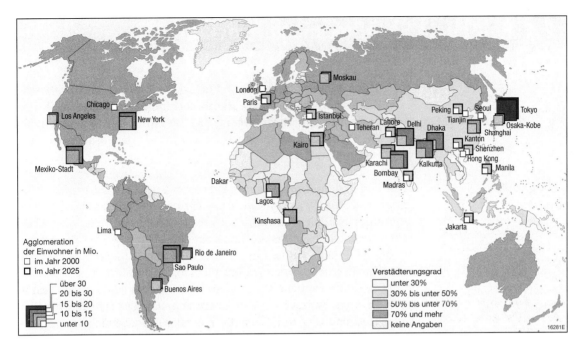

M 2: *Verstädterungsgrad der Länder (≥ 1 Mio. Einw., 2008) und Größe der Megacities (≥ 10 Mio. Einw. 2025) für die Jahre 2000 und 2025*

naturräumliche Gegebenheiten können eine Rolle spielen. Nach wie vor wandern junge Menschen in die Städte auf der Suche nach einem Arbeitsplatz, in der Hoffnung auf ein höheres Einkommen sowie bessere Bildungs- und Aufstiegschancen als in den ländlichen Räumen. Der vergleichsweise hohe Anteil junger Erwachsener an der städtischen Bevölkerung erhöht die Zahl der Geburten. So zeigen Untersuchungen zu São Paulo, dass zu Beginn der Verstädterung die positive Bilanz der räumlichen Bevölkerungsbewegungen die wichtigste Komponente für das städtische Wachstum war. Mit fortschreitender Verstädterung wurden dann aber die Geburtenüberschüsse zum bedeutendsten Faktor, welche die neuerdings zu beobachtenden Wanderungsverluste mehr als ausgleichen.

Aber auch bei der Verstädterungsdynamik gibt es regionale Unterschiede. In Afrika, wo die Geburtenhäufigkeit auch in Städten nach wie vor hoch und die ökonomische Entwicklung schwach ist, resultieren etwa 75 Prozent des städtischen Wachstums aus Geburtenüberschüssen. In China hingegen tragen vor allem Wanderungsgewinne zum Wachstum der Städte bei: Die Ein-Kind-Politik (vgl. 1.1), die in den Städten eher als in ländlichen Gebieten durchgesetzt werden konnte, die wirtschaftliche Prosperität und die hohe Erwerbsbeteiligung von Frauen spielen dabei eine wesentliche Rolle.

Städtisches Wachstum in dem Ausmaß wie in den weniger entwickelten Ländern wird unterschiedlich bewertet. Aus demographischer Perspektive ermöglichen Städte aufgrund ihrer hohen Bevölkerungsdichte eine effizientere Versorgung der Einwohner zum Beispiel mit Bildungs- und Gesundheitseinrichtungen als in ländlichen Gebieten. Allerdings breiten sich Infektionskrankheiten bei unkontrollierter Zuwanderung und hoher Bevölkerungsdichte leichter und schneller aus, die flächenhafte Ausdehnung zerstört unwiderruflich naturräumliche Ressourcen. Die Steuerung der Stadtentwicklung wird durch die Größe und Struktur der Megacities erschwert und befördert soziale wie politische Brennpunkte.

1. Nennen Sie die Faktoren, die das städtische Bevölkerungswachstum beeinflussen.

2. Begründen Sie Vorschläge für eine nachhaltige Stadtentwicklungspolitik in weniger entwickelten Ländern.

2.5 Regionale Bevölkerungsentwicklung

Seit den 1950er-Jahren ist die Wachstumsrate der städtischen Bevölkerung weltweit höher als die in ländlichen Räumen. In den Industriestaaten verringert aber die Zunahme der Einwohnerzahlen in weniger dicht besiedelten Gebieten die Gegensätze zwischen Stadt und Land.

Binnenwanderung

Wanderung, bei denen alter und neuer Wohnstandort des Migranten im selben Staat liegt. Altersspezifische Binnenwanderungsraten ergeben sich aus der Zahl der Personen, die in einer bestimmten Altersgruppe in eine Region zu- oder aus ihr fortziehen, bezogen auf 1 000 Personen dieser Altersgruppe in der Region.

In weiten Teilen Europas tragen Wanderungen aufgrund niedriger Geburtenhäufigkeiten maßgeblich zu Änderungen in der Bevölkerungsverteilung bei. In Deutschland ist nach der Wiedervereinigung an die Stelle des traditionellen Süd-Nord-Gefälles ein dominierender Ost-West-Gegensatz getreten (M 1). In Italien unterstreichen die Wanderungssalden die Zweiteilung in den „armen" Süden und den „reichen" Norden. Allerdings verlor das Industriedreieck Genua-Turin-Mailand im Vergleich zum Nordosten an Anziehungskraft. Auch in Frankreich ergibt sich eine Zweiteilung. Während der altindustrialisierte Norden sowie die Île-de-France durch Wanderungsverluste gekennzeichnet sind, profitieren der Westen und vor allem der Süden von Zuzügen. Auf der iberischen Halbinsel liegen positive Salden für die vom Tourismus geprägten Küstengebiete und für die Nachbarräume zu den Agglomerationen vor. Mit Ausnahme von

M 1: *Binnenwanderungssalden der Nuts-II-Regionen in den Staaten der EU (1990–1999)*

NUTS

(fr. Nomenclature des unités territoriales statistiques – Systematik der Gebietseinheiten für die Statistik)
Hierarchische Systematik zur eindeutigen Identifizierung und Klassifizierung der räumlichen Bezugseinheiten der amtlichen Statistik in den Mitgliedsländern der Europäischen Union. Zu den NUTS-II-Verwaltungseinheiten gehören mittlere Regionen (800 000 bis 3 000 000 Einwohner).

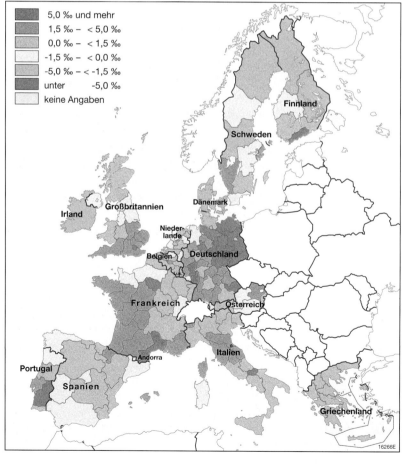

	5,0 ‰ und mehr
	1,5 ‰ – < 5,0 ‰
	0,0 ‰ – < 1,5 ‰
	-1,5 ‰ – < 0,0 ‰
	-5,0 ‰ – < -1,5 ‰
	unter -5,0 ‰
	keine Angaben

16266E

Greater London weisen alle Regionen im Süden des Vereinigten König-
reichs deutliche Wanderungsgewinne auf, an der Spitze der wenig dicht
besiedelte Südwesten. Diese Dekonzentration zeigt sich auch in Wales
oder Schottland. Deutliche Verluste registrieren die mittelenglischen
Regionen und Nordirland mit ihrer wirtschaftsstrukturellen Schwäche.

Verallgemeinernd sind die Wanderungsbilanzen in den wirtschaftlichen Kernräumen der EU-15 positiv. Jedoch fällt zum einen auf, dass die
großen Agglomerationen mit günstiger Wirtschaftsstruktur häufig geringere Migrationsgewinne erzielen als weniger dicht besiedelte Regionen.
Dies ist die Folge von Agglomerationsnachteilen, hohen Bodenpreisen,
Flächenengpässen und Verkehrsproblemen der großen Verdichtungs-
räume. Zum anderen sind für etliche ländliche Gebiete außerhalb der
Kernräume mit einem ausreichenden Angebot städtischer Dienstleistungen, mit Ausbildungs- und Forschungseinrichtungen sowie hohem Frei-
zeit- und Wohnwert Wanderungsgewinne zu erkennen. Staatliche Förde-
rungen haben die Entstehung dieser neuen Wachstumsräume teilweise
gestützt.

Negative Wanderungssalden verzeichnen altindustrialisierte Gebiete,
in denen die Deindustrialisierung einen massiven Arbeitsplatzabbau ver-
ursachte und die regionalen Entwicklungsmaßnahmen wirtschaftsstruk-
turelle Defizite bis heute nicht entscheidend beseitigen konnten. Negative
Bilanzen liegen auch für periphere ländliche Räume mit sehr geringer Bevölkerungsdichte vor. Dort behindern Größe und Zusammensetzung der
regionalen Arbeits- und Absatzmärkte strukturelle Änderungen. Die anhaltende Abwanderung schwächt noch eventuell vorhandene endogene
Potenziale und gefährdet die infrastrukturelle Versorgung der Einwohner
in der Fläche.

Am Beispiel Frankreich kann ähnlich wie in anderen EU-Ländern die
Dekonzentration der Bevölkerung zugunsten weniger verdichteter Gebiete belegt werden (M 2; vgl. 5.6.2). So ist bis Mitte der 1970er-Jahre eine
anhaltende Verstädterung zu beobachten. Viele Bewohner verließen den
ländlichen Raum, wobei die Wanderungsverluste die noch existierenden
Geburtenüberschüsse übertrafen. Etwa ab 1975 kehrten sich die Wanderungsbewegungen zugunsten weniger dicht besiedelter Gebiete um. Der
Beginn dieser Dekonzentration innerhalb der Agglomerationen ist aus
dem positiven Saldo des Umlandes ab 1968 zu erkennen. In der Folgezeit
nahm die Distanz der Migrationsziele zu den Kernstädten zu. Bereits ab
Mitte der 1970er-Jahre glichen die Migrationsgewinne die Geburtendefizite im ländlichen Raum mehr als aus. Hier zeigten sich die Folgen des

EU-15-Staaten
*Mitgliedsstaaten bis ein-
schließlich April 2004: Belgien,
Deutschland, Dänemark, Finn-
land, Frankreich, Griechenland,
Großbritannien, Irland, Italien,
Luxemburg, Niederlande,
Österreich, Portugal, Schweden,
Spanien*

Zeitraum	Agglomeration				ländlicher Raum	
	Kernstadt		suburbaner Raum			
	nat. Entw. (in ‰)	Wanderungs-bilanz (in ‰)	nat. Entw. (in ‰)	Wanderungs-bilanz (in ‰)	nat. Entw. (in ‰)	Wanderungs-bilanz (in ‰)
1962–1968	8,4	10,3	5,7	−0,1	3,2	−4,9
1968–1975	8,3	3,0	3,4	12,2	0,8	−4,0
1975–1982	6,4	−4,3	2,6	21,0	−1,4	2,3
1982–1990	6,2	−2,5	3,9	13,4	−1,1	2,2
1990–1999	5,5	−2,8	3,8	6,0	−1,3	3,4

Bilanzen, bezogen auf die mittlere Einwohnerzahl zu Beginn und zum Ende des Zeitraumes; Angaben pro Jahr

M 2: *Natürliche Bevölkerungsentwicklung und Wanderungsbilanz nach der Siedlungsstruktur in Frankreich (1962–1999,
Abgrenzung nach der Festlegung
im Zensus 1990)*

M 3: *Fremdenverkehrszentrum La Grande Motte*

M 4: *Hôtel de la Region des Pols Héliopolis*

„exode rural", der Landflucht überwiegend junger Menschen in die Kernstädte, in denen aufgrund altersstruktureller Effekte das natürliche Bevölkerungswachstum entscheidend war.

Eine Reihe von Faktoren kann zur Erklärung der Dekonzentrationsprozesse herangezogen werden. Dazu gehören periodische Schwankungen der Wohnungsnachfrage, ausgelöst durch unterschiedliche Jahrgangsbesetzungen, ebenso wie das Ausmaß der wirtschaftlichen Dynamik. So kann in München trotz intensiver Innenentwicklung die Flächennachfrage nicht im Stadtgebiet allein befriedigt werden. Ausgewichen wird ins Umland, dessen Standortqualitäten eine extreme Steigerung erfahren. Hier können Flächenengpässe in den Städten und damit schneller steigende Boden- und Mietpreise im Vergleich zum Umland kompensiert und erhöhte Ansprüche an die Umwelt sowohl von den Unternehmen als auch von den privaten Haushalten erfüllt werden. Gesteigert wird die Attraktivität durch die Verbesserung der Verkehrsinfrastruktur, schnellere Verkehrsmittel und rückläufige Mobilitätskosten sowie quantitative wie qualitative Angleichung der Infrastruktur in den Bereichen Bildung, Gesundheit oder Kultur. Hinzu kommen bei einigen Gruppen veränderte Wohnvorstellungen, die das Leben und Wohnen in einem naturnäheren Umfeld höher bewerten.

1. Erläutern Sie den Begriff Dekonzentration.

2. Informieren Sie sich über mögliche Gründe für die abweichenden altersspezifischen Binnenwanderungsraten in der Île-de-France und im Languedoc-Roussillon (z. B. Diercke-Atlas S. 95).

M 5: *Altersspezifische Raten für die Binnenwanderungen von Île-de-France und Languedoc-Roussillon (1990–1999)*

Die Île-de-France entspricht etwa der Region Paris. Der Languedoc-Roussillon erstreckt sich entlang der Mittelmeerküste von der Rhône-Mündung bis zur spanischen Grenze. Dort liegt auch die Universitätsstadt Montpellier, die hinsichtlich Arbeiten und Wohnen eine der beliebtesten Städte Frankreichs ist.

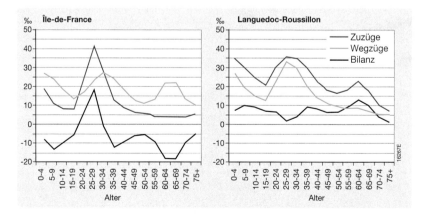

3 Bevölkerungsstruktur

*Wodurch unterscheidet sich die Bevölkerung in weniger von
der in weiter entwickelten Ländern, die in Europa von der in
Asien? Die Bevölkerungsstruktur beschreibt die Gliederung
der Einwohner in einem Land, in einer Region oder Stadt
sowohl nach ihren demographischen und sozioökonomischen
Merkmalen als auch nach ihrer ethnischen Zughörigkeit. Sie
ist abhängig von der ökonomischen Situation, vom Entwicklungsstand und dem gesellschaftlichen Kontext. Spezifische
Charakteristika einer Bevölkerungsstruktur wie ein hoher
Anteil älterer Menschen oder ein geringes Bildungsniveau
der Einwohner sind Herausforderungen für die Gesellschaft
und die politisch Verantwortlichen. Geographische Untersuchungen zur Bevölkerungsstruktur befassen sich mit ihrer
räumlichen Verteilung, deren Veränderungen und ihren
wechselseitigen Beziehungen zu den natürlichen wie
räumlichen Bevölkerungsbewegungen, einschließlich
der gesellschaftlichen Bedingungen.*

3.1 Merkmale der Bevölkerungsstruktur

Die Bevölkerungszusammensetzung beziehungsweise -struktur unterscheidet sich von Stadt zu Stadt, von Region zu Region, von Land zu Land, von Kontinent zu Kontinent.

Die Bevölkerungsstruktur ergibt sich aus den persönlichen Merkmalen aller Einwohner in einem Gebiet zu einem bestimmten Zeitpunkt und hat Einfluss auf die Bevölkerungsentwicklung einer Region. Zum Beispiel wirkt sich die Zusammensetzung nach Alter und Geschlecht nicht nur auf die Zahl der Geburten und der Sterbefälle aus, sondern auch auf die Mobilität der Bevölkerung (M 1). Junge Erwachsene wechseln aus Gründen der Ausbildung oder des Arbeitsplatzes häufiger ihre Wohnung als ältere Menschen. Die Merkmale einer Person lassen sich drei Gruppen zuordnen:

- Alter und Geschlecht sind natürliche Eigenschaften, sie sind mit der Geburt vorgegeben.
- Sozioökonomische Merkmale wie Bildungsniveau, Erwerbstätigkeit, Stellung im Beruf oder Einkommen werden im Verlauf des Lebens zum Beispiel durch Schulbesuch, Aus- oder Weiterbildung erworben. Heirat oder Scheidung ändern den Familienstand, Arbeitsplatzwechsel führen zu neuen Beschäftigungsverhältnissen oder beruflichen Tätigkeiten.
- Ethnische Zugehörigkeit umfasst sowohl genetische als auch kulturell erworbene Merkmale. Letztere sind von der Person selbst veränderbar oder werden vom gesellschaftlichen Kontext geprägt. Vier Aspekte können als Basis zur Identifikation ethnischer Gruppen herangezogen werden: gemeinsame Kultur (Sprache, Religion, Normen, Werte und Traditionen), gemeinsame Herkunft und Geschichte, spezifische Bevölkerungsstrukturen, einschließlich sozialer Interaktionen sowie räumliche Konzentration, physische Merkmale und Verhaltensweisen. Die Erfassung von Charakteristika ethnischer Gruppen ist auf der Basis von Volkszählungen eingeschränkt und bezieht sich zumeist auf Merkmale wie Sprache, Geburtsort oder Staatsangehörigkeit (vgl. 5.7.1).

In Abhängigkeit von den jeweiligen ökonomischen, sozialen und politischen Bedingungen, in denen eine Person lebt, bestehen vielfältige Beziehungen zwischen den einzelnen Merkmalen (M 1). So beeinflussen Alter und Geschlecht einer Person ihre sozioökonomischen Attribute:

Ethnie, ethnische Gruppe
familienübergreifende und familienerfassende Gruppe, die sich selbst eine (auch exklusive) kollektive Identität zuspricht. Dabei sind die Zuschreibungskriterien, welche die Außengrenzen setzen, wandelbar. Mitglieder einer Ethnie werden oft als Minderheit wahrgenommen. Die Bildung von Ethnien beruht auf einer Definition, die von den Mitgliedern selbst stammt, und ist in einer Dichotomie (Zweigeteiltheit) von „Wir-Andere" verankert. Bereits die Griechen bezeichneten Gruppen, die von ihnen verschieden waren, mit „ethnos".

M 1: *Persönliche Merkmale und Komponenten der Bevölkerungsentwicklung*

Bevölkerungscharakteristik	Whites	African-Americans	American Indians	Asians und Pacific Islanders	His-panics
Bildung					
mind. 25-jährige Personen mit Abitur (in %)	77,9	63,1	65,5	77,5	49,8
mind. 25-jährige Personen mit Universitätsabschluss (in %)	21,6	11,4	9,3	36,6	9,2
Arbeitsmarkt					
erwerbstätige Frauen (mind. 16 Jahre; in %)	56,4	59,5	55,1	60,1	56,0
arbeitslose Männer (mind. 16 Jahre) in %	5,3	13,7	15,4	5,1	9,8
durchschnittliches Haushaltseinkommen (in US-$)	40 308	25 872	26 206	46 695	30 301
Haushalte mit weniger als 25.000 US-$ (in %)	39,2	59,3	59,5	33,8	51,5
Haushalte mit mind. 100.000 US-$ (in %)	4,8	1,3	1,4	7,5	2,0
Ehestand und Familienstatus					
Ehepaare mit Kindern unter 18 (in %)	26,4	18,8	28,6	40,3	37,5
alleinerziehende Frauen mit Kindern unter 18 (in %)	4,5	19,1	12,9	4,7	11,6
Relation Ehepaare zu alleinerziehenden Frauen	5,9	0,9	2,2	8,6	3,2
Demographische Merkmale					
Zahl der Geburten je Frau 1993 (TFR)	1,85	2,45	2,76	2,48	2,90
Lebenserwartung von Frauen zum Zeitpunkt ihrer Geburt (1993; in Jahren)	80,0	74,5	81,6	86,2	82,8

M 2: *Bevölkerungsstruktur und Lebensbedingungen ausgewählter ethnischer Gruppen in den USA (1990)*

Man denke nur an die unterschiedlichen Erwerbsquoten, beruflichen Tätigkeiten oder an das abweichende Einkommen von Männern und Frauen. In Südasien haben Mädchen im Vergleich zu Jungen nach wie vor geringere Chancen eine Schule zu besuchen, auch wenn erforderliche Bildungseinrichtungen im Wohnort vorhanden sind. Die Auswirkungen der ethnischen Zugehörigkeit auf Beschäftigung und Einkommen dokumentiert sich in Deutschland zum Beispiel in der erhöhten Arbeitslosigkeit von Personen mit Migrationshintergrund. Ursache können die geringere Qualifikation sein, aber auch Diskriminierung am Arbeitsmarkt oder die Nicht-Anerkennung von im Ausland erworbenen schulischen oder beruflichen Abschlüssen spielen eine Rolle.

Die Merkmale eines Individuums bestimmen je nach gesellschaftlichem Kontext den sozialen Status einer Person, ihr Ansehen in der Gesellschaft, ihre Werte und Normen, ihre Autonomie bei Entscheidungen, die sie selbst betreffen wie Heirat, Geburt von Kindern oder der Wechsel des Wohnstandortes aufgrund eines neuen Arbeits- oder Ausbildungsplatzes. In den USA variieren Fruchtbarkeit, Lebenserwartung, Erwerbstätigkeit, Einkommen und Formen des Zusammenlebens mit einer Partnerin oder mit einem Partner erheblich je nach ethnischer Zugehörigkeit einer Person.

Das Beispiel USA dokumentiert die Schwierigkeiten die ethnische Zugehörigkeit einer Person statistisch zu erfassen (vgl. 5.7.1). In M 2 wird die Bevölkerungsstruktur nach genetischen Merkmalen abgebildet, es wird aber deutlich, dass der kulturelle Kontext der jeweiligen Gruppe zur Interpretation der Daten herangezogen werden muss. So können die hohen Werte bei den Bildungsabschlüssen der Asiaten vor allem mit ihren konfuzianisch geprägten Einstellungen erklärt werden.

1. Übertragen Sie die statistische Zusammenstellung in M 2 auf die Darstellung M 1.

2. Diskutieren Sie Ursachen für die Arbeitslosigkeit einer Person.

3.2 Altersstruktur

Weltweit steigt der Anteil älterer Menschen, in den weiter entwickelten Ländern seit über einem Jahrhundert. In den weniger entwickelten Staaten ist aber die Bedeutung der Kinder und Jugendlichen noch höher als die der Älteren.

Die Altersstruktur spiegelt die Verteilung der Bevölkerung auf die einzelnen Altersjahrgänge wider. Das Alter einer Person wird auf die abgeschlossenen Lebensjahre abgerundet. Kennziffern zur Charakterisierung der Altersstruktur sind das mittlere Alter oder Durchschnittsalter und das Medianalter. Die bekannteste graphische Darstellung der Altersstruktur ist die Alterspyramide, die als doppeltes Häufigkeitsdiagramm die Zahl der Männer und Frauen, absolut oder relativ bezogen auf die Gesamtbevölkerung wiedergibt. Die Gegenüberstellung der Alterspyramide für West- und Ostdeutschland veranschaulicht die Auswirkungen gemeinsamer historischer Ereignisse ebenso wie die unterschiedlichen gesellschaftlichen Systeme in der Bundesrepublik und DDR auf die jeweilige Altersstruktur (M 1):

- Die vergleichbaren Einschnitte und Ausbuchtungen belegen die gemeinsame Geschichte. Der höhere Anteil älterer weiblicher Personen beruht auf der längeren Lebenserwartung von Frauen und auf der höheren Gestorbenenzahl von Männern im Zweiten Weltkrieg. Der geringe Prozentsatz der 60- bis unter 65-Jährigen geht auf die Geburtenausfälle der Kriegs- und Nachkriegsjahre zurück. Die überproportionale Besetzung der Gruppe der 40- bis unter 45-Jährigen ist Folge des Geburtenberges in den 1960er-Jahren. Die abnehmenden Anteile in den jüngeren Altersgruppen haben im zweiten demographischen Übergang oder im demographischen Wandel ihre Ursache (vgl. 4.4.2).
- Die pronatalistische Bevölkerungspolitik in der DDR seit Mitte der 1970er-Jahre führte zu einer stärkeren Besetzung der Gruppe von 20 bis unter 30 Jahren in Ostdeutschland (vgl. 4.3.1).
- Dagegen stagnieren in Westdeutschland die Anteile der 15- bis unter 30-Jährigen, da eine gezielt Geburten fördernde Bevölkerungspolitik nicht verfolgt wurde. Der geringer werdende Prozentsatz der unter 15-Jährigen resultiert aus der seit Mitte der 1970er-Jahre konstant niedrigen Fruchtbarkeit (vgl. 4.4.2).
- Die Umbruchsituation in Ostdeutschland spiegelt sich in der stark rückläufigen Zahl der 10- bis unter 20-Jährigen als Folge des Geburtenrückgangs nach dem Mauerfall wider. Die Zunahme der unter 10-Jährigen geht zum einen auf den Anstieg der Geburten je Frau seit 1994 zurück, zum anderen auf die stark besetzte Gruppe der 25 bis unter 30 Jahre jungen Frauen als Folge des Geburtenhochs in der DDR um 1980.

Die Bezeichnung „Pyramide" trifft für die Altersstruktur der Bevölkerung in Deutschland schon seit Jahrzehnten nicht mehr zu. Die drei Grundformen, die Pyramiden-, die Bienenkorb- und die Urnenform, bilden sich je nach der Entwicklung von Fruchtbarkeit und Sterblichkeit aus (M 3). Die Pyramidenform ist in vielen weniger, die Urnenform in weiter entwickelten Ländern anzutreffen. Eine Bienenkorbform entsteht bei niedrigen Geburten- und Sterberaten.

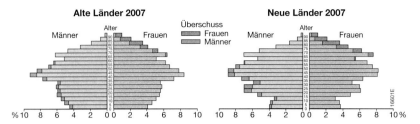

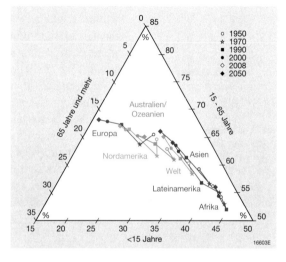

M 1: *Alterspyramide der Bevölkerung in den neuen (und Berlin) und alten Ländern (2007)*

Die Verteilung der Bevölkerung auf die Lebensabschnitte „unter 15 Jahre", „15 bis 65 Jahre" und „65 und mehr Jahre" in den einzelnen Großräumen der Erde zeigt die unterschiedliche Bevölkerungsstruktur mit ihrer spezifischen zeitlichen Dynamik (M2). Für die Bevölkerung in Europa oder Nordamerika erhöht sich von 1950 bis 1970 der Anteil der Älteren, bleibt bis 1990 etwa stabil und steigt dann wieder an. In Asien und Lateinamerika vergrößert sich bis 1970 noch der Anteil der Jugendlichen, in Afrika sogar bis 1990. Anschließend verringert sich das Gewicht der unter 15-Jährigen zugunsten der Personen im erwerbsfähigen Alter.

Der Trend hin zu einem zunehmenden Anteil der Älteren basiert zum einen auf dem zu beobachtenden Geburtenrückgang, der in den weiter entwickelten Ländern bereits im 19. Jahrhundert, in den weniger entwickelten erst seit den 1970er-Jahren einsetzte (vgl. 4.1). Zum andern ist diese Entwicklung Folge der weltweit steigenden Lebenserwartung (vgl. 4.2.1) und ist damit auch Ausdruck einer Erfolgsgeschichte, deren Ursachen in den Verbesserungen der Gesundheitsversorgung, in den medizinischen und wirtschaftlichen Fortschritten liegen.

M 2: *Entwicklung der Altersstruktur der Bevölkerung nach Lebensabschnitten in Großräumen der Erde (1950 – 2050)*

1. *Erörtern Sie den Einfluss von Geburten- und Sterblichkeitsentwicklung sowie von Wanderungen auf die Form von Alterspyramiden.*

2. *Erläutern Sie die gesellschaftlichen Herausforderungen, die sich aus der Verteilung der Bevölkerung auf die drei Altersgruppen ableiten lassen.*

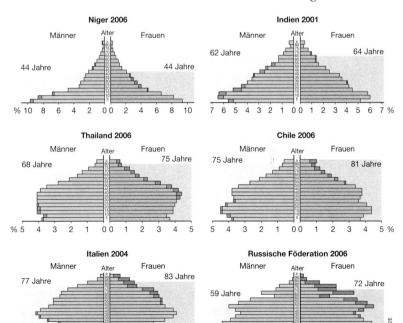

M 3: *Alterspyramiden für die Bevölkerung in ausgewählten Ländern*

3.3.1 Haushaltsgröße und -struktur

Private Haushalte fassen die Individuen zu gemeinschaftlich wirtschaftenden Einheiten zusammen, die sich gesellschaftsabhängig in ihrer Größe und Struktur unterscheiden.

Privathaushalt

Als Haushalt zählt jede zusammenwohnende und eine wirtschaftliche Einheit bildende Personengemeinschaft sowie Personen, die allein wohnen und wirtschaften. Zum Haushalt können verwandte und familienfremde Personen gehören (z. B. Hauspersonal). Gemeinschafts- und Anstaltsunterkünfte gelten nicht als Haushalte, können aber Privathaushalte beherbergen.

Statistisches Bundesamt,
Deutschland

A private household comprises either one person living alone or a group of people (not necessarily related) living at the same address with common housekeeping arrangements – that is, sharing at least one meal a day or sharing a living room or sitting room. A permanent private household occupying dwelling such as a dwelling house, flat or bedsitter.

Central Statistics Office,
Irland

A household is defined as one or more persons registered at the same address in the Central Population Register

Statistics Denmark,
Dänemark

Bei zahlreichen bevölkerungsgeographischen Fragestellungen (z. B. zu Wohnungsnachfrage oder Einkommensbezug) werden statt einzelner Individuen meist Haushalte betrachtet. Auch als statistische Kategorien oder Grundlagen von Befragungen spielen sie eine wichtige Rolle. Was jedoch genau unter Haushalt verstanden wird, ist kontext- und kulturabhängig. Eine einheitliche, für verschiedene Länder und Epochen gleichermaßen geltende Definition gibt es daher nicht. In den meisten Ländern wird der Begriff des Haushalts von dem der Familie abgegrenzt. Dies wird beispielsweise in Deutschland dadurch augenscheinlich, dass es zwar Einpersonenhaushalte, keinesfalls aber Einpersonen-Familien geben kann. Allerdings muss es sich auch bei Mehrpersonenhaushalten nicht zwangsläufig um Familien handeln (M 1, S. 40).

Die Definition von Privathaushalten erfolgt über zwei Dimensionen: Das gemeinsame Wirtschaften, beispielsweise über die Teilung eines

M 1: *Durchschnittliche Haushaltsgröße in europäischen Ländern und Anteil der Singlehaushalte an allen Haushalten in ausgewählten Städten*

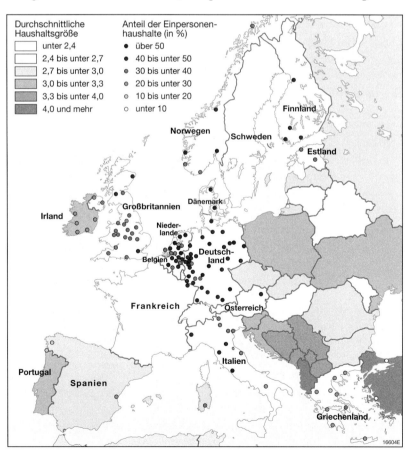

Budgets oder der Lebensunterhaltskosten, oder das gemeinsame Wohnen. Gerade letzteres führt vor dem Hintergrund der zunehmenden Bedeutung multilokaler Lebensformen (vgl. 3.3.2) zu definitorischen Problemen. In Deutschland werden unter Privathaushalt allein wohnende und wirtschaftende Personen sowie Personengemeinschaften, die zusammen wohnen und eine wirtschaftliche Einheit bilden, verstanden. Dabei ist es unerheblich, ob diese Personen miteinander verwandt sind.

Haushalte lassen sich nach ihrer Größe (Ein-, Zwei- und Mehrpersonenhaushalte), der familialen Struktur (z. B. Familien-, Rentner-, Mehrgenerationenhaushalte) sowie nach räumlichen Bezügen (z. B. Pendlerhaushalte) gliedern. Die durchschnittliche Anzahl von Personen je Privathaushalt hat sich in den weiter entwickelten Ländern während der vergangenen Jahrzehnte deutlich verringert. Besonders in Schweden, Finnland, Dänemark, Deutschland und Norwegen leben mit weniger als 2,3 Personen besonders wenige Menschen in einem Haushalt, während in einigen Ländern Osteuropas und der Türkei nach wie vor über vier Personen durchschnittlich einen Haushalt bilden (M 1). In den weniger entwickelten Ländern liegen die Werte zum Teil bei mehr als fünf Personen. Die dortigen Haushalte verfügen nicht nur über eine größere Zahl von Kindern, sie sind auch durch eine stärkere Bedeutung traditioneller Großfamilien geprägt. Aufgrund intergenerativer Abhängigkeiten, patriarchalischer Strukturen oder Wohnraumengpässe spielen familiäre Verbünde hier eine größere Rolle als in den meisten weiter entwickelten Staaten.

Auch innerhalb der EU bestehen zum Teil deutliche Differenzen (M 1). So lag der Anteil der Einpersonenhaushalte an allen Haushalten um das Jahr 2000 in Spanien mit zwölf Prozent besonders niedrig. In den nordeuropäischen Ländern dagegen umfassten mehr als ein Drittel aller Haushalte nur eine Person. Besonders hohe Anteile an Einpersonenhaushalten werden in großen Städten verzeichnet. Innerhalb der Städte zeigen sich wiederum Unterschiede zwischen den inneren und äußeren Bezirken (M 2). Der Anteil an Einpersonenhaushalten erreicht in den dicht bebauten und durch kleine Wohnungen gekennzeichneten Kernstädten seine höchsten Werte. Größere Familienhaushalte leben dagegen häufig in den äußeren Bezirken. Das Beispiel der Stadt Stuttgart zeigt jedoch zugleich, dass die Wohnstandorte von Alleinerziehenden (vgl. 3.3.2) durch eine Konzentration auf zentrale Bezirke gekennzeichnet sind. Der durch die Gleichzeitigkeit von Kinderbetreuung und Erwerbstätigkeit gekennzeichnete Alltag von Alleinerziehenden kann am besten in den Innenstädten mit ihren kurzen Wegen und der hohen Dichte an Betreuungs-, Kultur- und Freizeitinfrastrukturen realisiert werden. Neben dem Wandel der familialen Lebensformen und der Zunahme multilokaler Haushalte führen insbesondere die steigenden Anteile älterer Menschen zu einer Zunahme von Einpersonenhaushalten. Mit höherem Alter wächst der Anteil der Alleinlebenden deutlich (M 3). In Deutschland lebt fast die Hälfte aller 70- bis 85-Jährigen alleine in einem Haushalt.

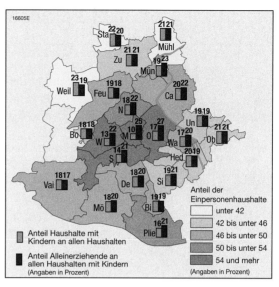

M 2: *Anteil der Einpersonenhaushalte sowie der Haushalte mit Kindern und der Alleinerziehenden nach Stadtbezirken in Stuttgart 2008*

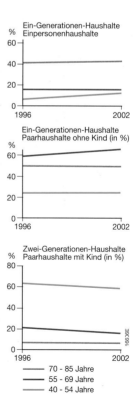

M 3: *Haushaltsgrößen und -typen älterer Menschen 1996 und 2002 in Deutschland*

3.3.2 Haushaltsformen im Wandel

Seit Ende der 1960er-Jahre haben sich die Haushaltsformen in Deutschland stark gewandelt. Während die klassischen Familienhaushalte abnehmen, gewinnen multilokale Haushalte, Paarhaushalte ohne Kinder oder Alleinerziehende an Bedeutung.

Im Laufe ihres Lebens durchläuft eine Person verschiedene Haushaltskonstellationen. Im klassischen Lebenszyklusmodell (M 2) folgte dem Aufwachsen in einem Familienhaushalt eine Zeit des Alleinlebens als Auszubildender oder Studierender. Der daran anschließende Übergang zum Beruf war geprägt durch die Gründung einer Familie und eines Familienhaushalts. Letzterer wurde während der Expansionsphase zunächst größer, stagnierte nach Beendigung der Geburtenbiographie, bevor er zunächst durch den Auszug der Kinder und anschließend durch den Tod des Ehepartners schrumpfte.

Vor allem in den 1950er- und frühen 1960er-Jahren hatte sich die Ehe im Rahmen einer Kleinfamilie zum Idealtypus des Zusammenlebens herauskristallisiert (vgl. 4.4.2). 96 Prozent der Männer und 95 Prozent der Frauen, die zu Beginn der 1960er-Jahre mindestens 18 Jahre alt waren, heirateten zumindest einmal in ihrem Leben. Bis 1970 sank das durchschnittliche Erstheiratsalter in der Bundesrepublik Deutschland auf 26 Jahre bei Männern und 23 Jahre bei Frauen (M 1). Seit dieser Zeit lösten sich die Vorstellungen vom ehelichen Zusammenleben immer stärker von den traditionellen Verbindlichkeiten. Mit der sozial-liberalen Koalition unter Bundeskanzler Willy Brandt kam es in den frühen 1970er-Jahren zu grundlegenden Reformen des Ehe- und Familienrechts sowie der Geschlechtergleichstellung. Die Diversifizierung der Haushaltstypen und der häufige Wechsel zwischen diesen im Verlauf der Gesamtbiographie sind Anzeichen für den gesellschaftlichen Wandel, der sich bis heute fortsetzt. An die Stelle der ehelichen Familie sind zunehmend neue Haushalts- und Familienformen getreten. Dazu zählen kinderlose Paare mit und ohne Trauschein genauso wie unverheiratete Paare mit Kindern, Alleinlebende sowie Alleinerziehende (M 2, M 3). Statt einer klaren Abfolge

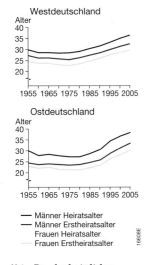

M 1: *Durchschnittliches Heiratsalter und durchschnittliches Erstheiratsalter in Deutschland seit 1955*

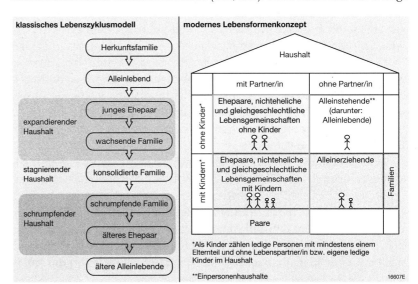

M 2: *Klassisches Lebenszyklusmodell und Lebensformenkonzept*

Lebensform			Anzahl in 1000	Prozent der Gesamtbevölkerung
insgesamt			81 725	100
in Familien mit ledigen Kindern	zusammen		43 252	53
	Ehepaare	Elternteile	18 460	23
		Ledige Kinder	15 958	20
	Lebensgemeinschaften	Elternteile	1 548	2
		Ledige Kinder	1 115	1
	Alleinerziehende	Elternteile	2 572	3
		Ledige Kinder	3 599	4
in Paaren ohne ledige Kinder	zusammen		22 752	28
	Ehepartner / innen		19 346	24
	Lebenspartner / innen		3 406	4
Alleinstehende	zusammen		15 721	19
	darunter in Einpersonenhaushalten		14 172	17

M 3: *Bevölkerung nach Lebensformen 2005*

1. *Diskutieren Sie das Lebenszyklusmodell im Vergleich mit dem Lebensformenkonzept. Begründen Sie, welcher Ansatz die Wirklichkeit aktueller Haushaltsformen besser widerspiegelt.*

2. *Erläutern Sie Zusammenhänge zwischen der Entwicklung der Haushaltsformen und der Geburtenhäufigkeit?*

von wachsenden zu schrumpfenden Familien sind Haushalte heute vermehrt durch ein Nebeneinander unterschiedlicher Lebensformen geprägt.

Diese Vielfalt äußert sich in rückläufigen Heiratszahlen, der zunehmenden Bedeutung von Scheidungen sowie dem Aufkommen neuer Haushaltsformen. Im Jahr 2006 lag das Erstheiratsalter der Männer bei über 32, das der Frauen bei knapp 30 Jahren. Insgesamt ist die Zahl der Eheschließungen seit Beginn der 1990er-Jahre rückläufig, gleichzeitig steigt die der Scheidungen an (M 4). Die Anteile der geschiedenen Ehen an allen geschlossenen Ehen sind im Laufe des 20. Jahrhunderts und insbesondere seit den 1960er-Jahren stark angestiegen. Von denjenigen, die 1977 in der Schweiz geheiratet haben, war nach 30 Jahren rund ein Drittel wieder geschieden (M 5). Gleichzeit sinkt bei den seit 1991 geschlossenen Ehen jedoch der Anteil derer, die bereits nach fünf Jahren wieder geschieden sind. Diese auch in Deutschland zu beobachtende Entwicklung deutet auf eine Stagnation der Scheidungsraten hin.

Die Verlängerung der Lebenserwartung und das im Vergleich dazu nur gering gestiegene Erstheiratsalter haben dazu geführt, dass die durchschnittliche Ehedauer trotz hoher Scheidungsraten weiter zunimmt. Durchschnittlich hält jede Ehe in Deutschland rund 27 Jahre; nach wie vor werden die meisten Ehen durch den Tod des Ehepartners oder der Ehepartnerin beendet.

Die zunehmende Bedeutung der Erwerbstätigkeit von Frauen, neue Rollenbilder und die steigende Akzeptanz von außerehelichen Lebensentwürfen haben zu einer Diversifizierung der Haushaltsformen geführt. Räumlich äußert sich dies in einer zunehmenden Multilokalität von Partnerschaften. Die Erwerbstätigkeit beider Partner, sowohl in nicht-ehelichen als auch in ehelichen Haushalten, führt dazu, dass Beziehungen vermehrt über weite Distanzen geführt werden und sich die gemeinsam verbrachte Zeit auf die Wochenenden beschränkt.

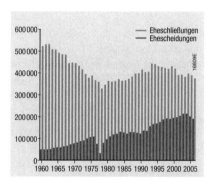

M 4: *Zahl der Eheschließungen und der Ehescheidungen in Deutschland (1960–2007; bis 1989 nur BRD)*

M 5: *Scheidungshäufigkeit nach Heiratsjahrgang in der Schweiz (1920–2003)*

Die Ursachen für Armut und Unterentwicklung werden heute weniger als ein Problem der Tragfähigkeit gesehen. Auch erscheint die Bestimmung des Grades von Armut über ausschließlich ökonomische Indikatoren nicht mehr umfassend genug. Die Möglichkeit zur Entwicklung hängt vielmehr mit Bildung und der Nutzung individueller Fähigkeiten sowie der politischen Situation in einem Land zusammen.

Es ist relativ schwer, den Entwicklungsstand und die Lebensqualität der Bewohner eines Landes zu messen und mit der Situation in anderen Ländern zu vergleichen (M 2). Schnell stellt sich die Frage, welche Faktoren die Entwicklungsfähigkeit eigentlich bestimmen. Von Organisationen wie der Weltbank wird Entwicklung überwiegend als wirtschaftliches Wachstum und Modernisierung verstanden und innerhalb eines Landes oder beim Vergleich mehrerer Länder über den Anstieg des Pro-Kopf-Einkommens gemessen. Allerdings liefert die Höhe des Bruttoinlandsprodukts keinen Aufschluss über die Verteilung der Einkommen innerhalb eines Landes. Auch mit dem weit verbreiteten Maß „Armutsquote" wird der Einkommensabstand der Armen zur Armutsgrenze nicht erfasst.

Armutsquote

prozentualer Anteil der Personen an der gesamten Bevölkerung einer Volkswirtschaft, die mit einem Einkommen unterhalb der Armutsgrenze auskommen müssen

Schon 1981 machte der indische Ökonom und spätere Nobelpreisträger Amartya Sen deutlich, dass sich die Ursache von Hungersnöten nicht auf den einfachen Zusammenhang „zu viele Menschen, zu wenig Nahrung" reduzieren lässt. Im Widerspruch zu den damals vorherrschenden Erklärungsansätzen zeigte er mit seinen Analysen zum Verlauf von Hungersnöten, dass diese vielmehr das Resultat eines unzureichenden Zugangs von Personengruppen zu vorhandenen Nahrungsmitteln und somit ein Verteilungsproblem sind (vgl. 2.2). Die Hungersnot in Bangladesch im Jahr 1974 ereignete sich in dem Jahr, in dem pro Kopf mehr Nahrungsmittel zur Verfügung standen als in jedem anderen Jahr zwischen 1971 und 1976. Wirtschaftliche und gesellschaftliche Zusammenhänge sowie das politische System beeinflussen das Auftreten von Hunger und Armut. In Demokratien mit einem funktionierenden Parteiensystem, regulär stattfindenden Wahlen und einer freien Presse hätten sich noch keine Hungersnöte entwickelt; dass sich die letzte große Hungersnot in Indien vier Jahre vor der Unabhängigkeit ereignet hatte, ist für Sen kein Zufall.

„The ends and means of development call for placing the perspective of freedom at the center of the stage. The people have to be seen, in this perspective, as being actively involved – given the opportunity – in shaping their own destiny, and not just as passive recipients of the fruits of cunning development programs."

Amartya Sen, 1999

Die Bekämpfung von Armut besteht für Sen nicht in einer Gleichverteilung aller Güter, sondern darin, dass eine Gleichheit der Chancen hergestellt wird. Staatliche Politik und Einflussnahme sollen daran ausgerichtet werden, wie Bedingungen geschaffen werden können, die es dem Individuum ermöglichen, eigene Entscheidungen zu treffen, eigene Lebensentwürfe zu entwickeln und diese zu verwirklichen. Sen versteht Entwicklung deshalb auch als einen Prozess zur Entfaltung der Persönlichkeit, der mit einer Wahlfreiheit verbunden ist, eigenverantwortlich darüber zu entscheiden, wie die eigene *capability* (Fähigkeit) genutzt wird. Darüber beeinflusst der Einzelne auch seine Umwelt, weshalb die Ausweitung der individuellen Handlungs- und Entscheidungsfreiheit soziale und globale Ungleichheit mindert. Individuelle Freiheit in wirtschaftlicher, ökonomischer und kultureller Hinsicht ist Ziel und Mittel der Entwicklung. Die Steigerung des Bruttosozialprodukts ist nur eine Erscheinung dieses Prozesses. Wichtige Indikatoren zur Messung des Grades von Entwicklung, insbesondere für die weniger entwickelten Länder, sind für Sen Zugang zu Bildungseinrichtungen und ihre Qualität sowie Gesundheitsvorsorge und -versorgung, Gleichberechtigung der Frau und die Möglichkeit und Fähigkeit zur politischen Partizipation von allen Gesellschaftsmitgliedern.

Seine Überlegungen zur Interdependenz der Entwicklungsfähigkeit von Individuen und Gesellschaften waren maßgebliche Grundlage für den Human Development Index (HDI — Index des Entwicklungsstandes des Menschen), den der pakistanische Ökonom Mahbub ul Haq in enger Zusammenarbeit mit Amartya Sen und dem britischen Wirtschaftswissenschaftler Meghnad Desai entwickelte. Der HDI wurde 1990 zum ersten Mal und seitdem jährlich im Human Development Report des UNDP veröffentlicht. Er ist ein einfacher Index, der mit der Kombination von drei Dimensionen den Grad an Entwicklung misst, den ein Land im Vergleich zu anderen Ländern erreicht hat. Die drei Dimensionen sind (M 1):

- die Möglichkeit eines langen und gesunden Lebens — geschätzt durch die Lebenserwartung bei Geburt (L);
- der Zugang zu Bildung — heute gemessen durch die beiden Indikatoren Alphabetenrate der Erwachsenen (E 1), die Schuleinschreibungsrate in Grund- und Oberschulen und die Studierendenzahlen (E 2);
- der Lebensstandard — ausgedrückt durch das Bruttoinlandsprodukt in US-$ pro Kopf gemessen in Kaufkraftparitäten (BIP).

Der HDI wird als einfaches arithmetisches Mittel aus den drei Einzelindizes ermittelt. Die jeweiligen Teilindizes werden nach der folgenden Formel bestimmt:

$$Index = \frac{\text{tatsächlicher Wert} - \text{unterer Grenzwert}}{\text{oberer Grenzwert} - \text{unterer Grenzwert}},$$

wodurch sich Werte zwischen 0 und 1 ergeben. Als unterer Grenzwert wurde der 1987 weltweit niedrigste registrierte Wert festgelegt. Der obere Grenzwert hingegen ist ein theoretisch festgelegter Wunschwert, der immer wieder an die aktuellen Gegebenheiten angepasst wird. Somit wurden die Parameter des HDI in den vergangenen Jahren immer wieder verändert (z. B. Konstruktion des Einkommens, Modifikation von Ober- und Untergrenzen), was nur eine eingeschränkte Vergleichbarkeit über die Jahre ermöglicht.

Teilindex		unterer Grenzwert	oberer Grenzwert	Anteil am HDI
(L)	Lebenserwartung bei der Geburt	25 Jahre	85 Jahre	100,00 %
(E1)	Alphabetenquote der Erwachsenen	0 %	100 %	66,67 %
(E2)	Brutto-Schuleinschreibungsrate	0 %	100 %	33,33 %
(BIP)	Reale Kaufkraft je Einwohner	100 US-$	40 000 US-$	100,00 %

M 1: *Berechnung des HDI*

Aufgrund der Datenverfügbarkeit wird der HDI 2006 nur für 177 der 192 UN-Mitgliedsstaaten berechnet und in drei Kategorien unterteilt (M 2):
- hoher Entwicklungsstand: HDI-Indexwert ≥ 0,8;
- mittlerer Entwicklungsstand: HDI-Indexwert < 0,8 und ≥ 0,5;
- niedriger Entwicklungsstand: HDI-Indexwert < 0,5.

„The process of economic growth is a rather poor basis for judging the progress of a country; it is not, of course, irrelevant but it is only one factor among many.“

Amartya Sen, 2004

UNDP

United Nation Development Program, Entwicklungsprogramm der Vereinten Nationen, Hauptsitz in New York

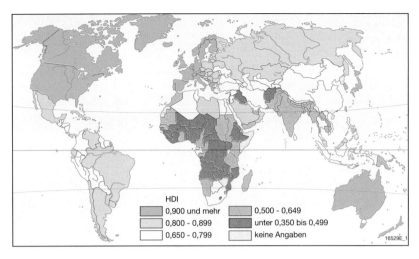

M 2: *Human Development Index 2006*

2006 führen Island und Norwegen die HDI-Rangliste mit einem Wert von 0,968 an. Das am niedrigsten entwickelte Land ist Sierra Leone mit einem HDI-Wert von 0,329.

„Women and men share many aspects of living together, collaborate with each other in complex and ubiquitous ways, and yet end up — often enough — with very different rewards and deprivations."

Sudhir Anand
und Amartya Sen, 1995

In den besetzten palästinensischen Gebieten liegt 2006 der HDI bei 0,731 und der GDI bei 0,678. Der große Unterschied wird hervorgerufen durch Benachteiligung von Frauen und Mädchen in allen drei Dimensionen. Im Gegensatz dazu unterscheidet sich 2006 in Vietnam der HDI (0,718) vom GDI (0,717) nur um 0,001.

Allerdings beruht der HDI auf nationalen Durchschnittswerten und lässt somit weder Aussagen über innerstaatliche Entwicklungsunterschiede noch über die Situation der Ärmsten und am stärksten Benachteiligten zu. Deshalb wurden im Human Development Report von 1995 zwei genderbezogene Indizes — Gender-related Development Index (GDI) und Gender Empowerment Measure (GEM) — eingeführt, die zusätzlich die Ungleichheit zwischen Männern und Frauen in der Gesellschaft, bei der ökonomischen und politischen Teilhabe sowie der politischen Durchsetzungsfähigkeit berücksichtigen.

Obwohl in den meisten Ländern Fortschritte bei der Gleichberechtigung der Frau und insbesondere in den Schlüsselbereichen von Entwicklung wie Bildung gemacht wurden, zeigen im Jahr 2006 alle Länder niedrigere GDI- als HDI-Werte. Art und Ausmaß der geschlechtsspezifischen Diskriminierung sowohl gegen Frauen als auch gegen Männer variieren erheblich zwischen Ländern und Regionen, wobei Gewalt gegen Frauen nach wie vor ein gesamtgesellschaftliches Phänomen ist und in allen Teilen dieser Welt verübt wird. Insbesondere in Afrika und Südasien werden physische Misshandlungen durch den Partner von vielen Frauen noch immer als legitim wahrgenommen. Allerdings kann keine Gesellschaft eine nachhaltige Entwicklung vorantreiben, wenn sie zulässt, dass Frauen in den unterschiedlichsten gesellschaftlichen Bereichen ihrer Menschenrechte beraubt werden. Benachteiligung beim Zugang zu Bildung verhindert das Erreichen politisch formulierter Entwicklungsziele wie etwa ein Absenken des Geburtenniveaus, die Reduzierung der Kindersterblichkeit, Gesundheitsvorsorge und die Änderung von Verhaltensweisen, um die Ausbreitung von Pandemien wie etwa HIV / AIDS zu bekämpfen, sowie eine Bildungsexpansion für die nachfolgenden Generationen (vgl. 4.1.2).

Während mit dem GDI stärker auf die Ausweitung von individuellen Fähigkeiten fokussiert wird, steht im Mittelpunkt des GEM die Anwendung und Entfaltung dieser im gesellschaftlichen Kontext:

- politische Partizipation — Anzahl der Sitze, die Frauen in nationalen Parlamenten innehaben;
- Teilhabe am Erwerbsleben und Grad der Entscheidungsbefugnis — Anteil der Frauen in Führungspositionen;
- Verfügbarkeit von ökonomischen Ressourcen — geschätztes jeweiliges Einkommen von Männern und Frauen.

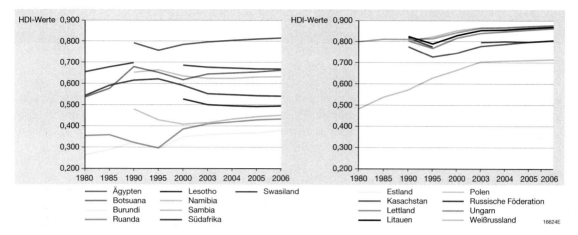

M 3: *Entwicklungsumkehr ausgewählter Länder im subsaharischen Afrika und in Osteuropa (1990–2005)*

Ergänzend wurde 1997 der Human Poverty Index (HPI-1 für weniger entwickelte und HPI-2 für weiter entwickelte Länder) eingeführt. Dieser Index für menschliche Armut umfasst:

- Gefährdung durch frühen Tod — Wahrscheinlichkeit bei der Geburt das 40. (HPI-1) bzw. das 60. (HPI-2) Lebensjahr nicht zu erreichen;
- Ausschluss von Wissen und Kommunikation — Erwachsenen-Analphabetenrate (HPI-1) bzw. Anteil der erwachsenen Bevölkerung, der über keine angemessene Lese- und Schreibfähigkeit verfügt (HPI-2);
- Mangel an Zugang zu angemessener kostengünstiger Versorgung — Anteil der Bevölkerung ohne Zugang zu aufbereitetem Wasser und Anteil der unterernährten Kinder (HPI-1) bzw. Anteil der Bevölkerung, der unterhalb der Armutsgrenze lebt (HPI-2);
- soziale Ausgrenzung (nur HPI-2) — Anteil der Langzeitarbeitslosen.

Obwohl etliche Länder zwischen 1980 und 2006 eine Verbesserung im Bereich Bildung und Gesundheit erreicht haben, gibt es immer noch eine deutliche Spaltung zwischen armen und reichen Ländern. Auch verstärkt sich die Polarisierung zwischen verschiedenen sozialen und ökonomischen Gruppen, insbesondere in den Ländern mit einem enormen wirtschaftlichen Wachstum in den letzten Jahren.

Trotzdem können hinter einer vergleichbaren Entwicklung der HDI-Werte recht unterschiedliche Dynamiken in den einzelnen Ländern stecken (M 3). Für China und Ägypten konnte seit 1980 eine Erhöhung des HDI-Wertes um 0,230 festgestellt werden, wobei die Steigerung in China in erster Linie auf wirtschaftliches Wachstum und Verbesserungen im Bildungssektor zurückzuführen sind, im Bereich Gesundheit wurden kaum Fortschritte erreicht. In Ägypten hingegen wurden hauptsächlich Verbesserungen im Bildungs- und Gesundheitssektor erzielt, bei geringer wirtschaftlicher Steigerung. In einigen Staaten hingegen sind Rückschritte in der Entwicklung zu erkennen. In südafrikanischen Ländern wird dieser Umschwung hervorgerufen durch die zunehmende Ausbreitung von HIV/AIDS (vgl. 4.2.5) oder als Folge von kriegerischen Auseinandersetzungen wie in Burundi und Ruanda. In osteuropäischen Ländern ist die Transformation nach dem Fall des Eisernen Vorhangs Grund für ein Absinken der HDI-Werte. Es wird jedoch erwartet, dass nach der Periode des Rückgangs eine Phase der politischen und ökonomischen Stabilisierung eintritt und als Folge davon auch wieder steigende Entwicklungsindikatoren zu verzeichnen sind.

1. *Diskutieren Sie die Wahrscheinlichkeit des Auftretens von Hungersnöten in Demokratien.*

2. *Erklären Sie, warum es unzureichend ist, allein auf Basis des HDI die Entwicklungschancen verschiedener Länder zu vergleichen.*

Wie alt ist eigentlich alt? Die Beantwortung dieser Frage hängt vom Altersbild einer Gesellschaft ab. Aktuelle Konzepte gehen davon aus, dass Ältere ihre Gesundheit und Lebensqualität bewahren, autonom und unabhängig bleiben sowie aktiv am politischen, sozialen, wirtschaftlichen und kulturellen Leben teilnehmen.

Im Verlauf der Transformation einer Gesellschaft hin zur Industriegesellschaft wird der Lebenslauf einer Person zunehmend institutionalisiert und in drei altersbegrenzte Phasen unterteilt, die bildungs- und sozialpolitisch beeinflusst sind: Auf die Phase der Kindheit mit Bildung und Ausbildung folgt die der Erwerbstätigkeit und schließlich die des Ruhestandes (M 1). Alt sind nach dieser arbeitsmarktorientierten Differenzierung jene Menschen, die sich in der dritten Phase befinden und damit sechzig Jahre oder älter sind. Anders als in immer noch vielen weniger entwickelten Ländern kann die Zeit des „Alt Seins" in den Ländern mit hoher oder steigender Lebenserwartung mehr als 30 Jahre andauern (vgl. 2.1). Alter ist hier zu einem eigenständigen und selbstverständlichen Teil der Normalbiographie geworden.

In den 1880er-Jahren — zur Zeit der Entstehung des modernen Ruhestandes im deutschen Kaiserreich mit der weltweit ersten Sozialgesetzgebung unter Otto von Bismarck — wurde die dritte Lebensphase oftmals nicht erreicht (M 2). Seither hat sich die mittlere Lebenserwartung bei Geburt wie im Alter von 60 Jahren nahezu verdoppelt. Der extreme Rückgang der Erwerbsquote von Männern und Frauen ab 60 Jahren ist in Zusammenhang mit der Herabsetzung der gesetzlichen Regelaltersrente von 70 Jahren im Jahr 1889 auf 65 Jahre für Männer und 60 Jahre für Frauen bis zum Jahr 2007 zu interpretieren. Damit der Generationenvertrag auch in Zukunft erfüllt werden kann, wird bis zum Jahr 2029 die Regelaltersgrenze in Deutschland wieder auf 67 Jahre angehoben werden. Das durchschnittliche tatsächliche Renteneintrittsalter kann jedoch im regionalen Vergleich variieren (M 3).

Laut Standarddefinition der UNO zählen die über Sechzigjährigen zu den „Älteren". 2020 werden weltweit eine Milliarde Menschen mindestens 60 Jahre alt sein, 2050 sind es zwei Milliarden, was 22 Prozent der Weltbevölkerung entspricht.

Generationenvertrag
Bei der gesetzlichen Rentenversicherung in Deutschland zahlen die jeweils Erwerbstätigen ihre Beiträge in die Rentenversicherung ein, wovon die Renten der nicht mehr Erwerbstätigen ausbezahlt werden. Das Umlageverfahren basiert auf dem Generationenvertrag, der nicht schriftlich fixiert ist und sich allein auf einen gesellschaftlichen Konsens gründet.

M 1: *Funktionelle, mentale und geistige Fähigkeiten nach Lebensphasen*

*Änderungen der Lebensbedingungen können die Schwelle der Hilfsbedürftigkeit herabsetzen, wodurch die Anzahl von hilfsbedürftigen Menschen in einer Gemeinschaft abnimmt.

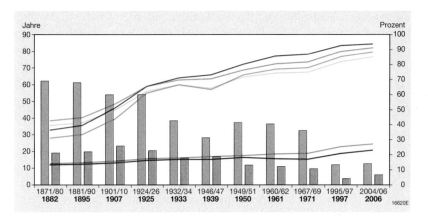

M 2: *Entwicklung des modernen Ruhestandes in Deutschland zwischen 1871 und 2006*

Alter kann heute nicht nur auf den biologischen Vorgang des Alterns reduziert werden, da dieser ein unzulänglicher Maßstab für die Veränderungen und Anforderungen ist, die mit dem Älterwerden einhergehen. Bei Menschen derselben Altersgruppe gibt es wesentliche Unterschiede, was die Gesundheit, die aktive Teilnahme am gesellschaftlichen Leben und der Grad ihrer Unabhängigkeit und damit auch Selbstbestimmtheit und Lebensqualität betrifft. Ob Altern Zukunft hat, hängt mit dem Altersbild zusammen, das in einer Gesellschaft vorherrscht. Im Defizitmodell wird Alter als Reduktion von Lebensmöglichkeiten konstruiert, im Aktivitäts- oder Kompetenzmodell hingegen wird es mit neuen Chancen und Erweiterung der Kompetenzen gleichgesetzt. Mit dem Konzept des *active ageing* („Aktiv Altern"), das 2002 von der WHO begründet wurde, wird die angestrebte Verbesserung und Ausweitung der Teilhabe älterer Menschen im privaten wie im öffentlichen Leben aufgegriffen und in sozialpolitische Handlungsempfehlungen überführt. Aktiv Altern soll zur globalen

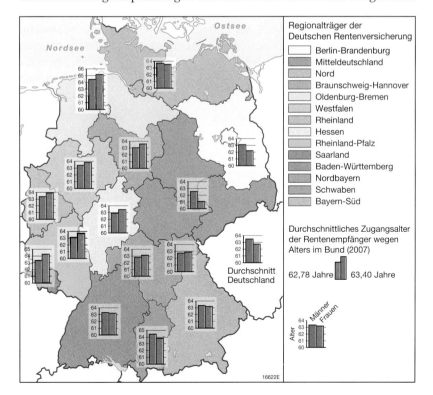

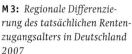

M 3: *Regionale Differenzierung des tatsächlichen Rentenzugangsalters in Deutschland 2007*

41

Idee werden, deren Verständnis und Umsetzung über die zwei Perspektiven „Kultur" und „Gender" differenziert wird (M 4). Werte und Traditionen bestimmen in hohem Maß, wie eine Gesellschaft zum Altwerden und zu alten Menschen eingestellt ist. Sie führen zu kulturell bedingten altersspezifischen Unterschieden innerhalb der Gesellschaft eines Landes, aber auch zwischen verschiedenen Ländern. Über die Gender-Perspektive wird deutlich, dass Aktiv Altern nicht unabhängig von den sozial bestimmten Rollen der einzelnen Personen ist. So führt die traditionelle Rolle von Frauen mit ihrer Zuständigkeit für den Erhalt des Familienzusammenhangs bei gleichzeitig eingeschränkter entlohnter Berufstätigkeit zu einer stärkeren Verarmung und schlechteren Gesundheit im Alter. Auch werden Frauen öfter Opfer häuslicher und struktureller Gewalt. Männer hingegen neigen in höherem Alter eher dazu, zu vereinsamen und isoliert zu leben, da sie weniger Unterstützung durch ihr soziales Umfeld erfahren.

Für ältere Migrantinnen und Migranten in Deutschland existieren erschwerte Voraussetzungen für ein sozial gesichertes Altern. Sie scheiden oftmals früher aus der Erwerbstätigkeit aus. Obwohl sie nur selten ein sehr hohes Alter erreichen, ist ihr Bedarf an Hilfe und Pflege höher und setzt früher ein, da schwere körperliche und gesundheitsbelastende Arbeit sowie Armutsrisiko auch während der Zeit der Erwerbstätigkeit den langfristigen Erhalt der Funktionalität verkürzt haben (M 1). Durch den höheren Anteil an Männern im Zuge der Gastarbeiterwanderungen ist bei Migranten noch keine Feminisierung des Alters festzustellen, was gleichzeitig zu einer Singularisierung der älteren Männer führt.

Aktiv Altern hängt somit vom Familienstand, den Haushaltsstrukturen und dem Gesundheitszustand im Alter ab. Armutsrisiko und Pflegebedürftigkeit hemmen Aktiv Altern. Ein selbstbestimmtes Leben sowie soziale Teilhabe und bürgerschaftliches Engagement erfordern die Erwerbsbeteiligung älterer Menschen, die Gewährleistung räumlicher Mobilität durch angepasste Verkehrskonzepte sowie alternative Wohnkonzepte, die älteren Menschen einen möglichst langen Verbleib in einer vertrauten barrierefreien, technisch unterstützten und gemeinschaftsorientierten Wohnform ermöglichen.

1. *Vergleichen und diskutieren Sie die Altersbilder verschiedener Gesellschaften.*

2. *Entwickeln Sie ein umfassendes Maßnahmenkonzept, das Aktiv Altern in einem weniger und einem weiter entwickelten Land unterstützt.*

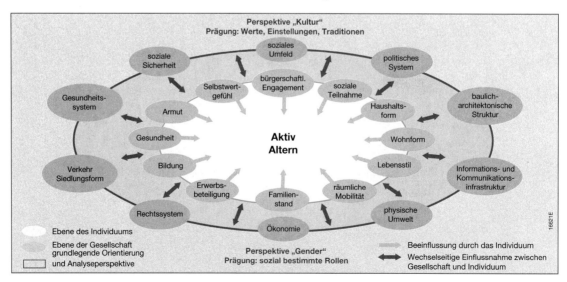

M 4: *Perspektiven auf und Faktoren des Aktiv Alterns*

4 Natürliche Bevölkerungsbewegungen

Das Wachstum der Weltbevölkerung ist gegenwärtig durch tief greifende Gegensätze gekennzeichnet. Großräumige Unterschiede in der Geburtenhäufigkeit und Sterblichkeit prägen einen demographic divide. In vielen weniger entwickelten Ländern ist die natürliche Zuwachsrate nach wie vor hoch, während in den meisten weiter entwickelten Ländern die Bilanzen der natürlichen Bevölkerungsbewegungen negativ sind. Allerdings ist langfristig eine Angleichung an die niedrige Zunahme der weiter entwickelten Länder zu erwarten.

4.1.1 Weltweite Geburtenentwicklung

Die beträchtlichen Unterschiede des gegenwärtigen Bevölkerungswachstums zwischen weiter und weniger entwickelten Ländern beruhen auf dem Ausmaß der Geburtenüberschüsse.

Die weltweit nach wie vor erheblich voneinander abweichenden Geburtenhäufigkeiten in Industrie- und Entwicklungsländern charakterisieren einen *demographic divide*, mit stagnierenden Einwohnerzahlen in den Industrie- und einem zum Teil kräftigen Bevölkerungswachstum in den Entwicklungsländern (vgl. 2.1). So stehen niedrige Totale Fruchtbarkeitsraten (TFR; vgl. 1.2) von durchschnittlich 1,6 Geburten je Frau in den weiter den hohen Raten von 2,8 Geburten je Frau bei beträchtlichen Schwankungen in den weniger entwickelten Ländern gegenüber.

Der mit der gesellschaftlichen Modernisierung seit den 1960er-Jahren in vielen Entwicklungsländern einhergehende Rückgang der Geburtenzahlen ist in einigen Staaten ausgeblieben (M 1, M 2). Zu dieser Ländergruppe mit einer hohen TFR von mindestens 4,9 (2008) zählen 20 Prozent aller Staaten, die mit Ausnahme von Jemen im subsaharischen Afrika liegen. Bei fast sieben Geburten je Frau Anfang der 1970er-Jahre fiel der Fruchtbarkeitsrückgang dort mit 16 Prozent im Vergleich zu 36 Prozent für alle Länder sehr gering aus. Staaten mit dieser hohen Geburtenhäufigkeit zeichnen sich durch eine weit unterdurchschnittliche Wirtschaftskraft und Verstädterungsquote, hohe Säuglingssterblichkeit, geringe gesellschaftliche Wertschätzung von Frauen aus, die sich in ihrer niedrigen Alphabeten- und in der mäßigen Einschulungsquote von Mädchen ausdrückt.

In den meisten Ländern betrug die TFR 2008 höchstens 2,1 (M 2). Hierzu zählen alle Staaten mit hoher wirtschaftlicher Leistungskraft sowie einige lateinamerikanische (Kuba, Costa Rica, Chile), asiatische (China, Thailand, Iran) und afrikanische Länder (Tunesien). Die Änderungen der Geburtenhäufigkeit reichen seit 1970/75 von einer Stagnation wie in Finnland oder in den USA bis zu einem Rückgang von über 70 Prozent wie in Südkorea, Iran oder Albanien.

Geburtenrückgang		Pro-Kopf-Einkommen (in US-$; 2007)	Verstädterungsgrad (in %; 2008)	Alphabetenquote der Frauen (in %; um 2000)	Säuglingssterblichkeit (in ‰; 2008)	TFR	
						1970/75	2008
≤ − 50 %	alle Länder	6 817	54,0	80,5	30,8	6,3	2,5
	Nepal	1 040	17,0	42,0	48,0	6,3	3,1
	Marokko	3 990	56,0	42,2	43,0	6,9	2,4
	Tunesien	7 130	65,0	68,0	19,0	6,2	2,0
	Iran	10 800	67,0	78,4	32,0	6,5	2,1
	Mexiko	12 580	76,0	89,8	19,0	6,5	2,3
≥ − 20 %	alle Länder	1 158	29,6	38,7	99,1	6,9	6,2
	Niger	630	17,0	15,8	81,0	8,1	7,1
	Tschad	1 280	27,0	12,8	106,0	6,6	6,3
	Nigeria	1 770	47,0	62,8	100,0	6,9	5,9
	Angola	4 400	57,0	54,2	132,0	6,6	6,8

M 1: *Geburtenrückgang und gesellschaftliche Modernisierung in ausgewählten Ländern (TFR ≥ 4,9 zu Beginn 1970er-Jahre)*

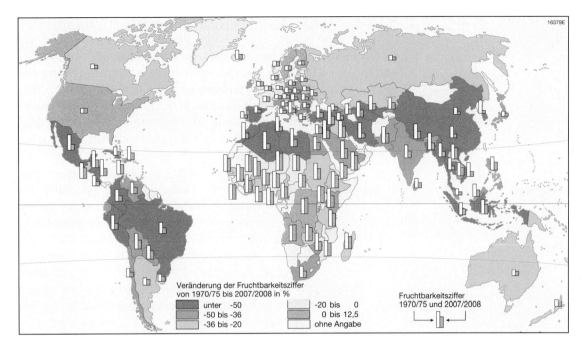

Veränderung der Fruchtbarkeitsziffer
von 1970/75 bis 2007/2008 in %

unter -50	-20 bis 0
-50 bis -36	0 bis 12,5
-36 bis -20	ohne Angabe

Fruchtbarkeitsziffer
1970/75 und 2007/2008

Die niedrige Fruchtbarkeit in den weiter entwickelten Ländern beruht auf einem bereits im 19. Jahrhundert einsetzenden gesellschaftlichen Wandel als Folge von Industrialisierung und Verstädterung (vgl. 4.3) und auf einem Geburtenrückgang unter das Bestanderhaltungsniveau seit den 1960er-Jahren, der auf Änderungen von individuellen Wertvorstellungen, auf Individualisierung der Lebensbiographien und Pluralisierung der Lebensformen basiert (vgl. 4.4).

Erklärungsansätze für das unterschiedliche Ausmaß des Geburtenrückgangs in den weniger entwickelten Ländern lenken das Interesse auf Ursachen, die sich mit der gesellschaftlichen Modernisierung begründen lassen. Die dafür relevanten Indikatoren beziehen sich auf den ökonomischen Wandel sowie auf erzielte Fortschritte im Gesundheits- und Bildungswesen, wodurch die Auflösung traditioneller wirtschaftlicher und sozialer Strukturen beschleunigt und vor allem das soziale Ansehen von Frauen aufgewertet werden. Mit der Verbesserung der Stellung der Frau in der Gesellschaft ändert sich auch das generative Verhalten hin zu weniger Geburten und kleineren Familien. Als Konsequenz wünschen sich Paare weniger Kinder, weshalb in Verbindung mit der stark sinkenden Säuglingssterblichkeit eine merklich niedrigere Geburtenzahl je Frau notwendig ist. Ausgangspunkt dieses Wandels sind die Städte als Zentren der Diffusion von neuen Wertevorstellungen und Normen (M 3).

Die Spannweite der Werte für die einzelnen Indikatoren, die Länder mit hohem wie mit geringem Geburtenrückgang seit 1970 charakterisiert, legt den Einfluss weiterer Größen auf Fruchtbarkeitsniveau und -rückgang nahe. So scheint zum Beispiel die Wirtschaftskraft von Ländern nicht notwendig zu sein, um eine deutliche Verringerung der Geburtenhäufigkeit zu erzielen. Faktoren, die auf der individuellen Ebene eine Rolle spielen, sowie kulturelle und politische Bedingungen haben ebenfalls eine Bedeutung bei der Erklärung des Geburtenrückgangs.

M 2: *Geburtenhäufigkeit (TFR) zu Beginn der 1970er-Jahre und 2007/08 sowie ihre Veränderung seit 1970/75 in ausgewählten Ländern (mind. 3 Mio. Einwohnern 2008)*

Jahr	mittlere Zahl von Geburten je Frau		
	städtisch	ländlich	insgesamt
1962	7,0	6,9	7,0
1979/80	4,5	6,6	5,6
1987	3,2	6,0	4,8
1992	2,2	4,3	4,0
1996/97	2,3	4,1	3,1
2003/04	2,1	3,0	2,5

M 3: *Geburtenrückgang in Marokko (1962 – 2003/04)*

1. Erklären Sie, warum die TFR mindestens einen Wert von 2,1 erreichen muss, damit der Bevölkerungsbestand auf natürliche Weise gesichert ist.

2. Erläutern Sie den Zusammenhang zwischen Geburtenrückgang und Verringerung der Säuglingssterblichkeit.

4.1.2 Sozialer Wandel und Geburtenrückgang

Der unterschiedlich hohe Rückgang der Geburten in den weniger entwickelten Ländern steht in einem engen Zusammenhang mit dem sozialen Wandel. So verringern neue gesellschaftliche Normen und ein besserer Zugang zu Bildung die Geburtenhäufigkeit.

Anfang der 1950er-Jahre war in den weniger entwickelten Ländern die mittlere Zahl der Geburten je Frau mit etwa 6,2 deutlich höher als die des Jahres 2008 mit 2,8 (vgl. 2.1). Neben der gesellschaftlichen Modernisierung, die sich in Änderungen der Wirtschaftsstruktur, in der Zunahme von ökonomischer Leistungskraft oder in der fortschreitenden Verstädterung ausdrückt, spielt für den Geburtenrückgang der soziale Wandel eine maßgebliche Rolle. Er befördert die Ausbreitung neuer, auf individueller Ebene wirksamer Normen, die zur Reduzierung der Kinderzahlen in Familien führen.

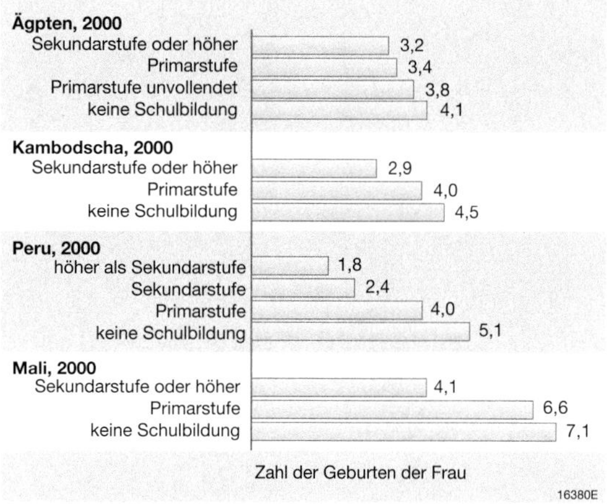

M 1: *Geburtenhäufigkeit und Schulbildung von Müttern in ausgewählten Ländern (um 2000)*

Ein Indikator für diesen Prozess ist die Erhöhung der Alphabetisierungsquote von Frauen (M 1). In traditionellen Gesellschaften setzen soziale Institutionen wie Ehe, patriarchalisch strukturierte Familienverbände oder Bräuche Bedingungen für eine hohe Fruchtbarkeit. Hierzu zählen ein niedriger sozialer Status von Frauen, deren Ansehen mit steigender Kinderzahl wächst, eine frühe Heirat und von Eltern arrangierte Heiraten. Die Frauen haben häufig keine schulische Bildung. Für sie ist der Zugang zu Informationen über Schwangerschaften und die damit verbundenen Gesundheitsrisiken erschwert.

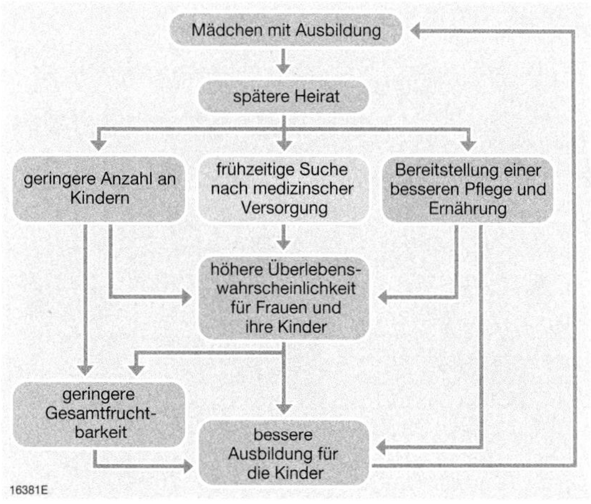

M 2: *Einfluss von Schulbildung auf die demographische und soziale Entwicklung*

wealth flow
ökonomischer und emotionaler „Reichtumstransfer" zwischen den Generationen, Theorie von Caldwell (1982)

Der Schulbesuch stärkt die soziale Position der Frauen in der Familie und Gesellschaft. Nach längerem Schulbesuch heiraten sie später, wünschen sich weniger Kinder und wenden eher kontrazeptive Methoden an als Frauen mit kurzer Schulzeit oder gar ohne schulische Bildung (M2). Wenn überall in einem Land Kinder und Jugendliche eine Chance haben, die Schule zu besuchen, und die Einschulung vom überwiegenden Teil der Bevölkerung akzeptiert ist, dann verringert sich insgesamt die Geburtenhäufigkeit. Infolge werden kleinere Familiengrößen auch bei Frauen mit kurzem oder sogar ohne Schulbesuch als Norm angenommen.

Frauen mit Bildung gehen zudem häufiger einer formalen Beschäftigung nach. Sie reduzieren die Zahl ihrer Kinder, da sie erhöhte Opportunitätskosten verursachen. In traditionellen Gesellschaften, in denen Kinder für Prestige, billige Arbeitskraft und soziale Absicherung stehen, haben Eltern einen Nutzen von ihren Kindern. Der gesellschaftliche Wandel kehrt aufgrund rechtlicher, sozialer und ökonomischer Voraussetzungen den *wealth-flow* von den Eltern zugunsten der Nachkommen um und bewirkt eine rückläufige Geburtenhäufigkeit. Zugleich ist der Gesundheits-

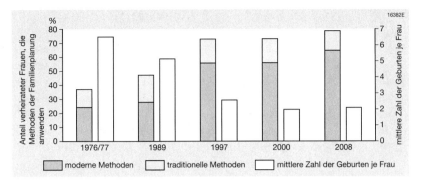

M 3: *Iran: Geburtenhäufigkeit und Geburtenkontrolle Methoden zur Empfängnisverhütung sind schon aus ägyptischer Zeit bekannt. Moderne Methoden heben sich von traditionellen im Wesentlichen durch ihre hohe Sicherheit ab.*

zustand der Kinder von Frauen mit Schulbildung besser als der des Nachwuchses von Frauen ohne Bildung. Ausgehend von der untergeordneten Position innerhalb der Familien erachten diese Frauen die Fürsorge für Söhne höher als die für Mädchen. Ein Reflexionsprozess, der zu Veränderungswünschen dieser sozial fest geschriebenen Stellung von Männern und Frauen innerhalb der Familie sowie in der Gesellschaft führt, hat noch nicht eingesetzt (vgl. 3.4).

Der Einfluss der Ausbildung variiert von Land zu Land. Er hängt von Fortschritten des sozialen Wandels und von Änderungen individueller Wertvorstellungen ab, welche die Politik aktiv unterstützen muss. Im Iran stellte zum Beispiel die Regierung ein Familienplanungsprogramm auf und baute seit Ende der 1980er-Jahre im ganzen Land Gesundheitseinrichtungen aus, die zugleich zu Zentren der nationalen Kampagne zugunsten von idealerweise zwei Kindern wurden (M 3). Heute werden über 90 Prozent der Frauen während ihrer Schwangerschaft medizinisch betreut. 2008 lag die Säuglingssterblichkeit mit 32 Promille deutlich unter dem Wert von 61 Promille im südlichen Zentralasien. Begleitet war das Familienplanungsprogramm auch von Appellen, Mädchen vermehrt einzuschulen. Auch in Bangladesch zeigten Familienplanungsprogramme in Verbindung mit Investitionen in die Infrastruktur Erfolge (M 4). Der Ausbau von Straßen, Elektrizität oder Schulen verbesserte die Kommunikation zwischen den Landesteilen, erleichterte die Ausbreitung von Informationen über die Vorteile kleinerer Familiengrößen, erhöhte die Kenntnisse und den Zugang der Frauen zu Methoden der Geburtenkontrolle.

Wesentliche Komponenten für eine erfolgreiche Verringerung der Geburtenhäufigkeit sind also die Durchsetzung des Schulbesuchs für alle Kinder, unter Einbeziehung der Männer breit angelegte Aufklärungs- wie Informationskampagnen zu den vielfältigen Vorteilen einer kleinen Nachkommenschaft und einen flächendeckenden Zugang zu einer differenzierten Auswahl an Kontrazeptiva.

Opportunitätskosten
fassen Kosten als entgangenen Nutzen auf, den man bei alternativer Verwendung von Gütern hätte erzielen können.

1. Erläutern Sie die gesellschaftlichen Konsequenzen erfolgreicher Familienplanungsprogramme am Beispiel des Geburtenrückgangs im Iran und Bangladesch.

2. Nennen Sie mit Hilfe von M 2 Gründe, warum reproductive health seit der Weltbevölkerungskonferenz von Kairo 1994 eine zentrale Rolle in Familienplanungsprogrammen spielt.

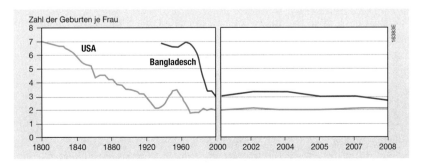

M 4: *Fruchtbarkeitsrückgang in Bangladesch und in den USA (1800–2008)*

4.2 Sterblichkeit

4.2.1 Weltweite Entwicklung der Mortalität

Um 1800 konnte ein neugeborenes Kind davon ausgehen, 25 bis 35 Jahre zu leben, heute sind es im weltweiten Durchschnitt 68 Jahre. In den weiter entwickelten Ländern beträgt dieser Wert 77, in den weniger entwickelten Staaten 67 Jahre.

Die Lebenserwartung spiegelt die Bedingungen wider, unter denen Menschen tatsächlich leben, während die maximal möglichen Lebensjahre einer Person eine theoretische Größe ist: Es ist das höchste Alter, das der widerstandsfähigste Mensch erreichen könnte (...) Die Französin Jeanne Calment war 1997 bei ihrem Tod 122 Jahre und fünf Monate und erreichte somit das höchste Alter, das bisher belegt ist.

Joseph A. McFalls,
US-amerikanischer
Demograph und Soziologe

Große Abweichungen für die Lebenserwartung bei Geburt bestehen nicht nur zwischen den Großregionen (M 1), sondern auch zwischen den jeweiligen Ländern: In Afrika schwanken die Werte von 38 (Zambia) bis 74 Jahre (Tunesien), in Lateinamerika von 58 (Haiti) bis 78 Jahre (Chile), in Asien von 61 (Laos) bis 82 Jahre (Japan). Auch in Europa gibt es große Gegensätze: Während Russen lediglich eine Lebenserwartung von 67 Jahren haben, liegt diese in der Schweiz bei 82 Jahren (alle Angaben 2008).

Diese Unterschiede sind darauf zurückzuführen, dass der Verlängerung der Lebenserwartung ein räumlich differenzierter Ausbreitungsprozess zugrunde liegt. Eine erste Zunahme löste in Europa bereits die erfolgreiche Bekämpfung der Pest im 18. Jahrhundert aus. Eine kontinuierliche Steigerung der Lebenserwartung setzte dann mit der Industrialisierung und Verstädterung ein und beschleunigte sich etwa ab 1900 (vgl. 4.3.1). Ursachen waren die wirtschaftliche Entwicklung, die medizinischen Fortschritte und der Ausbau der Infrastruktur, vor allem des Bildungs- und Gesundheitswesens. Nach dem Zweiten Weltkrieg profitierte auch die Bevölkerung in den ehemaligen Kolonien von Impfkampagnen und der Einführung neuer Medikamente. Nach der Unabhängigkeit trieben viele Länder die Errichtung von Gesundheitszentren und die Ausbildung von medizinischem Personal voran. Infolgedessen nahm seit 1970 die Lebenserwartung in den weniger entwickelten Ländern erheblich schneller zu als in den weiter entwickelten Staaten. Diese abweichende Tendenz beruht auch auf Erfolgen in der Bekämpfung der 1960 noch sehr hohen Säuglingssterblichkeit.

Um weitere Fortschritte beim Sterblichkeitsrückgang in Entwicklungsländern zu erzielen, müssen gesundheitsfördernde Verhaltenswei-

Großregion	Säuglingssterblichkeit (in ‰)		Lebenserwartung von Neugeborenen (in Jahren)	
	1960	2008	1960	2008
Afrika südl. der Sahara	156	88	44	50
Nordafrika	153	45	52	69
Vorderer Orient	153	41	52	70
Südasien	146	61	48	65
Ostasien	133	21	58	74
Lateinamerika	102	23	60	73
Osteuropa	76	9	66	69
weniger entwickelte Länder	138	54	53	67
weiter entwickelte Länder	31	6	72	77
Welt	124	49	56	68

M 1: *Trends in der Sterblichkeit nach Großregionen*

sen propagiert, die Armut reduziert und das Gesundheitssystem weiter ausgebaut werden sowie allen zugänglich sein. Im *health-field*-Konzept werden die Einflussgrößen zu vier Faktorgruppen zusammengefasst:

- Die **menschliche Natur** basiert auf der körperlichen wie mentalen Verfassung von Personen.
- **Umwelt** subsumiert alle Ursachen, die Individuen nur in geringem Umfang beeinflussen können. Die soziale Umwelt schließt Wertvorstellungen ein, welche die Diskriminierung von Mädchen bei der Ernährung oder Gesundheitsversorgung hervorrufen können. Die physische Umwelt bezieht sich auf Unfallrisiken oder Naturgefahren.
- **Gesundheitswesen** bündelt die gesamte materielle, institutionelle und personelle Infrastruktur zur Versorgung der Bevölkerung.
- **Lebensstil** fasst alle Faktoren zusammen, über die das Individuum eine gewisse Kontrolle hat: Ernährungsweise, Rauchen, Alkoholkonsum, Verkehrsverhalten.

In Osteuropa und im subsaharischen Afrika erhöhte sich die Lebenserwartung unterdurchschnittlich. In den Nachfolgestaaten der Sowjetunion rufen die politischen und gesellschaftlichen Umwälzungen zum einen eine Verschlechterung der institutionellen Rahmenbedingungen, zum andern auf der individuellen Ebene sozialen Stress hervor, zum Beispiel Sorge um den Verlust des Arbeitsplatzes, der zu einem Freisetzen aus den bisherigen sozialen Netzen führen kann. Dieser soziale Stress verstärkt individuelle Verhaltensweisen, die sich auf die Gesundheit negativ auswirken. Im subsaharischen Afrika reduziert HIV / AIDS die Lebenserwartung entscheidend (vgl. 4.2.5).

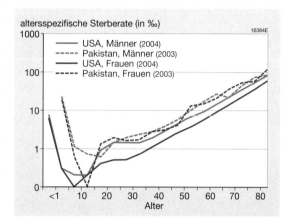

M 2: *Altersspezifische Sterberaten in den USA (2004) und in Pakistan (2003) nach Frauen und Männern*

Während in entwickelten Industrienationen wie Deutschland oder Japan, aber auch in China die Alterung zum dominierenden demographischen Problem geworden ist, wird dieses Problem in Russland noch durch die dramatisch sinkende Lebenserwartung von Frauen und Männern verschärft. Die geringe Lebenserwartung ist das Ergebnis versäumter Gesundheits- und Sozialreformen sowohl in der sowjetischen als auch in der postsowjetischen Zeit.

Gegenwärtig haben in Russland Männer eine Lebenserwartung von 58,4 Jahren, Frauen von 71,9 Jahren. Damit belegt das Land den 136. Platz weltweit. Vor allem die Sterberate für Männer im arbeitsfähigen Alter hat einen beunruhigenden Höchststand erreicht. Seit Mitte der sechziger Jahre gehörte die Sowjetunion aufgrund ihres unterentwickelten Gesundheitssystems und des Alkoholismus zu den Ländern mit geringer Lebenserwartung (1965: 65 Jahre für Männer, 73,6 Jahre für Frauen). Der Abwärtstrend des durchschnittlichen Lebensalters hielt in Russland indes noch an, während die Menschen im übrigen Europa immer älter wurden. Zwischen 1991 und 2003 sank die Lebenserwartung bei Männern in Russland um 4,9 und bei Frauen um 2,4 Jahre. Die Wahrscheinlichkeit, dass ein Mann im Alter zwischen 15 und 60 Jahren sterben wird, lag 2006 in Russland bei 48 Prozent, während die Vergleichswerte in Deutschland lediglich 11,2 Prozent und in Japan gar nur 9,2 Prozent betrugen.

M 3: Quellentext zum Sterblichkeitsanstieg in Russland

Lindner, R.: *Russlands defekte Demographie*. Stiftung Wissenschaft und Politik (2008)

Rainer Lindner ist Privatdozent im Fachbereich Osteuropastudien an der Universität Konstanz

1. Analysieren Sie die Unterschiede der altersspezifischen Sterberaten in M 2 mit Hilfe des health-field-Konzepts.

2. Erörtern Sie, warum Sie heute von einer längeren Lebenserwartung ausgehen können als zum Zeitpunkt Ihrer Geburt.

Geographisches Institut
der Universität Kiel

4.2.2 Sterblichkeit in Deutschland

Die mittlere Lebenserwartung betrug 2006 in Deutschland bei Geburt für Jungen 76,9 Jahre, für Mädchen 82,3 Jahre. Treffen die heutigen Sterblichkeitsverhältnisse auch zukünftig zu, dann wird im Mittel jeder zweite Mann mindestens das 79. und jede zweite Frau sogar das 85. Lebensjahr erreichen.

Auch innerhalb eines weiter entwickelten Staates wie Deutschland kommt es zu regionalen Unterschieden bei der Lebenserwartung (M 3). Regionen mit hoher Lebenserwartung liegen in Thüringen sowie Sachsen, im Umland von Hamburg sowie entlang der Rheinachse von Köln / Bonn über die Metropolregionen Rhein-Main, Rhein-Neckar und Stuttgart bis München. Auffallend ist die durchweg geringe Mortalität in Baden-Württemberg sowie Oberbayern. Eine eher unterdurchschnittliche Lebenserwartung ist im Ruhrgebiet, aber auch in ländlichen Räumen wie Oberfranken sowie in weiten Teilen Ostdeutschlands zu beobachten. Diese Regionen sind eher strukturschwach und verzeichnen häufig eine überdurchschnittliche Arbeitslosigkeit.

Der langfristige Verlauf der Lebenserwartung zeigt seit der Gründung beider deutscher Staaten eine weitgehend kontinuierliche Zunahme, wenn auch der Anstieg in der DDR seit Mitte der 1970er-Jahre flacher war (M 2). Nach dem Mauerfall fällt eine kurzfristige Steigerung der Sterblichkeit in Ostdeutschland auf, so dass Männer erst 1994, Frauen schon 1991 die Lebenserwartung von Neugeborenen in der DDR des Jahres 1989 wieder erreichten. Danach verringerten sich die Abweichungen zu den Sterblichkeitsverhältnissen in Westdeutschland kontinuierlich. Erklärungsansätze für die Sterblichkeitsentwicklung und ihre regionalen wie geschlechtsspezifischen Unterschiede basieren auf drei Ursachenbündeln:

- **Medizinische Versorgung:** Investitionen von schätzungsweise 1,5 Mrd. DM in das Gesundheitswesen (etwa 0,3 Prozent der ostdeutschen Wirtschaftsleistung nach der Wiedervereinigung) wirkten sich insgesamt positiv auf die Lebenserwartung der ostdeutschen Bevölkerung aus. Zunächst verbesserte sich die medizinische Versorgung vor allem in den großen Städten, anschließend auch in den ländlichen Gebieten. Den aktuellen Herausforderungen, die sich aus dem zukünftigen Be-

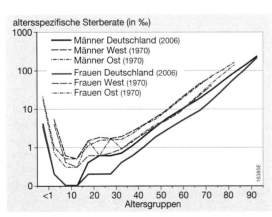

M 1: *Alterspezifische Sterberaten für Männer und Frauen in Deutschland (1970, 2006)*

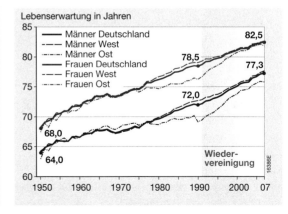

M 2: *Lebenserwartung in Ost- und Westdeutschland nach Männern und Frauen (1952 – 2007)*

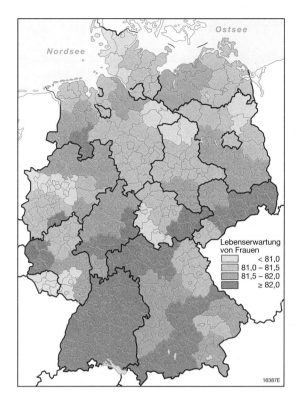

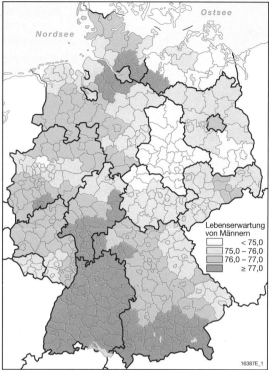

Lebenserwartung
von Frauen
- < 81,0
- 81,0 – 81,5
- 81,5 – 82,0
- ≥ 82,0

16387E

Lebenserwartung
von Männern
- < 75,0
- 75,0 – 76,0
- 76,0 – 77,0
- ≥ 77,0

16387E_1

völkerungsrückgang und der überdurchschnittlichen Alterung besonders in weniger dicht besiedelten Räumen für die medizinische Versorgungsqualität ergeben, begegnet man zum Beispiel in Mecklenburg-Vorpommern durch Konzentration der Angebote in Zentralen Orten und durch Flexibilisierung der Organisation.

- **Stress:** Sozialer Stress erhöht die Sterblichkeit, die von Männern mehr als die von Frauen. Er resultiert vor allem aus der Unsicherheit der Menschen hinsichtlich ihrer zukünftigen Lebensgestaltung. Individuelle Stresssituationen waren nach dem Zusammenbruch der DDR besonders ausgeprägt, sind aber auch in allen Regionen mit einer erhöhten Arbeitslosigkeit zu vermuten.

- **Lebensstil:** Individuelle Verhaltensweisen spielen für die regionalen wie geschlechtsspezifischen Unterschiede eine große Rolle. Männer haben im Vergleich zu Frauen Lebensstile, welche die Gesundheit stärker gefährden. Sie sind erhöhten Risiken im Berufsleben ausgesetzt und anfälliger bei sozialen Stresssituationen, da sie eher als Frauen mit erhöhtem Nikotin- und Alkoholkonsum reagieren. Mobile Personen sind im Allgemeinen gesünder, besser ausgebildet und einkommensstärker als nicht mobile Personen, zwei Merkmale, die in einem engen positiven Zusammenhang mit gesundheitsfördernden Lebensstilen stehen. So zeichnen sich Regionen mit Zuzugsüberschüssen wie in Baden-Württemberg oder in Oberbayern durch eine überdurchschnittliche Lebenserwartung aus (M3).

Die regionalen Unterschiede, aber auch der Blick über die Grenzen belegen, dass ein weiterer Anstieg der Lebenserwartung in Deutschland möglich ist (Frankreich: 78 Jahre für Männer, 85 Jahre für Frauen). Dabei haben die präventive Unterstützung gesundheitsbewusster Lebensstile genauso wie zukünftige Fortschritte in der Medizin eine zentrale Bedeutung.

M 3: *Regionale Unterschiede der Lebenserwartung (in Jahren) von Männern und Frauen in Deutschland (2005)*

1. *Erklären Sie den Verlauf und die Entwicklung der altersspezifischen Sterberaten in Deutschland.*

2. *Erläutern Sie die regionalen und geschlechtsspezifischen Unterschiede der Lebenserwartung in Deutschland.*

4.2.3 Sterblichkeit und Bevölkerungsstruktur

Frauen leben länger als Männer, sozial besser Gestellte länger als sozial Schwache, 15-Jährige haben höhere Überlebenschancen als Säuglinge. Die demographischen, sozialen und ethnischen Merkmale einer Person beeinflussen die Sterblichkeit.

Altersspezifische Unterschiede in der Sterblichkeit zeigen in allen Gesellschaften einen vergleichbaren Verlauf (M1, S. 50). Säuglinge haben in ihrem ersten Lebensjahr ein erhöhtes Risiko zu sterben. Anschließend sinken die Sterbewahrscheinlichkeiten bis ins Jugendalter ab. Etwa mit dem 15. Lebensjahr steigt die Mortalität mit zunehmendem Alter wieder kontinuierlich an.

Die großräumige Verteilung der Säuglingssterblichkeit zwischen weiter (6 ‰) und weniger entwickelten Ländern (57 ‰; ohne China: 61 ‰) ist ein weiterer Beleg für den weltweiten *demographic divide* (M 2, S. 44). Eine

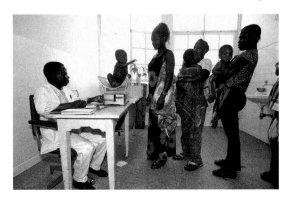

der Ursachen für diese Spannbreite liegt in der Wirtschaftskraft. Staaten mit hohem Pro-Kopf-Einkommen verfügen über ein gut ausgebautes Gesundheitswesen und über eine Infrastruktur, die zum Beispiel eine flächendeckende Wasserver- und -entsorgung sichert. Die Säuglingssterblichkeit sinkt mit steigender Wirtschaftskraft, doch Abweichungen von dieser Relation lassen auf weitere Faktoren schließen (M4). Soziokulturell geprägte Verhaltensweisen wie die Heirat von Mädchen in jungem Alter führen oft zu Untergewicht der Neugeborenen, erhöhen tendenziell die Zahl

M 1: *Schutzimpfung für Neugeborene in einer integrierten Basisgesundheitsklinik in Mosambik*

der Geburten und verringern die gesundheitliche Betreuung je Kind, die für das Überleben von Säuglingen besonders wichtig ist (M 2, S. 46). Schulbesuch von Frauen verbessert ihre Kommunikationsmöglichkeiten und ihre Kenntnisse der Gesundheitsvorsorge. Aber auch innerhalb der Länder bestehen bemerkenswerte Abweichungen der Säuglingssterblichkeit: zum Beispiel in Indien zwischen Städten (49 ‰) und ländlichen Räumen

1. Begründen Sie die Unterschiede in der Säuglingssterblichkeit zwischen Städten und ländlichen Regionen sowie zwischen verschiedenen ethnischen Gruppen.

2. Erläutern Sie die weltweiten geschlechtsspezifischen Unterschiede in der Sterblichkeit.

M 2: *Säuglingssterblichkeit und Pro-Kopf-Einkommen (2007) in ausgewählten Ländern (mit mind. 3 Mio. Einwohnern)*

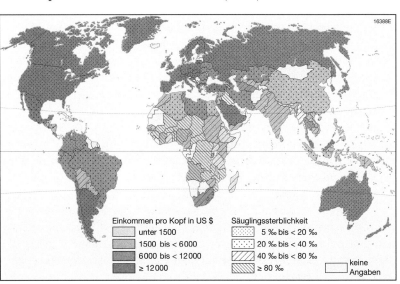

(89 ‰) oder in den USA zwischen ethnischer Zugehörigkeit der Säuglinge sowie dem sozialen Status der Eltern.

Schwarze US-Amerikaner haben durchweg eine höhere Säuglingssterblichkeit im Vergleich zu anderen ethnisch definierten Gruppen in den USA. Diese Unterschiede bleiben bestehen. (…) Hohe Ziffern werden häufig mit einem niedrigen sozioökonomischen Status der Eltern in Verbindung gebracht, aber die relativ niedrigen Raten für Personen mit lateinamerikanischer Herkunft verweisen auf ein Paradox, da sie ein geringeres Bildungs- und niedrigeres Einkommensniveau als andere Gruppen in den USA haben. Die Ursachen für diesen Widerspruch werden im Zusammenhang mit Faktoren gesehen, die auf Unterstützung durch die Familie, Ernährungsgewohnheiten, selektive Einwanderung sowie in methodologischen Problemen bei der Registrierung von Geburten und Sterbefällen hinweisen. (…)

Allerdings ist es schwierig, die direkt wirkenden Faktoren auf die anhaltenden Unterschiede in der Säuglingssterblichkeit und ihre Ursachen zu identifizieren, zumal die anhaltende Kluft zwischen weißen und schwarzen US-Amerikanern Bemühungen erfordert, die zur Reduzierung der Differenzen im Bereich Gesundheit beitragen. (…) Erschweren eine steigende Arbeitslosigkeit oder höhere Armut den Zugang zu Einrichtungen der Gesundheitsversorgung? Gibt es weniger Arbeitsplätze, die eine Krankenversicherung garantieren? Haben Kürzungen bei der Sozialhilfe schwarze Frauen stärker als weiße Frauen bei der Gesundheitsversorgung ausgeschlossen?

M 3: Quellentext zum Sterblichkeitsunterschied zwischen ethnischen Gruppen in den USA

Saenz, R.: The Growing Color Divide in U. S. Infant Mortality. Population Reference Bureau

Rogelio Saenz ist Professor für Soziologie an der Texan A & M University.

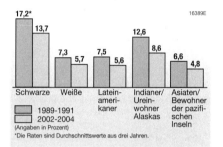

M 4: *Säuglingssterblichkeit in den USA nach ethnischer Zugehörigkeit (1989 / 91 und 2002 / 04)*

Weltweit ist die Lebenserwartung neugeborener Mädchen höher als die neugeborener Jungen (M 5). In weiter entwickelten Staaten ist diese Differenz deutlich größer als in den weniger entwickelten Ländern. Vor allem individuelle Verhaltensweisen und der gesellschaftliche Kontext beeinflussen die geschlechtsspezifischen Unterschiede. In den weiter entwickelten Ländern sind Männer eher als Frauen in Berufen mit einem höheren Gesundheitsrisiko beschäftigt. Männer verhalten sich aber auch aggressiver im Verkehr, legen aus beruflichen Gründen längere Fahrten zurück, haben einen intensiveren Tabak- und Alkoholkonsum als Frauen (vgl. 4.2.1)

In weniger entwickelten Ländern überwiegen nach wie vor Infektionskrankheiten als Todesursachen, die Frauen und Männer gleichermaßen treffen (vgl. 4.2.4). Aufgrund von Schwangerschaften sind Frauen dort einem höheren Sterblichkeitsrisiko ausgesetzt als in Industriestaaten. Ihre oftmals niedrigere soziale Position innerhalb der Großfamilie benachteiligt sie bei der Ernährung sowie in der Wahrnehmung von Gesundheitsversorgungsangeboten. Soziokulturell geprägte Verhaltensweisen wie die Präferenz von Söhnen verursachen ebenso wie die Heirat in jungem Alter eine Übersterblichkeit von Mädchen (vgl. 4.1.2)

Großregion, Land	Lebenserwartung bei Geburt in Jahren	
	Männer	**Frauen**
Welt	67	70
weiter entwickelte Länder	74	81
Japan	79	86
USA	75	81
Deutschland	77	82
Frankreich	78	85
Russland	60	73
weniger entwickelte Länder	65	68
Algerien	71	74
Nigeria	46	47
Indien	65	66
Thailand	68	75
Kuba	75	79
Haiti	56	60

M 5: *Lebenserwartung von neugeborenen Mädchen und Jungen in ausgewählten Großräumen und Ländern (2008)*

4.2.4 Wandel der Todesursachen

Weltweit starben 2008 etwa 60 Mio. Menschen. Die Gründe für ihren Tod gehen auf Herz-/Kreislaufversagen, auf Infektionskrankheiten oder auf Verkehrsunfälle zurück. Die Todesursache hängt mit persönlichen Merkmalen der Verstorbenen zusammen und wird davon beeinflusst, wo sie lebten.

Weltweit verteilen sich die Sterbefälle je nach Entwicklungsstand der Staaten sehr unterschiedlich auf drei Altersgruppen, die etwa den Lebensabschnitten Kindheit und Jugend, Erwerbsleben sowie Ruhestand entsprechen. 2004 waren in Ländern mit niedrigem Pro-Kopf-Einkommen 36 Prozent der Gestorbenen jünger als 15 Jahre und 21 Prozent mindestens 70 Jahre alt. In den weiter entwickelten Ländern starb mit 70 Prozent die Mehrzahl der Menschen in hohem Alter.

Argumente für diese altersspezifischen Abweichungen erschließen sich aus den zehn wichtigsten Todesursachen (M 1). In den weniger entwickelten Ländern dominieren Infektionskrankheiten, Durchfallerkrankungen und Gründe, die besonders Säuglinge betreffen. Die Infrastruktur ist unzulänglich; ihre mangelhafte Qualität spiegelt zum Beispiel das Ausmaß wider, inwieweit sauberes Trinkwasser verfügbar und Milch sterilisiert ist, die Bestände von Nagetieren kontrolliert werden, die Abfallbeseitigung funktioniert, Nahrungsmittel, Unterkünfte, Kleidung und effektive Gesundheitsversorgung allen Mitgliedern der Gesellschaft zugänglich sind.

Zudem belegt die Gegenüberstellung der Todesursachen in Ländern mit niedrigem und hohem Pro-Kopf-Einkommen, dass die Diskriminierung von Frauen im alltäglichen Leben durch traditionelle und soziokulturell bedingte Verhaltensweisen Einfluss auf die Sterblichkeit hat. In diesem gesellschaftlichen Kontext wird Individuen aus geschlechtsspezifischen, sozialen und/oder ethnischen Motiven häufig der Zugang zu vorhandenen Ressourcen wie Beschäftigung, Einkommen, Bildungs- und Gesundheitswesen erschwert oder gar verwehrt (vgl. 3.4, 5.7.1).

Todesursache	Länder mit geringem Pro-Kopf-Einkommen		Todesursache	Länder mit hohem Pro-Kopf-Einkommen	
	abs. (in Mio.)	(in %)		abs. (in Mio.)	(in %)
Infektionen der Atmungsorgane	2,94	11,2	koronare Herzerkrankungen	1,33	16,3
koronare Herzerkrankungen	2,47	9,4	Schlaganfall, Hirnbluten, Hirninfarkt	0,76	9,3
Diarrhöe	1,81	6,9	Krebs der Atemorgane und Lunge	0,48	5,9
HIV / AIDS	1,51	5,7	Infektionen der Atmungsorgane	0,31	3,8
Schlaganfall, Hirnbluten, -infarkt	1,48	5,6	Lungenkrankheiten	0,29	3,5
Lungenkrankheiten	0,94	3,6	Demenz	0,28	3,4
Tuberkulose	0,91	3,5	Darmkrebs	0,27	3,3
Neonatale Infektionen	0,90	3,4	Diabetes	0,22	2,8
Malaria	0,86	3,3	Brustkrebs	0,16	2,0
Frühgeburt und Untergewicht bei Geburten	0,84	3,2	Magenkrebs	0,14	1,8

M 1: *Die zehn wichtigsten Todesursachen in Ländern mit geringem und hohem Pro-Kopf-Einkommen (2008)*

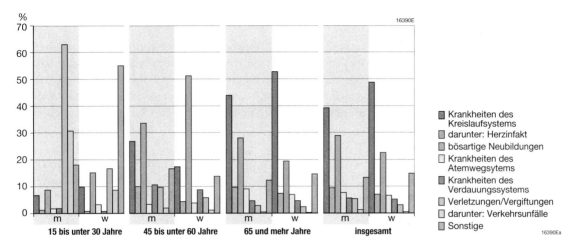

M 2: *Sterbefälle (2005) in Deutschland nach ausgewählten Todesursachen, Altersgruppen und Geschlecht*

Die erfolgreiche medizinische Bekämpfung von vermeidbaren Infektionskrankheiten und von Epidemien ist notwendig, reicht aber nicht aus, um in Zukunft die Sterblichkeit in weniger entwickelten Ländern nachhaltig zu verringern. Im Deutschen Reich zum Beispiel lag um 1900 eine ähnliche Situation wie in den heutigen Entwicklungsländern vor. Die Wahrscheinlichkeit eines Neugeborenen, vor dem 15. Lebensjahr zu sterben, betrug etwa 33 Prozent; gegenwärtig liegt sie deutlich unter einem Prozent. Zum Sterblichkeitsrückgang der unter 15-Jährigen trugen medizinische Fortschritte wesentlich bei. Die Erfolge sind jedoch nur in Kombination mit der gesellschaftlichen Modernisierung zu verstehen. Diese ist verbunden mit einem steigendem Lebensstandard, sich bessernden Wohnverhältnissen mit Trinkwasserversorgung, Kanalisation und Abfallbeseitigung, dem Ausbau der Verkehrsinfrastruktur, der vermehrten Hygiene (z. B. allgemeiner Verbreitung von Seife) oder der zunehmend ausgewogenen Ernährung.

In den Industriestaaten stirbt heute die überwiegende Mehrzahl der Menschen in hohem Alter. 2005 waren in Deutschland 91 Prozent der Verstorbenen 65 Jahre und älter. Es dominieren degenerative Krankheiten, die auf eine Verschlechterung der Leistungsfähigkeit und auf den biologischen Verschleiß zurückzuführen sind. In Deutschland waren in 44 Prozent aller Todesfälle Krankheiten des Herz-/Kreislaufsystems die Ursache, bei Frauen war es aufgrund ihrer längeren Lebenserwartung fast die Hälfte. Zweithäufigste Ursache sind bösartige Neubildungen (Krebs) mit 25 Prozent. Infektionskrankheiten sind dagegen mit 1,9 Prozent vernachlässigbar, insbesondere im Vergleich zu weitgehend vermeidbaren Todesursachen, die auf Verletzungen, Vergiftungen und Verkehrsunfällen sowie anderen äußeren Ursachen beruhen. Oftmals spielt hierbei individuelles Fehlverhalten eine wichtige Rolle, das aber auch bei anderen Krankheiten Todesursache sein kann. Übermäßig fettes und zu stark gesalzenes Essen, hoher Alkohol- wie Tabakkonsum oder Drogen verkürzen die Lebenserwartung.

Die Sterblichkeit einer Bevölkerung lässt sich durch den weiteren medizinischen Fortschritt, aber auch durch die Verringerung vermeidbarer Todesfälle senken. Dabei ist vor allem bei den äußeren Ursachen anzusetzen, insbesondere bei Verkehrssicherheit und Arbeitsschutz.

Lester Breslow, former Dean of Public Health at the University of California, Los Angeles, believes that the keys to maximizing longevity are regular exercise, daily breakfast, normal weight, no smoking, only moderate drinking, 7 to 8 hours of sleep and regular meal-taking (…) These suggestions, by the way, are not unique to western world, nor are they particularly modern. A group of medical workers studying older people in southern China have concluded that the important factors for a long life are fresh air, moderate drinking and eating, regular exercise, and an optimistic attitude.

John R. Weeks,
Bevölkerungsgeograph an der
San Diego State University

1. *Beurteilen Sie die Bedeutung von individuellen Verhaltenweisen für die zukünftige Sterblichkeitsentwicklung (M 2).*

2. *Erörtern Sie den Zusammenhang zwischen Wohlstand und Todesursachen. Versuchen Sie eine Definition des epidemiologischen Wandels.*

4.2.5 HIV / AIDS

Die Ausbreitung der Krankheit AIDS hat weitreichende demographische Konsequenzen mit gravierenden Folgen für die Gesellschaften in den am stärksten betroffenen Ländern.

HIV – AIDS

*Das **H**uman **I**mmunodeficiency **V**irus zerstört schrittweise das menschliche Immunsystem und bricht im Mittel etwa elf Jahre nach der Infektion aus. Treten bestimmte lebensbedrohliche Symptome wie schwere Infektionskrankheiten und Tumore auf, spricht man von AIDS (**A**cquired **I**mmune **D**eficiency **S**yndrome, „erworbenes Immunschwächesyndrom").*

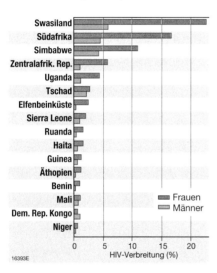

M 1: *HIV-Infektionsrate bei 15- bis 24-Jährigen nach Geschlecht in ausgewählten Ländern (2005 / 07)*

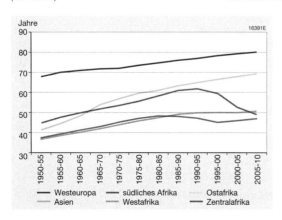

M 2: *Lebenserwartung in ausgewählten Regionen (1950 / 55 – 2005 / 10)*

Seit der Entdeckung des HI-Virus 1981 starben bis 2007 weltweit etwa 25 Mio. Menschen an AIDS. Die Zahl der HIV-infizierten Personen stabilisierte sich 2007 auf hohem Niveau von etwa 33 Mio., was knapp 0,5 Prozent der Weltbevölkerung entspricht. Zwar verringerte sich seit 2001 die Zahl der jährlich neu infizierten Personen von 3,0 auf 2,7 Mio., doch erhöhten sich die Sterbefälle aufgrund von AIDS von 1,5 auf 2,0 Mio. Menschen pro Jahr.

Nach Großregionen und Ländern zeigt die Verteilung der Infizierten beträchtliche Abweichungen (M 1). Zwei Drittel aller HIV-Infizierten leben im subsaharischen Afrika, wo die Krankheit einen deutlichen Einfluss auf die Entwicklung der Lebenserwartung hat (M 2). In den 1980er-Jahren war vor allem die Bevölkerung in Ostafrika betroffen, heute sind es die Einwohner im südlichen Afrika, wo zum Teil mehr als ein Viertel der Menschen infiziert ist. Weltweit sind 45 Prozent der HIV-Infizierten zwischen 15 und 24 Jahre alt. Die Zahl der erkrankten Kinder erhöhte sich von 1,6 (2001) auf 2,0 Mio. (2007). 90 Prozent von ihnen leben in Afrika südlich der Sahara.

Die Immunschwäche breitet sich durch alle Arten von Geschlechtsverkehr, durch Spritzen von Drogen oder durch infizierte Blutkonserven aus. Viele wissen nicht, dass sie infiziert sind, und übertragen ohne ihr Wissen das Virus. Mehrere Faktoren beeinflussen die Infektionsgefährdung von Personen. Deren individuelle Abwehrkräfte sind sehr unterschiedlich und werden durch Armut und mangelhafte Ernährung geschwächt. Hohe HIV-Raten von über 40 Prozent liegen für die städtische Bevölkerung im subsaharischen Afrika vor. Mobile Menschen, Arbeitsmigranten, Lkw-Fahrer oder Militärangehörige sind besonders betroffen. Neuere Untersuchungen belegen jedoch, dass gerade jene Gruppen, die in einem frühen Stadium der Ausbreitung überproportional mit HIV infiziert waren, aufgrund ihrer heutigen Kenntnisse über die Krankheit ihr Sexualverhalten geändert haben. Sie nutzen Kondome, meiden Geschlechtsverkehr mit Prostituierten und leben enthaltsamer als früher. Alle Personen, die sexuell aktiv sind, können sich infizieren. Niedriges Heiratsalter und regelmäßige außereheliche Partnerinnen und Partner gefährden im subsaharischen Afrika vor allem junge Frauen und auch Kinder während der Schwangerschaft wie der Stillzeit. HIV gefährdet aufgrund individueller Verhaltensweisen alle in der Gesellschaft. Hohe Raten sind bei Personen mit höherem Einkommen (mehr Reisen, mehr Partner), höherer Bildung (Lösen von traditionellen Normen), aber auch bei Armen (mehr Partner als Überlebensstrategie) zu beobachten.

Im südlichen Afrika weitete sich HIV / AIDS zu einer Entwicklungskrise der Staaten aus und beeinträchtigt heute alle Lebensbereiche der Menschen (M 3). Dass Erfolge bei der Bekämpfung von HIV / AIDS auch in Afrika ohne teure Medikamente erzielt werden können, zeigt das Beispiel Uganda. Seit 1993 verringert sich dort die HIV-Rate von Schwangeren. Die Regierung ging das Problem unter Einbeziehung aller gesellschaftlichen Gruppen offen an und startete eine Informationskampagne über die Ursachen von AIDS sowie über Möglichkeiten, sich vor einer Infizierung zu schützen. In vielen Staaten wird heute der ABC-Ansatz verfolgt: **A**bstinence, **B**e faithful (i. e. have a low number of partners, and preferably be monogamous), use a **C**ondom.

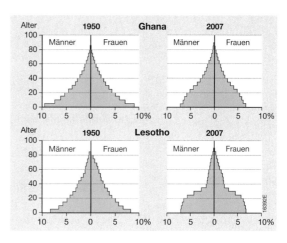

M 3: *Alterspyramide der Bevölkerung in Ghana und Lesotho (1950, 2007)*

M 4: Quellentext über AIDS in Swasiland
Wiedemann, C.: Das Land der Waisen. Die Zeit, 26.7.2007
Charlotte Wiedemann ist Journalistin.

80 000 Waisenkinder in einem Land mit einer Million Einwohnern – das ist Swasiland. (…) Die Nationalsprache Siswati hat kein Wort für „Waise". Die Swasis kannten keine Waisen, denn in den großen Familien waren Onkel und Tanten stets auch wie Väter und Mütter. (…) Swasiland ist eine absolute Monarchie. Sie erzeugt gelegentlich eine Zeitungsmeldung in Deutschland, wenn der König für sich und seine 13 Ehefrauen neue Luxuslimousinen bestellt. Lange hat der kleine Potentat die heraufziehende Katastrophe in seinem Land ignoriert. Die Verantwortungslosigkeit an der Spitze paarte sich mit ängstlichem, tabubehaftetem Schweigen auf Seiten der Untertanen. 1999 begann das große Sterben, doch es vergingen noch einmal kostbare Jahre, bis endlich 2005 die Aufklärung in großem Stil einsetzte. (…) Ein traditioneller Swasi-Speer ist das Symbol der Kampagne, ihre Losung: „Eine Nation im Krieg gegen AIDS!"

__Die Toten:__ Lehrer hinterlassen unbesetzte Posten, Bauern unbestellte Felder, Söhne sterben vor den Vätern. Wenn der Sohn des Chiefs stirbt, bricht in der Gemeinde Verwirrung aus. Der Posten des traditionellen Führers ist erblich, es muss ein Mann sein, ein Mann aus dem königlichen Clan. Ist die Erbfolge gestört, brechen Machtkämpfe aus, sie ziehen sich hin, alles liegt brach. (…)

__Die Männer:__ Sie halten HIV für ein Frauenthema, so absurd das klingen mag. „Wenn wir eine Aufklärungsveranstaltung machen, dann können wir froh sein, wenn unter 50 Anwesenden vier Männer sind", sagt ein Mann, ein Swasi-Mitarbeiter beim Roten Kreuz.

M 5: *AIDS-Aufklärungs-Kampagne in Swasiland*

(…) Die Frauen wissen viel mehr über AIDS, aber dieses Wissen hat keine Macht. Swasilands neue Verfassung gibt den Geschlechtern gleiche Rechte, doch davon haben die meisten Frauen noch nichts gehört, und wenn sie davon wissen, hilft es ihnen nicht, dem Mann ein Kondom aufzuzwingen. (…)

__Der Kern der Krise__ lässt sich noch genauer fassen: Patriarchat, König, Kirche – ein fataler, todbringender Dreibund. Der polygame König lebt ein Ideal von Männlichkeit vor: viele Frauen! Jungfrauen! (…) Dem königlichen Vorbild an Virilität zu folgen bedeutet also Fremdgehen, Gelegenheitssex, notfalls Vergewaltigen. Die Kirchen haben sich mit der Polygamie arrangiert.

1. Diskutieren Sie die ökonomischen und sozialen Folgen einer hohen HIV-Rate.

2. Informieren Sie sich über Erfolge bei der Bekämpfung von HIV / AIDS ohne teure Medikamente.

4.3 Erster demographischer Übergang

4.3.1 Geburten- und Sterblichkeitsentwicklung

Im 19. Jahrhundert kam es in den heutigen Industriestaaten zu einem starken Bevölkerungswachstum. Ursachen dafür waren Änderungen von Geburtenhäufigkeit und Sterblichkeit. Dieser erste demographische Übergang soll am Beispiel von Deutschland dargestellt werden.

Die Geburten- und Sterblichkeitsentwicklung zeigte in allen europäischen Ländern mit Beginn des 19. Jahrhunderts zeitversetzt einen ähnlichen Verlauf. In Deutschland verharrten von 1815 bis 1870 Geburten- und Sterberaten bei relativ starken, unregelmäßigen Schwankungen auf hohem Niveau (M 1). Der kurzfristigen Zunahme der Mortalität nach Hungersnöten (1816/17) oder bei Epidemien (1831/32) folgte verzögert eine Steigerung der Geburtenrate. Das hohe Niveau und die wiederholten kurzfristigen Ausschläge beider Raten kennzeichnen die vorindustrielle generative Verhaltensweise. Die Familie war aufgrund wirtschaftlicher Notwendigkeit, religiös bestimmter Werte und rechtlicher Vorgaben das Leitbild in der Gesellschaft. Außereheliche Geburten hatten zahlenmäßig keine Bedeutung. Die Bevölkerungsentwicklung wurde durch Heiratserlaubnisse gesteuert, die an sicheres Einkommen oder an Grundbesitz geknüpft waren und zum Beispiel im Falle der Erschließung neuer Flächen für die Landwirtschaft häufiger erteilt wurden. Für Deutschland wie für andere europäische Länder war das „Europäische Heiratsmuster" typisch. Im Laufe des 19. Jahrhunderts wurden die Einschränkungen gelockert. Geburtenüberschüsse vor der Reichsgründung verschärften in Zeiten wirtschaftlicher Krisen Bevölkerungsdruck und Massenarmut und lösten dadurch Auswanderungswellen nach Übersee aus (vgl. 5.5.4).

Etwa 1870 setzte ein kontinuierlicher Rückgang der Sterberate ein, während die Geburtenziffer weiterhin hoch blieb. Das natürliche Bevölkerungswachstum erhöhte sich deutlich. Die Zunahme der Lebenserwartung basierte auf einer merklichen Verbesserung der Ernährungssituation. Modernisierung und Intensivierung der Landwirtschaft sowie der

Europäisches Heiratsmuster
gekennzeichnet durch ein sehr hohes durchschnittliches Heiratsalter und einen hohen Prozentsatz von Menschen, die überhaupt nicht heiraten

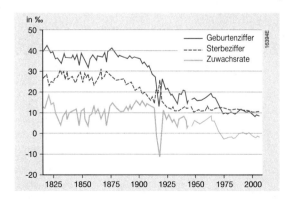

M 1: *Geburten-, Sterbeziffern und natürliche Bilanz für Deutschland (1817–2008)*

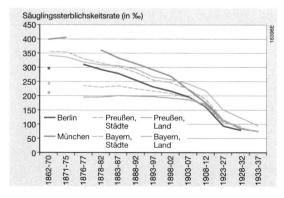

M 2: *Stadt-Land-Unterschiede der Säuglingssterblichkeit (1862–1937) in Preußen und Bayern*

M 3: *Drei Generationen in Deutschland um 2000*

M 4: *Vereinbarkeit von Familie und Beruf*

expandierende Welthandel sicherten vermehrt die Nahrungsmittelversorgung. Mit dem Ausbau der Verkehrsinfrastruktur im Zuge der Industrialisierung konnten regionale Defizite rasch ausgeglichen werden. Von den Fortschritten profitierten zunächst Kinder und Erwachsene. Dagegen litten Säuglinge vor allem in den Städten wegen fehlender Trink- und Abwassersysteme sowie mangelhafter Hygiene bei der Milchversorgung unter einer erhöhten Mortalität (M2). Gegen Ende des 19. Jahrhunderts erreichte die natürliche Bilanz in einem kurzen Zeitraum maximale Werte. Denn schon wenige Jahre nach 1900 setzte ein leicht rückläufiger Trend ein, da sich die Geburtenrate deutlich stärker als die Sterbeziffer verringerte.

Der Mortalitätsrückgang drückt sich in einer maximalen Zunahme der Lebenserwartung nach 1900 aus (M5). Der entscheidende Faktor war die beträchtliche Verringerung der Säuglingssterblichkeit aufgrund medizinischer Fortschritte, des weiteren Ausbaus der Gesundheitsversorgung sowie infrastruktureller Maßnahmen, welche die hygienischen und sanitären Bedingungen deutlich verbesserten.

Der Fruchtbarkeitsrückgang beruhte auf der Modernisierung der Gesellschaft. Die Verstädterung und der Wandel von der agraren zur industriellen Erwerbsstruktur fanden ihren Niederschlag in einer Hebung des Lebensstandards, in rechtlichen Änderungen wie der allgemeinen Schulpflicht sowie in sozialpolitischen Maßnahmen und in der beginnenden Emanzipation von Frauen. Kinder verloren nach und nach die Funktion als billige Arbeitskräfte und soziale Absicherung. Ein gesellschaftlicher Aufstieg hing verstärkt von der individuellen Leistung und damit von der

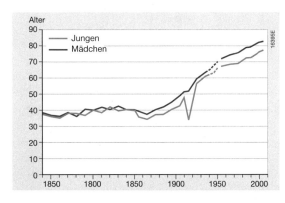

M 5: *Lebenserwartung von Neugeborenen (1740 – 2008)*

M 6: *Geburtenhäufigkeit (1871/80 – 2008)*

Ausbildung einer Person ab. Um die Verbesserungen der Ausgangsbedingungen für ihre Kinder zu erreichen, begrenzten Eltern aufgrund der mit der Schulbildung verbundenen Aufwendungen die Zahl ihrer Nachkommen. So kann der Fruchtbarkeitsrückgang als Anpassung an den gesellschaftlichen Wandel interpretiert werden. Diese Veränderungen setzten zunächst in den Städten ein. Hier konzentrierten sich aufstiegswillige Gruppen, die im Sinne einer Wohlstandssteigerung ebenso wie die Angehörigen unterer Einkommensschichten aus Armutsgründen die Kinderzahl beschränkten. Der Fruchtbarkeitsrückgang kann in diesem Sinne als Neuerung generativer Verhaltensweisen interpretiert werden.

M 7: Quellentext zum Fertilitätsrückgang Ende des 19./Anfang des 20. Jahrhunderts
Bähr, J.: Bevölkerungsgeographie (2004)

Vergleicht man die wirtschaftliche und soziale Situation in verschiedenen europäischen Ländern zu Beginn der Fertilitätstransformation, so ergibt sich daraus ein wenig einheitliches, ja verwirrendes Bild. Der Fertilitätsrückgang setzte zu ganz ähnlichen Zeitpunkten in Ländern mit hohem und niedrigem Sterblichkeitsniveau (z. B. Ungarn–Norwegen), in Ländern mit über- und unterdurchschnittlicher Verstädterungsrate (z. B. Bulgarien–Österreich) und in Ländern mit einer sehr unterschiedlichen Beschäftigungsstruktur (z. B. England / Wales–Finnland) ein. Aus der Gegenüberstellung nationaler Strukturwerte sind daher kaum allgemeingültige und verallgemeinerungsfähige Grundbedingungen und Voraussetzungen für einen Fertilitätsrückgang ableitbar. Beschränkt man sich auf die Auswertung innerstaatlicher Fruchtbarkeitsunterschiede, so lässt sich zwar eine Reihe von Beziehungen zu einzelnen sozioökonomischen Erklärungsvariablen herausarbeiten, Richtung und Stärke dieser Beziehungen stimmen jedoch nicht immer überein.

Nach dem Zweiten Weltkrieg waren Geburten- und Sterberaten weitgehend stabil auf niedrigem Niveau. Ihre Bilanz war zunächst positiv, erhöhte sich sogar bis Mitte der 1960er-Jahre aufgrund einer steigenden Geburtenrate (Geburtenberg, „Baby-Boom") und ist seit etwa 1970 überwiegend negativ. Hintergrund ist ein deutliches Absinken der Geburtenziffer zwischen 1965 und 1975 als Folge eines Fruchtbarkeitsrückgangs unter das Bestandserhaltungsniveau. Auch durch die pronatalistische Bevölkerungspolitik, die in der DDR seit etwa 1975 verfolgt wurde, konnte das Bestandserhaltungsniveau nicht erreicht werden (M 6). Nach der Wende fiel die Zahl der Geburten je Frau mit 0,78 auf ein historisch niedriges Niveau. Als Erklärungsansatz werden die gesellschaftliche Transformation und die ökonomische Unsicherheit zu Beginn der 1990er-Jahre herangezogen. Seitdem erfolgt eine Konvergenz der Geburtenentwicklung bei leicht rückläufigem westdeutschem und deutlich ansteigendem ostdeutschem Niveau.

Eine Konvergenz trifft auch für die Entwicklung der Lebenserwartung zu (vgl. 4.2.2). Bei einer Säuglingssterblichkeit von weniger als fünf Promille ist ein weiterer Anstieg der Lebenserwartung nur von der Mortalitätsreduktion in höheren Altersgruppen zu erwarten und setzt Fortschritte in der Medizin sowie ein gesundheitsbewussteres individuelles Verhalten aller voraus. Die niedrige Geburtenhäufigkeit, die negative Bilanz von Geburten- und Sterberate, der deutliche Anstieg des mittleren Erstheiratsalters sind Trends, die einen zweiten demographischen Übergang (vgl. 4.4) mit weit reichenden Konsequenzen für die zukünftige Bevölkerungsentwicklung begründen (vgl. 2.3).

1. Überprüfen Sie die wealth-flow-Theorie anhand der Geburten- und Sterblichkeitsentwicklung in Deutschland.

2. Beschreiben Sie die Phasen der natürlichen Bevölkerungsbewegungen in Deutschland.

4.3.2 Modell des demographischen Übergangs

Die Annahme, dass sich das gegenwärtige hohe Bevölkerungswachstum reduzieren wird, beruht auf den Erfahrungen in den weiter entwickelten Ländern und auf dem bis heute festzustellenden Geburtenrückgang in den weniger entwickelten Ländern.

Das Beispiel Deutschland im vorangegangenen Kapitel verdeutlicht, dass Geburten- und Sterberate zunächst bei hohen Werten etwa parallel verliefen. Dem beginnenden Rückgang der Sterbeziffer folgte zeitlich verzögert die Geburtenrate, sodass sich die Entwicklung beider Komponenten der natürlichen Bevölkerungsbewegungen auf jeweils niedrigem Niveau stabilisierten. Während des Übergangs lagen für die natürliche Bevölkerungsentwicklung zeitlich begrenzt maximale Zuwachsraten vor. Dieser mehr oder minder regelhafter Wandel von hohen, schwankenden Geburten- und Sterbeziffern zu geringen, relativ konstanten Werten und hoher Zunahme während der Transformationsphase wird mit dem Modell des demographischen Übergangs beschrieben (M 1, M 2).

Der Verlauf lässt sich in fünf Transformationsphasen untergliedern:

a) **prätransformative Phase:** hohe Geburten- und Sterberate, geringer Geburtenüberschuss, vorübergehend auch Geburtendefizite aufgrund kurzfristig hochschnellender Sterberaten;

b) **frühtransformative Phase:** konstante bis leicht zunehmende Geburtenrate bei zurückgehender Sterberate, Öffnen der Bevölkerungsschere, Ansteigen des natürlichen Wachstums;

c) **mitteltransformative Phase:** weiteres Absinken der Mortalität, langsamer Beginn des Fruchtbarkeitsrückgangs; maximale natürliche Wachstumsraten;

d) **spättransformative Phase:** deutliche Verringerung der Geburten- und konstant niedrige Sterbeziffer, geringer werdende Wachstumsrate; Schließen der Bevölkerungsschere;

e) **posttransformative Phase:** niedrige Geburten- und Sterberate, geringes natürliches Wachstum bis hin zu einem vorübergehenden Bevölkerungsrückgang, leicht steigende Sterberate wegen des zunehmenden Anteils älterer Menschen.

Dieser schematische Verlauf von Geburten- und Sterberate trifft für die meisten Länder in Europa, in Nordamerika, für Australien und Neuseeland sowie für Japan zu (M 1). Allerdings setzte der demographische Übergang zu verschiedenen Zeitpunkten ein und erstreckte sich über

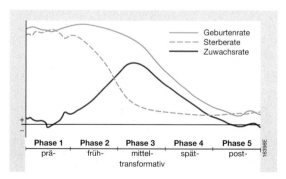

M 1: *Modell des demographischen Übergangs*

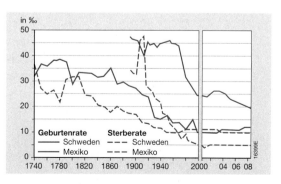

M 2: *Geburten- und Sterberaten in Schweden und Mexiko*

unterschiedlich lange Zeiträume. In Frankreich begann um 1800 etwa gleichzeitig der Rückgang von Fruchtbarkeit und Sterblichkeit, die natürliche Wachstumsrate erreichte nie überdurchschnittliche Werte (M 4).

In den weniger entwickelten Ländern sank die Sterblichkeit hingegen sehr rasch ab, und der Geburtenrückgang erfolgte verzögert von einem höheren Niveau als in den Industriestaaten (M 4). Die Bevölkerungsschere öffnete sich weit und für einen relativ langen Zeitraum. Das räumlich und zeitlich variable Übergangsmodell versucht, die in der Realität bei Beginn, Verlauf und Größenordnung der Raten auch auf regionaler Ebene zu beobachtende Vielfalt des demographischen Übergangs zu erfassen.

Das Modell des demographischen Übergangs ist kulturspezifisch und historisch auf die Industriestaaten bezogen, da es eng mit einem wachsenden Wohlstand aller gesellschaftlichen Gruppen verknüpft war. Daher bildet das Modell die abweichenden gesellschaftlichen Bedingungen des Fruchtbarkeitsrückgangs in den weniger entwickelten Ländern nicht ab. Erfasst wird in der modellhaften Darstellung nicht die neuere Entwicklung wie das längerfristige Absinken der Geburtenhäufigkeit unter das Bestandserhaltungsniveau in den europäischen Staaten sowie der Anstieg der Mortalität in Russland oder im subsaharischen Afrika (vgl. 4.2.5).

M 3: Quellentext zum Modell des demographischen Übergangs
Bähr, J.: Bevölkerungsgeographie (2004)

1. Erläutern Sie mögliche Anwendungen des auf induktivem Wege entwickelten Modells des ersten demographischen Übergangs.

2. Überprüfen Sie das Modell des demographischen Übergangs anhand der Altersstruktur der iranischen Bevölkerung (M 5).

Eine Anwendung dieser auf induktivem Wege gewonnen Modellvorstellungen ist auf vier Ebenen denkbar:

1. *Die Beschreibungsfunktion des Modells*
   Das Modell dient zur idealtypischen Beschreibung der in den westlichen Industrieländern im zeitlichen Verlauf festgestellten Veränderungen von Mortalität und Fertilität.

2. *Die Klassifikationsfunktion des Modells*
   Das Modell gestattet eine Typisierung verschiedener Länder hinsichtlich ihres Standes in der demographischen Entwicklung.

3. *Die Theoriefunktion des Modells*
   Das Modell wird herangezogen, um im Zusammenhang mit der sozioökonomischen Entwicklung nach den Ursachen des Transformationsprozesses zu fragen.

4. *Die Prognosefunktion des Modells*
   Das Modell bildet die Grundlage für eine Prognose der künftigen Bevölkerungsentwicklung auf der Erde oder in einzelnen Großräumen oder Ländern.

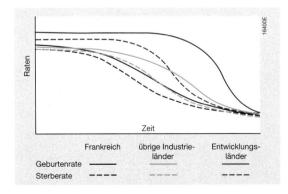

M 4: *Variables Modell des demographischen Übergangs*

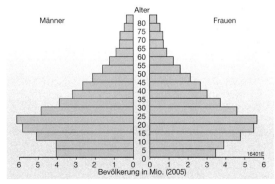

M 5: *Alterspyramide für die iranische Bevölkerung (2005)*

4.4 Demographischer Wandel

4.4.1 Demographischer Wandel und Bevölkerung

Der demographische Wandel bestimmt heute in vielen wissenschaftlichen und gesellschaftspolitischen Bereichen die Diskussion in Europa. Im Vordergrund stehen Bevölkerungsrückgang und -alterung, wobei eine Reduktion auf diese beiden Komponenten des demographischen Wandels für das Verständnis der zukünftigen Herausforderungen zu kurz greift.

Der Begriff „Demographischer Wandel" drückt die Änderungen der Bevölkerung nach Zahl und Struktur aus. Bereits für den ersten demographischen Übergang, der in Europa im 19. Jahrhundert, in den weniger entwickelten Ländern mit Ende der Kolonialzeit einsetzte, waren Geburtenrückgang, steigende Lebenserwartung und zunehmender Anteil älterer Menschen kennzeichnend. Diese Merkmale treffen auch auf den heutigen und zukünftigen demographischen Wandel zu. Allerdings ist dieser zweite demographische Übergang im Vergleich zum ersten mit Bevölkerungsrückgang und -alterung verknüpft, mit kleiner werdenden Haushaltsgrößen (Singularisierung, Individualisierung) sowie mit einer sich verstärkenden Heterogenisierung der Bevölkerungsstruktur. Die Ausprägungen dieser vier Komponenten des demographischen Wandels lassen sich mit den Schlagworten „weniger, grauer, vereinzelter, bunter" zusammenfassen.

Der demographische Wandel besitzt auch eine geographische Dimension: eine zum Teil erhebliche regionale Abweichung hinsichtlich Bevölkerungsdynamik und -struktur zwischen Räumen sowohl ähnlicher als auch unterschiedlicher Größe. Eurostat erwartet von 2005 bis 2030 generell eine stagnierende Bevölkerungsentwicklung in der EU. Die Einwohnerzahl wird sich in den 18 berücksichtigten EU-Mitgliedsländern von 412,4 auf 416,6 um ein Prozent oder jährlich um 0,04 Prozent erhöhen. Allerdings zeichnet sich ein gewisser Gegensatz von West- und Nordeuropa auf der einen und den Transformationsstaaten auf der anderen Seite ab. Länder in Mittel- und Südeuropa nehmen eine mittlere Position ein (M 1, M 3).

	Bevölkerungsentwicklung 2005 – 2030 (in %)			Zahl der Geburten je Frau			Lebenserwartung in Jahren			Alten-quotient	
	insgesamt	unter 20 Jahre	60 und mehr Jahre	1985	1995	2005	1985	1995	2005	2005	2030
Frankreich	10,7	3,8 [1]	39,6	1,81	1,78	1,94	76,9 [2]	77,9	79,7	38,3	60,9
Irland	24,3	2,7	96,1	2,49	1,84	1,86	73,3	75,5	79,5	27,2	46,3
Schweden	10,0	3,8	39,6	1,73	1,74	1,77	75,9	76,2	78,5	43,9	61,4
Slowakei	−3,5	−28,3	62,0	2,25	1,52	1,25	70,9	72,4	74,2	27,1	49,2
Tschechien	−5,0	−20,6	44,3	1,96	1,28	1,28	71,2	73,3	76,1	33,5	57,4
Polen	−4,2	−25,2	57,1	2,32	1,51 [3]	1,24	71,5 [2]	72,0	75,1	29,3	53,5
Italien	−1,9	−17,4	39,2	1,44	1,19	1,31	75,6	78,4	80,7	45,1	74,0
Spanien	5,7	−11,6	59,2	1,64	1,17	1,35	76,5	78,0	80,2	37,0	64,1
Deutschland [4]	−1,8	−16,0	40,5	1,37	1,25	1,34	74,6	76,7	79,4	45,4	75,6

[1] 1998; [2] 1990; [3] 1997; [4] 1985: Westdeutschland

M 1: *Entwicklung von Bevölkerung, Geburtenhäufigkeit und Lebenserwartung in ausgewählten Ländern*

In Westeuropa entwickelt sich ist die Zahl der unter 20-Jährigen als Folge von Wanderungsgewinnen und einer Geburtenhäufigkeit nahe dem Bestandserhaltungsniveau leicht positiv. Die differenzierte Entwicklung der mindestens 60-Jährigen ist abhängig vom jeweiligen Ausgangsniveau 2005 (M 5) und vom Anstieg der Lebenserwartung (vgl. 4.4.2). Die ökonomische Prosperität der 1990er-Jahre führte in Irland zu positiven Wanderungssalden und zu einem Verbleib vieler erwerbsfähiger Iren in ihrem Land. In den Transformationsländern fiel die Geburtenhäufigkeit nach dem Zusammenbruch des sozialistischen Systems auf sehr niedrige Werte, so dass sich in Zukunft die Zahl der unter 20-Jährigen deutlich verringern wird. In Deutschland, Italien und verzögert in Spanien ist die Zahl der Geburten je Frau bereits Mitte der 1970er-Jahre so niedrig, dass zukünftig der Rückgang der jüngsten Altersgruppe geringer als in Osteuropa ausfällt.

Eine Fruchtbarkeit deutlich unter dem Bestandserhaltungsniveau begründet anhaltende Sterbeüberschüsse, die auch von Wanderungsgewinnen auf Dauer nicht ausgeglichen werden können. Folge ist die rückläufige Besetzung von Jahrgängen im gebärfähigen Alter und damit die abnehmende Zahl potenzieller Mütter und eine Unterjüngung der Altersstruktur (vgl. 2.3). Diese Unterjüngung trifft auf eine Zunahme der mindestens 60-Jährigen. Ursachen sind die überdurchschnittlich steigende Lebenserwartung Älterer und ihre relativ große Zahl wegen der deutlich höheren Geburtenhäufigkeit bis in die 1960er-Jahre.

M 2: Quellentext zur Bedeutung des demographischen Wandels
Gans, P.; Schmitz-Veltin, A.: Demographische Trends in Deutschland. Folgen für Städte und Regionen (2006)

Die Konsequenzen des demographischen Wandels sind zwar keine neue, aber eine zunehmend dramatische Thematik. Abnahme und Alterung der Bevölkerung sind in Europa weit verbreitete Phänomene, die jedoch Deutschland, vor allem seine ostdeutschen Regionen, in besonderem Maße treffen. Bereits seit den 1970er-Jahren liegt die Fertilitätsrate der westdeutschen Bevölkerung unter dem Bestandserhaltungsniveau. Die Einwohnerzahl schrumpft von Generation zu Generation um rund ein Drittel. (…)

Nach den vorliegenden Prognosen werden Abnahme der Bevölkerung und Alterung „weiter an Fahrt" gewinnen. Der Rückgang kinderreicher Familien und die Zunahme von Single-Haushalten sind schon säkulare Trends. Mittlerweile reicht jedoch auch der Zuwanderungsüberschuss nicht mehr aus, um den Geburtenrückgang auszugleichen. (…) Ein demographischer Zeitenwechsel zeichnet sich ab.

Das Beispiel Frankreich belegt das komplexe Zusammenwirken der Komponenten des demographischen Wandels und ihre Abhängigkeit von demographischen wie nicht-demographischen Faktoren (M 4). So ist bis 2030 für die Île-de-France eine Zunahme der Einwohnerzahlen zu erwarten, da die Geburtenüberschüsse die Wanderungsverluste mehr als ausgleichen. Die Hauptstadtregion verzeichnet hohe Migrationsgewinne bei jungen Erwachsenen (Ausbildungs- und Arbeitsplatzwanderung), was zugleich zu einem geringen Anstieg des mittleren Alters der Bevölkerung führt. Im Languedoc-Roussillon wird sich die Einwohnerzahl aufgrund hoher Zuzugsüberschüsse ebenfalls erhöhen. Trotzdem verbleibt das mittlere Alter von etwa 45 Jahren 2030 hier über dem französischen Wert von 43 Jahren, da die Region relativ hohe Wanderungsgewinne bei älteren Menschen aufgrund attraktiver Küstenzonen verzeichnet. Nord-Pas-

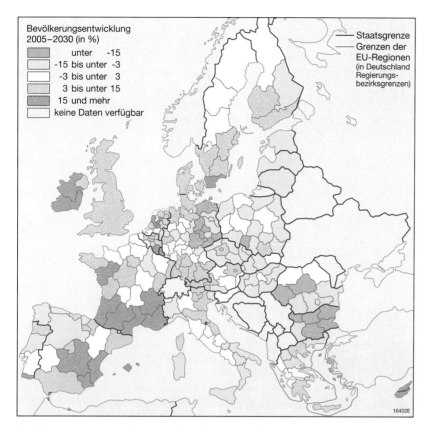

M 3: *Regionale Bevölkerungs-entwicklung in den NUTS-II-Regionen der EU (2005 – 2030)*

de-Calais wird von einer rückläufigen Bevölkerungsentwicklung betroffen sein. Vor allem junge Menschen wandern wegen des angespannten Arbeitsmarktes ab. Trotzdem bleibt das mittlere Alter mit 42 Jahren 2030 aufgrund der hohen Geburtenhäufigkeit unterdurchschnittlich.

Eine weitere Komponente ist die Vereinzelung (Singularisierung). Immer mehr Haushalte umfassen nur eine Person, sei es wegen späterer Heirat, Scheidung oder wegen des hohen Anteils unverheiratet bleibender Menschen. Gesellschaftliche Veränderungen gehen einher mit Individualisierung von Lebensbiographien und Pluralisierung von Lebensformen und damit Haushaltsbildung und -auflösung. Auf regionaler Ebene gibt es hohe Anteile kleinerer Haushalte sowohl in den Agglomerationen als auch in weniger verdichteten Regionen wie in Aragón (Spanien) aufgrund der Wanderungsverluste von jungen Erwachsenen oder in der Provence-Alpes-Côte d'Azur wegen des Zuzugs älterer Menschen.

Region	Bevölkerungsentwicklung (in %)		mittleres Alter in Jahren	
	ohne Migrationen	Einfluss der Migrationen	2000	2030
Languedoc-Roussillon	−2,0	36,2	40	45
Midi-Pyrénées	−3,9	20,1	40	45
Auvergne	−7,8	0,2	41	48
Limousin	−13,7	5,9	43	49
Rhône-Alpes	8,0	8,0	38	43
Île-de-France	15,2	−5,2	36	39
Basse-Normandie	4,7	−3,0	38	46
Lorraine	3,1	−12,7	38	45
Nord-Pas-de-Calais	12,5	−15,7	36	42
France métropole	5,2	3,6	38	43

M 4: *Bevölkerungsentwicklung und Alterung in ausgewählten Regionen Frankreichs (2000 – 2030)*

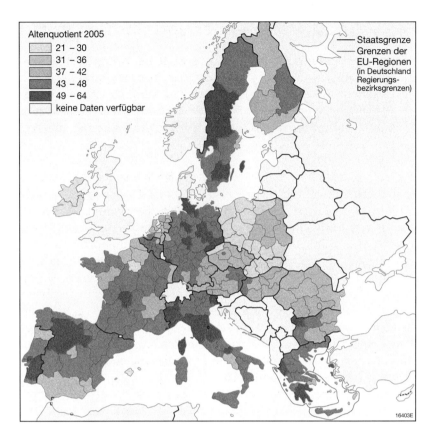

M 5: *Altenquotient in den NUTS-II-Regionen (2005)*

Seit Mitte der 1980er-Jahre sind in den EU-15-Staaten die Wanderungsgewinne entscheidend für die Bevölkerungsentwicklung (M6). Die Konsequenz ist eine fortschreitende Heterogenisierung der Wohnbevölkerung nach Herkunft, Sprache oder Bildungsstand. Dieses „Bunte" wird weiter an Bedeutung gewinnen, da sich das demographische Potenzial für Zuwanderungen aufgrund des zukünftigen weltweiten Bevölkerungswachstums vor allem in Südasien oder in Afrika noch mehr als heute auf außereuropäische Räume verlagern wird. Die Höhe der Zuzugsüberschüsse hängt von der ökonomischen Entwicklung, der wirtschaftlichen und politischen Instabilität in vielen Herkunftsländern, der sich weiter intensivierenden Globalisierung und dem damit verbundenen generellen Anstieg der Mobilität sowie der Migrationspolitik in den EU-Staaten ab. Aber auch

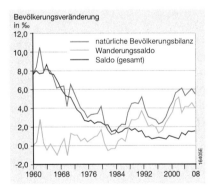

M 6: *Bevölkerungsentwicklung und ihre Komponenten in den EU-15-Staaten (1960 – 2008)*

die geographische Lage, wie das Beispiel Italien oder Spanien als Ziel vieler Flüchtlinge aus Afrika zeigt (vgl. 5.5.3), oder die kulturelle Nähe, wie die zahlreichen Ecuadorianer in Spanien belegen, spielen dabei eine Rolle. Auf regionaler Ebene haben die prosperierenden Agglomerationen mit ihrem wirtschaftlichen Wachstum, den Beschäftigungschancen in einem diversifizierten Arbeitsmarkt und dem Funktionieren von Netzwerken zwischen Personen mit Migrationshintergrund, formellen und informellen Institutionen eine hohe Anziehungskraft (vgl. 5.5.2). Auch touristisch attraktive Räume wie die Mittelmeerküste, aber auch Gebiete mit intensiver Landwirtschaft wie im Süden Spaniens sind Wanderungsziele für Arbeitsmigranten. Dagegen ist der Ausländeranteil in peripheren strukturschwachen Räumen in der Regel sehr gering.

1. *Begründen Sie die abweichende Zunahme des Alterquotienten in der EU.*

2. *Diskutieren Sie die Herausforderungen des demographische Wandels für den Arbeits- und Wohnungsmarkt.*

4.4.2 Ursachen für den demographischen Wandel

Der demographische Wandel mit seinen vier Komponenten lässt sich bildhaft mit „weniger, grauer, vereinzelter, bunter" charakterisieren. Er ist Teil gesellschaftlicher Veränderungen seit den 1960er-Jahren und geht einher mit einer rückläufigen Geburtenhäufigkeit sowie einer anhaltenden Zunahme der Lebenserwartung.

Ökonomische und politische Bedingungen beeinflussen als nicht-demographische Faktoren die Heterogenisierung der Bevölkerungsstruktur auf nationaler wie auf regionaler Ebene (vgl. 4.4.1). Bereits bekannte Lebensformen werden durch gesellschaftliche Veränderungen und den Bedeutungsverlust traditioneller Haushaltsstrukturen neu gewichtet (vgl. 3.3.2). Neben Bevölkerungsentwicklung und Alterung wird auch die Singularisierung durch demographische Faktoren beeinflusst. Zu nennen sind der Geburtenrückgang unter das Bestandserhaltungsniveau und die zunehmende Lebenserwartung von Neugeborenen vor allem wegen der sinkenden Alterssterblichkeit. Auf beide Entwicklungen wird im Folgenden näher eingegangen. Die Konsequenzen davon sind eine negative Bilanz aus Geburten- und Sterberate, die nur von anhaltend hohen Wanderungsgewinnen ausgeglichen werden könnte, und eine Bevölkerungsalterung, die aufgrund der Unterjüngung von der Basis, aufgrund der rückläufigen Alterssterblichkeit von der Spitze der Alterspyramide ausgeht (vgl. 3.2).

Die mittlere Geburtenzahl je Frau ging in der EU-15 von 2,6 (1950) auf etwa 1,5 (2004) zurück, was bedeutet, dass von 2,1 Kindern je Frau, die zur natürlichen Reproduktion erforderlich sind, nur 70 Prozent geboren wurden. Dieses zu niedrige Geburtenniveau ist entscheidend für die langfristig negative Bevölkerungsentwicklung und für die Alterung. Die Fruchtbarkeitsentwicklung von über 40 Prozent verläuft in drei Phasen (M 1): In der ersten steigt die Zahl der Geburten je Frau leicht an (Geburtenberg „Baby-Boom"). Der zweite, relativ kurze Abschnitt ist durch ein Absinken der Geburtenhäufigkeit unter 2,1 Kinder je Frau gekennzeichnet. Im dritten Zeitraum zeigen die niedrigen Werte sehr geringe Schwankungen. Zwischen den Ländern und auch auf regionaler Ebene bleiben Unterschiede in der Geburtenhäufigkeit bis heute bestehen.

Ein Fruchtbarkeitsrückgang ist in Europa seit dem 19. Jahrhundert zu beobachten. Dieser Trend war begleitet sowohl von rückläufiger Kinderlosigkeit als auch von einer Verringerung der Zahl von Frauen mit mehr als zwei Geburten. In Deutschland war der Anteil der Kinderlosen für die von 1935 bis 1950 geborenen Frauen sehr niedrig (M 1). Im Vergleich zu Spanien oder Frankreich stieg dann aber bei den später Geborenen der Anteil, die ohne Kinder blieben, beträchtlich an. Geht man davon aus, dass die 1950 geborenen Frauen Anfang der 1970er-Jahre im Alter von etwa 22 Jahren heirateten, erkennt man, dass der Anstieg der Kinderlosigkeit von nach 1950 geborenen Frauen mit einer Zunahme des Erstheirats- und Erstgeburtsalters zeitlich zusammenfällt. Heirat und Familie verloren im Zuge der gesellschaftlichen Umbrüche seit Ende der 1960er-Jahre ihren normativen Charakter, eine Entwicklung, die in allen europäischen Ländern — wenn auch zu unterschiedlichen Zeitpunkten und mit abweichender Intensität — festzustellen ist (vgl. 3.3.2).

Singularisierung

Vereinzelung, Verringerung familiärer Beziehungen in einer Gesellschaft, die sich in einem zunehmenden Anteil von allein lebenden Personen ausdrückt

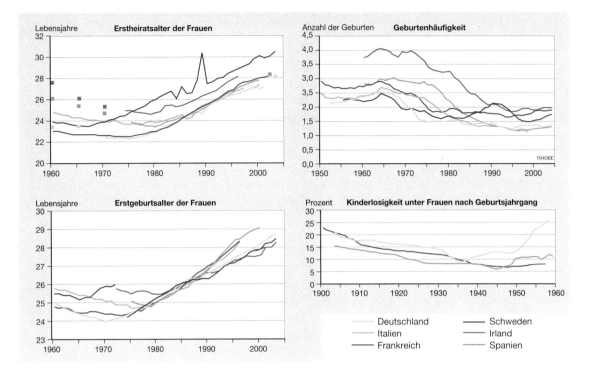

Deutschland	Schweden
Italien	Irland
Frankreich	Spanien

M 1: *Entwicklung von Erstheirats- und Erstgeburtsalter sowie Geburtenhäufigkeit und Kinderlosigkeit in ausgewählten EU-Staaten (1950 – 2004)*

Tertiärisierung
Verringerung der Arbeitsplätze in der Produktion bei gleichzeitiger Zunahme der Arbeitsplätze in den Dienstleistungen (Verkauf, Finanzierung, Transport usw.)

M 2: *Betriebskindergarten in Ulm mit 40 Krippen- und Kindergartenplätze für Betriebsangehörige*

Die bis dahin vorherrschende arbeitsteilige Familienstruktur mit dem Ehemann als Haupternährer und der Ehefrau als fürsorgende Mutter brach auf (M 3). Durch die Bildungsexpansion verlängerten sich die Ausbildungszeiten von Frauen und Männern. Im Zuge der Tertiärisierung vermehrten sich die Beschäftigungschancen von Frauen, was auch tatsächlich zu einer Zunahme ihrer Erwerbsquote führte. Die gesellschaftliche Akzeptanz des Zusammenlebens ohne Trauschein erhöhte sich ebenso wie der Anteil außerehelich geborener Kinder. Der Bedeutungsverlust traditioneller Verhaltensweisen wurde begleitet von einer Hinwendung zu postmaterialistischen Wertvorstellungen, weg von der Orientierung am traditionellen Familienideal hin zu Einstellungen, die Selbstverwirklichung und Individualisierung, Emanzipation und Autonomie einen hohen Stellenwert zuordneten und die sich verstärkt von sozialen Autoritäten wie Eltern, Kirche oder Staat lösten. Basisdemokratische Ansätze oder die hohe Bedeutung von Wechselwählern spiegeln die gesellschaftlich-politische Sphäre wider.

Das traditionelle „Haupternährer"-Modell ist mit hoher Beschäftigungs- und Einkommenssicherheit verknüpft, die jedoch nach der ersten Ölkrise Anfang der 1970er-Jahre immer weniger gegeben war (M 3). Dazu trug auch die verstärkte Globalisierungsstrategie der Unternehmen bei. Eine rationale Reaktion auf diese Entwicklung sind Doppelverdienerhaushalte, durch die versucht wird, vorhandenes Humankapital optimal in Wert zu setzen, die Realisierung gemeinsamer Lebensentwürfe jedoch erschwert. Der Wunsch, möglichst alle Optionen der

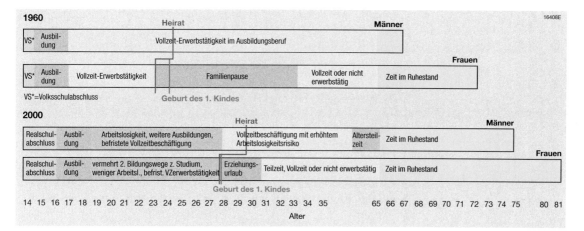

M 3: *Durchschnittliche Lebensläufe von Frauen und Männern (1960, 2000)*

zukünftigen Lebensführung weitgehend offen zu halten, sowie der Verlust institutioneller Einflüsse führten dazu, dass Heiraten den Lebenslauf einer Person immer weniger vorbestimmte und wiederholte Brüche in verschiedenen Lebensbereichen wie Erwerbstätigkeit, Partnerschaft oder Wohnstandort prägend wurden. Die Konsequenz dieser gesellschaftlichen Veränderungen sind neben den steigenden Anteilen nicht-ehelicher Geburten, sinkender Erstheirats- und wachsender Scheidungsraten, der Bedeutungszuwachs neuer Formen des Zusammenlebens.

Die Sterblichkeit als weitere Komponente der natürlichen Bevölkerungsbewegungen wirkt mit ihrer rückläufigen Entwicklung der tendenziellen Abnahme der Einwohnerzahlen als Folge der zu geringen Geburtenhäufigkeiten entgegen, steigert zugleich den Anteil älterer Menschen an der Gesamtbevölkerung. Seit 1950 erhöhte sich in den EU-15-Ländern die Lebenserwartung von Neugeborenen: bei Männern von 67,4 (1960) auf 76,1 (2003), bei Frauen von 72,9 auf 81,8 Jahren im gleichen Zeitraum. Die positive Entwicklung basiert auf einer sinkenden Mortalität in allen Altersgruppen — insbesondere der Säuglingssterblichkeit (1960: 33 ‰; 2004: 4,2 ‰) — und resultiert entscheidend aus den Verbesserungen und Weiterentwicklungen im medizin-technischen wie institutionellen Bereich sowie aus den zunehmend gesundheitsbewussten Verhaltensweisen.

Doch bestehen nach wie vor Unterschiede in der Sterblichkeit zwischen den Ländern sowie regionale Abweichungen innerhalb der Staaten (vgl. 4.2.2). Die Verfügbarkeit und Qualität medizinischer Leistungen variieren zwischen den Regionen. Vor allem in dünn besiedelten Gebieten kann sich die Versorgungssituation durchaus als problematisch darstellen (vgl. 4.4.3), wenn zum Beispiel Fachärzte wegen zu geringer Nachfrage fehlen oder im Notfall (Schlaganfall, Herzinfarkt) die Distanz zwischen Gesundheitseinrichtung und betroffener Person zu groß ist. Die geschlechtsspezifische Differenz bei der Lebenserwartung verdeutlicht, dass auch verhaltensbedingte Gründe eine wesentliche Rolle spielen. So sind gesundheitsschädigende Lebensstile (Rauchen, Alkohol) bei Männern weiter verbreitet als bei Frauen. Zudem gehen Männer eher als Frauen einer beruflichen Tätigkeit mit höherem Gesundheitsrisiko nach. Essgewohnheiten wie ein erhöhter Fettkonsum unterscheiden sich von Region zu Region. Auch die soziale Umwelt wie der berufliche Status stehen in engem Zusammenhang mit einem gesundheitsförderndem Lebensstil und höherer Lebenserwartung.

1. Erläutern sie den gesellschaftlichen Wandel seit Ende der 1960er-Jahre.

2. Beurteilen Sie die gesellschaftlichen Konsequenzen aus dem demographischen Wandel.

Singuläre Ereignisse wirken sich zumindest kurzfristig auf die Sterblichkeit aus. In Frankreich haben der heiße Sommer und eine Grippewelle 2003 vor allem bei Hochbetagten zu einer deutlichen Zunahme der Sterbefälle und damit zu einer „Delle" im ansteigenden Trend der Lebenserwartung geführt. 2004 wurde — teilweise aufgrund von Todesfällen, die sich im Jahr 2003 „vorgezogen" ereignet hatten, teilweise aufgrund von Verhaltensänderungen insbesondere der Hochbetagten auf der Basis von Erfahrungen — ein Rekordwert der Lebenserwartung (Frauen: 83,3 Jahre; Männer: 76,7 Jahre) erreicht. Trotz einer Grippeepidemie hat sich dieser Anstieg 2005 stabilisiert. Es ist davon auszugehen, dass sich die Lebenserwartung auch in den kommenden Jahren stärker erhöhen wird, als aufgrund der Trendfortschreibung der Jahre 1994 bis 2002 zu erwarten gewesen wäre.

M 4: Quellentext zu den Ursachen des demographischen Wandels

Lesthaeghe, R.: Second demographic transition. Blackwell Enyclopedia of Sociology (2007)

Ron J. Lesthaeghe ist Soziologe und Demograph und hatte grundlegende Forschungsarbeiten zu den Ursachen des demographischen Wandels publiziert. Er hatte von 1977 bis 2005 eine Professur an der Vrije Universiteit Brussels.

Erster demographischer Übergang	Zweiter demographischer Übergang / demographischer Wandel
A. Heiratsverhalten	
steigender Anteil verheirateter Personen, sinkendes Erstheiratsalter	rückläufiger Anteil verheirateter Personen, steigendes Erstheiratsalter
geringe Bedeutung nicht-ehelicher Lebensgemeinschaften	wachsende Bedeutung nicht-ehelicher Lebensgemeinschaften vor und nach einer Ehe
niedrige Scheidungsrate	steigende Scheidungsrate, Trennung auch nach kurzer Ehedauer
hohe Wiederverheiratungsrate	Rückgang einer Wiederverheiratung nach Scheidung oder Verwitwung
B. Fruchtbarkeit	
Rückgang der ehelichen Fruchtbarkeit aufgrund höherer Einschulungs- und Ausbildungsquoten, Verringerung des mittleren Alters bei der ersten Elternschaft	weiterer Rückgang der Fruchtbarkeit unter das Bestandserhaltungsniveau aufgrund von Geburten in höherem Alter, steigendes Durchschnittsalter bei der ersten Elternschaft
mangelhafte Empfängnisverhütung, ungleiche geschlechtsspezifische Rollenverteilung	effiziente Empfängnisverhütung (Ausnahmen für bestimmte soziale Gruppen)
Rückgang außerehelicher Geburten	zunehmende außereheliche Geburtenhäufigkeit, Elternschaft innerhalb nicht-ehelicher Lebensgemeinschaften; steigende Kinderlosigkeit von Paaren
C. Gesellschaftlicher Hintergrund	
Sorge um grundlegende materielle Bedürfnisse: Einkommen, Arbeitsbedingungen, Wohnen, Gesundheit, Schule, soziale Sicherheit, hoher Wert der Solidarität	Ausbreitung von Bedürfnissen „höherer Ordnung": individuelle Autonomie, Selbstverwirklichung, basisdemokratische Einstellungen, hoher Wert der Toleranz
steigende Mitgliederzahlen in politischen, gesellschaftlichen und bürgerschaftlich orientierten Netzwerken, Stärkung des sozialen Zusammenhalts	Rückzug aus bürgerschaftlich und gesellschaftlich orientierten Netzwerken, zunehmende Wichtigkeit von expressiven und emotionalen Formen des sozialen Kapitals, Schwächung des sozialen Zusammenhalts
hoher Einfluss von Staat und Kirche auf die gesellschaftlichen Werte; erste Welle der Säkularisierung, Beginn einer politischen und sozialen Differenzierung	Rückzug des Staates, zweite Welle der Säkularisierung, sexuelle Revolution, ablehnende Haltungen gegenüber gesellschaftlichen Institutionen, politische Zersplitterung
differenzierte Geschlechterrollen, familienorientierte Politik, bürgerliche Orientierung	fortschreitende Angleichung der Geschlechterrollen, ökonomische Autonomie der Frauen
in hohem Maße determinierte Lebensläufe, Dominanz der Ehe und Familie als einziges Leitbild für das Zusammenleben	flexible Lebensläufe, vielfältige Lebensstile, offene Zukunft

4.4.3 Demographischer Wandel: Herausforderungen

Der demographische Wandel stellt Länder, Regionen und Gemeinden vor spezifische Herausforderungen. Auf nationalstaatlicher Ebene geht es um den Erhalt der sozialen Sicherungssysteme, in ländlichen Regionen um die Sicherung der Daseinsvorsorge. Die Städte stehen vor der Herausforderung der Integration.

Von den Konsequenzen des demographischen Wandels sind alle räumlichen Ebenen betroffen (vgl. 2.3). Schon heute sind auf dem Arbeits- wie Wohnungsmarkt die Folgen der zukünftigen Bevölkerungsentwicklung im Fachkräftemangel oder in Leerständen zu spüren. In Regionen mit Schrumpfung und Alterung treten diese Probleme besonders deutlich zu Tage.

Der demographische Wandel vollzieht sich in ländlich-peripheren Räumen mit intensiverer Dynamik als in anderen Gebietstypen. Immer weniger Menschen und massive Verschiebungen in der Alterszusammensetzung kennzeichnen schon heute nicht nur Deutschlands, sondern auch andere europäische dünn besiedelte Räume. Und der Entwicklungstrend wird sich weiter fortsetzen!

Vor diesem Hintergrund stellt sich die Frage, wie die Versorgung der Bevölkerung und damit die Lebensqualität in diesen ländlichen Regionen unter schwierigen finanziellen Bedingungen stabilisiert werden kann. Denn die Bevölkerungsabnahme führt zu Tragfähigkeitsproblemen bei der Infrastruktur. Es kommt zu Angebotsreduzierung und Schließungen auch privater Einrichtungen, verbunden mit erheblichem Imageverlust für Kommunen und Gemeinden, weiteren Abwanderungen und Nachfragerückgang und damit sinkender Steuerkraft.

M 1: Quellentext zu den Herausforderungen des demographischen Wandels

Kocks, M.: Konsequenzen des demographischen Wandels für die Infrastruktur im ländlichen Raum. Geographische Rundschau 2/2007

Martina Kocks ist wissenschaftliche Mitarbeiterin am Bundesinstitut für Bau-, Stadt- und Raumforschung des Bundesministeriums für Verkehr, Bau und Stadtentwicklung.

Auf nationaler Ebene stehen die Probleme der Arbeitsmärkte und sozialen Sicherungssysteme im Vordergrund. So schuf zum Beispiel die finnische Regierung Anreize, damit ältere Erwerbspersonen länger arbeiten, fördert Weiterbildungsmaßnahmen, zeichnet Best-Practice-Beispiele zur Propagierung der Weiterbeschäftigung Älterer aus und hat 2005 das offizielle Renteneintrittsalter abgeschafft. Auf regionaler Ebene zielt die Regierung in dünn besiedelten Gebieten auf den Erhalt der Infrastruktur sowie auf die Verbesserung von Beschäftigungschancen. Sie übertrug

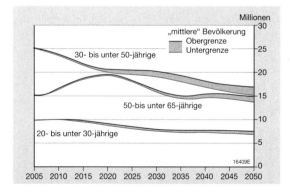

M 2: *Bevölkerung im Erwerbsalter nach Altersgruppen (2005–2050)*

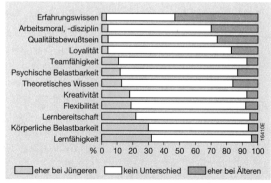

M 3: *Vergleich von Eigenschaften und Leistungsparametern jüngerer und älterer Erwerbspersonen*

in der Region Kainuu dem Regional Council 2004 die Verantwortung für die regionale Entwicklung. Dieser organisierte in Abstimmung mit den Kommunen zum Beispiel gemeindeübergreifende Angebote in der Gesundheitsversorgung. Zudem baute man auf der Basis von Pilotprojekten die Informations- und Kommunikationstechnologie aus, um älteren Menschen Zugang zu Versorgungsangeboten von zu Hause aus zu ermöglichen. Ziel ist, dass Ältere möglichst lange im eigenen Haus wohnen und sich selbst versorgen. Gegenwärtig dient die Vernetzung mit Breitbandkabel dazu, ein Kompetenzcluster „Seniorpolis" aufzubauen.

Als Folge der Heterogenisierung müssen sich westdeutsche Großstädte vermehrt mit der Herausforderung der Integration auseinandersetzen. In Deutschland leben gegenwärtig etwa 15 Mio. Personen mit Migrationshintergrund. Zu dieser Gruppe zählen Menschen ohne deutsche Staatsbürgerschaft, Deutsche mit eigener Migrationserfahrung (z. B. Spätaussiedler) sowie in Deutschland geborene Kinder von Zuwanderern. Die Zahl der Personen mit Migrationshintergrund entspricht knapp 20 Prozent der Gesamtbevölkerung. Dieser Anteil zeigt große regionale Unterschiede und erreicht in den westdeutschen Großstädten teilweise mehr als 30 Prozent. Zukünftig wird eine Zunahme der Zahl von Menschen mit Migrationshintergrund erwartet.

Die Herausforderungen der Integration, verstanden als chancengleicher Zugang zu Infrastrukturen im weitesten Sinne, stellen sich vor allem in einzelnen Wohnquartieren (vgl. 5.7.2), in denen der Anteil der Personen mit Migrationshintergrund überdurchschnittliche Werte erreicht. In bestimmten Stadtteilen wie in der westlichen Unterstadt Mannheims oder im Berliner Quartier Schillerpromenade übertrifft er 60 Prozent. Diese Konzentration von Zuwanderern in bestimmten Kommunen und dort in besonders benachteiligten Quartieren ist Folge von Wohnungsangebot und Wohnungsmarktmechanismen sowie von bestehenden Migrantennetzwerken. Ein Leben und Aufwachsen in diesen Nachbarschaften führt häufig dazu, dass deutsche Sprachkenntnisse im Alltag kaum benötigt und folglich nicht gelernt werden. Dies wiederum erschwert einen erfolgreichen Bildungsabschluss und den Zugang zum Arbeitsmarkt. Die Kontakte der Einwohner zu Personen, Unternehmen und Einrichtungen außerhalb des Quartiers sind insgesamt schwach ausgeprägt.

Neben strukturellen Rahmenbedingungen und damit auch Offenheit gegenüber Zuwanderung spielen individuelle Voraussetzungen eine wichtige Rolle für die Integration. Dem Merkmal Bildung kommt dabei eine überragende Bedeutung zu, gefolgt von der Sprachbeherrschung (M 4). Die Voraussetzungen sind bei jüngeren Zuwanderern besser als bei den älteren, bei den eingebürgerten besser als bei den nicht eingebürgerten Migrantinnen und Migranten.

Integrationsstrategien müssen daher auf deutliche Verbesserungen in Einrichtungen zur Kinderbetreuung und in Schulen abzielen sowie eine intensive Auseinandersetzung mit dem Sozialraum der Kinder und Jugendlichen, einschließlich der Kommunikation mit dem Elternhaushalt vorantreiben.

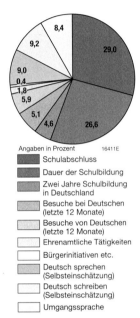

Angaben in Prozent   16411E

■ Schulabschluss
■ Dauer der Schulbildung
■ Zwei Jahre Schulbildung in Deutschland
▨ Besuche bei Deutschen (letzte 12 Monate)
▨ Besuche von Deutschen (letzte 12 Monate)
□ Ehrenamtliche Tätigkeiten
□ Bürgerinitiativen etc.
▨ Deutsch sprechen (Selbsteinschätzung)
□ Deutsch schreiben (Selbsteinschätzung)
□ Umgangssprache

M 4: *Einfluss persönlicher Merkmale auf individuelle Integrationsvoraussetzungen*

1. *Informieren Sie sich über Quartiersmanagement und beschreiben Sie seine Ziele.*

2. *Diskutieren Sie die Vor- und Nachteile einer Aufhebung des offiziellen Renteneintrittsalters.*

5 Räumliche Bevölkerungsbewegungen

Schon immer wanderten die Menschen auf der ganzen Welt aus unterschiedlichsten Gründen von Ort zu Ort. Weder natürliche noch politische Grenzen konnten sie dabei aufhalten. Anfang des 21. Jahrhunderts lebten nach Schätzungen der Vereinten Nationen 191 Mio. Menschen oder knapp drei Prozent der Weltbevölkerung mindestens seit einem Jahr nicht in dem Land ihrer Geburt oder ihrer Staatsangehörigkeit. Diese Angaben spiegeln nur einen Teil der räumlichen Bevölkerungsbewegungen wider. Nicht erfasst sind dabei zum Beispiel Flüchtlinge innerhalb vieler Staaten, Personen ohne Aufenthaltserlaubnis für das Land, in dem sie leben, saisonal beschäftigte Arbeitskräfte, Migranten von Ost- nach Westdeutschland, Haushalte, die aus den Städten wegziehen, um in deren Umland oder gar in ländlichen Räumen Eigentum zu erwerben, oder Obdachlose. Mobilität betrifft alle und verändert Gesellschaften.

Charakteristisch für moderne Gesellschaften ist ein hohes Maß an räumlicher und sozialer Mobilität. Was bedeutet der Begriff Mobilität und in welcher Beziehung steht er zu Migration?

Während Migrationen eine statistisch direkt messbare Wirkung auf die demographische, soziale oder ethnische Zusammensetzung innerhalb eines Gebietes haben (vgl. 1.2, 5.6.1), ist die Entscheidung zur Veränderung des eigenen sozialen Status meist ein länger anhaltender Prozess, beispielsweise durch die Dauer einer Aus- oder Weiterbildungsmaßnahme, und nicht unmittelbar messbar.

Allgemein bedeutet der Begriff Mobilität (lat. mobilitas) Beweglichkeit oder Bewegung. In der Bevölkerungsgeographie wird grundsätzlich zwischen räumlicher und sozialer Mobilität unterschieden. Mit sozialer Mobilität ist gemeint, dass sich der soziale Status einer Person sowohl in vertikaler (z. B. durch eine Veränderung der Einkommenssituation oder des Bildungskapitals) als auch in horizontaler Richtung (durch Wechsel des Lebensstils oder der Zugehörigkeit zu einer sozialen Gruppe) verändern kann (M 1).

Räumliche Mobilität umfasst alle Ortswechsel von Individuen, unabhängig davon, ob es sich um einen einmaligen Vorgang wie den Besuch eines Restaurants, einen regelmäßigen Vorgang wie den Weg zum Arbeitsplatz oder einen Wohnstandortwechsel handelt. Um diese sehr unterschiedlichen Sachverhalte gegeneinander abzugrenzen, bezeichnet man üblicherweise Ortswechsel, die mit einem vorübergehenden oder dauerhaften Wechsel des Wohnstandorts verbunden sind als Wanderung oder Migration. Diese Form der räumlichen Mobilität beeinflusst alle anderen Bewegungen eines Individuums im Raum, die als zirkuläre Bewegungen bezeichnet werden, da sie durch eine wiederholte Rückkehr zum festen Wohnsitz charakterisiert sind. Hierzu zählen etwa Bewegungen zwischen Wohnung und Arbeitsstelle (Pendeln), versorgungsorientierte Bewegungen (Einkaufen) oder Bewegungen im Zusammenhang mit Freizeit- und Urlaubsaktivitäten.

In der Praxis ist es oft nicht einfach, eindeutig zwischen Migration und zirkulären Bewegungen zu unterscheiden. Berufsbedingte saisonale oder zeitweilige Wohnstandortwechsel, wie sie zum Beispiel bei Erntehelfern, Bauarbeitern, aber auch bei Führungskräften internationaler Konzerne vorkommen, sind meistens nicht mit einer Aufgabe des vorherigen Wohnstandorts verbunden. Bei vorübergehender Veränderung des Arbeitsplatzes, wenn beispielsweise ein Hotel oder Wohncontainer als Nebenwohnsitz dient, spricht man von Pendelmobilität. Werden dabei Nationalgrenzen überschritten, handelt es sich um transnationale Mobilität.

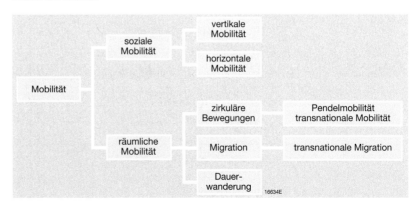

M 1: *Systematische Untergliederung des Begriffs der Mobilität*

Die zirkuläre Migration beginnt mit dem Wohnungswechsel und endet mit der Rückwanderung zu einem späteren Zeitpunkt. Sie lässt sich statistisch erst nach erfolgter Remigration erfassen, auch wenn schon beim Verlassen des ursprünglichen Wohnortes eine feste Absicht zur Rückkehr bestand. Daneben gibt es auch Bevölkerungsgruppen, die überhaupt keinen festen Wohnsitz haben wie Obdachlose oder Nomaden. Diese Art des kontinuierlichen Wohnstandortwechsels wird als Dauerwanderung bezeichnet.

In der amtlichen Statistik werden meist nur solche Wohnstandortwechsel als Wanderungen ausgewiesen, bei denen eine Gemeindegrenze überschritten wird. Wohnstandortverlagerungen innerhalb einer Gemeinde werden als Umzug bezeichnet. Da Untersuchungen zur räumlichen Mobilität oftmals auf Daten der amtlichen Statistik zurückgreifen, erscheint es zwar willkürlich, aber trotzdem sinnvoll, die Definition der amtlichen Statistik zu übernehmen und nur Gemeindegrenzen überschreitende Wohnstandortwechsel als Migration zu bezeichnen.

Zwischen räumlicher und sozialer Mobilität besteht ein enger Zusammenhang. Eine Migration bedeutet häufig auch eine Veränderung des sozialen Umfeldes. Die Entscheidung einer Person oder eines Haushaltes für eine neue Wohnung, beispielsweise bedingt durch einen Arbeitsplatzwechsel oder Änderungen in der Haushaltszusammensetzung, verändert auch die zirkulären Bewegungen und damit den Aktionsraum sowie das soziale Umfeld (vgl. 5.4.1). Die Anforderungen an eine Wohnung sind geprägt von Wertvorstellungen, Normen und Zielen, die ein Haushalt für sich definiert, und werden in Wert-Erwartungs-Überlegungen (vgl. 5.4.1) zusammengefasst. Zusätzlich wird die Wohnstandortwahl beeinflusst von *constraints*, wie beispielsweise die Wohnkosten in Relation zum Einkommen, sowie durch bewusst oder unbewusst wahrgenommene soziale und physische Unterschiede in den städtischen Wohnquartieren. Das Abwägen von Wert-Erwartungs-Überlegungen und *constraints* bildet für den Haushalt die Grundlage, einen Wohnstandort zu wählen. Das Sozialgeographische Mehr-Ebenen-Modell der Segregation (M 2) zeigt sowohl die Wechselwirkungen zwischen dem Phänomen der Segregation (vgl. 5.7.1) auf gesamtstädtischer Ebene und den Auswirkungen sozialer und physischer Ungleichheit auf die individuellen Wanderungsentscheidungen als auch die Verknüpfung zwischen räumlicher und sozialer Mobilität.

1. Begründen Sie, warum soziale und räumliche Mobilität meist eng verknüpft sind.

2. Diskutieren Sie anhand des Sozialgeographischen Mehr-Ebenen-Modells der Segregation die Bedeutung sozialer und räumlicher Mobilität für die Wohnstandortwahl.

Segregation
ungleiche Verteilung von Bevölkerungsgruppen in einer Stadt sowie der Prozess, der dazu führt

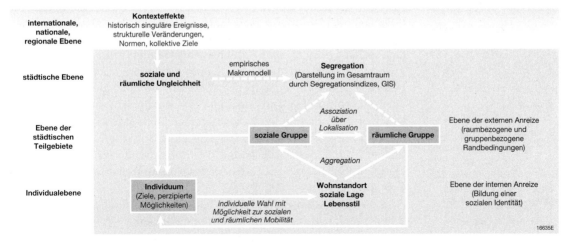

M 2: *Sozialgeographisches Mehr-Ebenen-Modell der Segregation von West (2007)*

5.2 Formen der Migration

Migration kann abhängig vom gesellschaftlichen Kontext unterschiedliche Formen annehmen. Bei der Typisierung können räumliche, zeitliche und kausale Kriterien angelegt werden.

Wirtschaftsflüchtlinge
Personen, die ihr Land verlassen, um ihre wirtschaftliche Situation zu verbessern

Asylsuchende
Personen, die in einem fremden Land um Schutz vor politischer, religiöser oder sonstiger Verfolgung ersuchen. In Deutschland ist für die Prüfung der Verfolgungsgründe das Bundesamt für Migration und Flüchtlinge mit Hauptsitz in Nürnberg zuständig.

„Artikel 16, Absatz 2, Satz 2 des Grundgesetzes war die Antwort des Parlamentarischen Rates 1948/49 auf die Rettung vieler im nationalsozialistischen Deutschland Verfolgter durch Aufnahme im Ausland. (…) Die heute in Deutschland auf Zeit geduldeten ‚De-facto-Flüchtlinge' sind keineswegs ‚Wirtschaftsflüchtlinge' oder ‚Scheinasylanten', sondern nach dem deutschen Asylrecht nicht als asylberechtigt anerkannt. Ihre Abschiebung kommt nach der Genfer Flüchtlingskonvention von 1951 nicht in Frage."

Klaus Bade, deutscher
Migrationsforscher

Theorie der zentralen Orte
erklärt die Verteilung unterschiedlich großer Siedlungen oder zentraler Orte und die Regelhaftigkeiten ihrer räumlichen Anordnung nach Größenklassen. Ein Oberzentrum ist dabei eine Siedlung mit der höchsten Zentralitätsstufe.

Migration ist ein vielschichtiges und komplexes Phänomen, weshalb eine Typisierung der Migration kontrovers diskutiert wird, zumal mit einem gesellschaftlichen Wandel neue Wanderungsformen hinzukommen. Teilweise sind mit der Begriffsbildung auch politische Intentionen verbunden. Je nach Blickwinkel können sehr unterschiedliche Einteilungen sinnvoll sein; am häufigsten erfolgt eine Unterscheidung nach räumlichen, zeitlichen oder kausalen Kriterien.

Aus geographischer Sicht ist die Unterteilung nach räumlichen Kriterien beziehungsweise nach der Distanz zwischen altem und neuem Wohnstandort naheliegend. Die Klassifikation erfolgt meist auf der Basis von administrativen Einheiten. In der amtlichen deutschen Statistik wird zwischen Außen- und Binnenwanderungen unterschieden, je nachdem, ob bei der Wanderung die Außengrenzen der Bundesrepublik Deutschland oder nur Gemeindegrenzen überschritten werden. Wanderungen innerhalb einer Gemeinde werden dagegen als Umzüge bezeichnet.

Je nachdem, ob Migrationen über das Einzugsgebiet einer Stadt hinausgehen, können inter- und intraregionale Wanderungen voneinander unterschieden werden. Bei einem Wohnstandortwechsel innerhalb der Region kann weiter differenziert werden in intrarurale Wanderungen (innerhalb des ländlichen Raums), rural-urbane Migration, diffuse Migration (z.B. von Obdachlosen), interurbane Migration, in Wanderungen aus der Stadt in ihr Umland (Bevölkerungssuburbanisierung) und in Umzüge innerhalb der Stadt. Schematisch lassen sich diese Wanderungsbewegungen in die raumstrukturellen Elemente der Theorie der Zentralen Orte einordnen (M 1).

Im Kontext von Außenwanderungen oder internationalen Migrationen lassen sich vier Idealformen der Migration nach zeitlichen Kriterien beziehungsweise nach der Dauerhaftigkeit der Wanderungen unterscheiden. Während sich Emigranten und Immigranten auf einen permanenten unbefristeten Aufenthalt im Zielland einrichten, haben Remigranten (zum Beispiel in ihr Herkunftsland zurückgekehrte ehemalige Gastarbeiter) meist die Absicht, nur vorübergehend vor allem zum Zweck des Gelderwerbs im Gastland zu bleiben. Die so genannten Diaspora-Migranten besitzen ebenfalls einen befristeten Zeithorizont und halten an religiösen oder soziokulturellen Kontakten mit Organisationen oder Gruppierungen im Ursprungsland fest. Bei transnationalen Migranten hingegen löst sich der Zeitbezug im Zusammenhang mit einer Migration weitgehend auf und wird durch den wiederholten Wechsel zwischen Standorten im Herkunfts- und Zielland, in dessen Folge sich eine transnationale Identität ausbildet, ersetzt (vgl. 5.4.2).

Kettenwanderungen sind durch eine zeitliche Abfolge mehrerer Wanderungsvorgänge verschiedener Personen gekennzeichnet. Gemeint ist, dass ein Pionierwanderer weitere Migrationsprozesse wie etwa den Nachzug von Familienmitgliedern oder Bekannten auslöst (vgl. 5.4.2). Eine

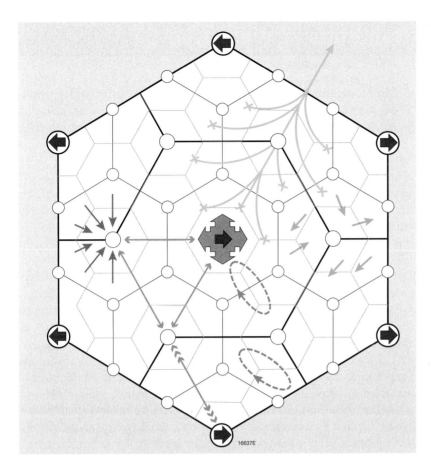

✗→	interregionale Migration
→	intrarurale Migration
→	rural-urbane Migration
↔	interurbane Migration
○	Orte höherer Zentralität
○	Orte niedriger Zentralität
✦	Bevölkerungs-suburbanisierung
⬭	Dauerwanderung; diffuse Migration
➡	Umzüge

16637Ea

M 1: *Differenzierung von Wanderungen nach der Theorie der zentralen Orte nach Kortum (1979)*

Sonderstellung bezüglich der zeitlichen Abfolge nehmen die Dauermigranten ein, bei denen der einmalige Wanderungsvorgang durch einen kontinuierlichen oder periodischen Prozess abgelöst wird. Beispiele hierfür sind Hirten, Nomaden, Landfahrer und Obdachlose.

Unterscheidet man Migrationstypen nach den Wanderungsursachen, so kann man zunächst zwischen freiwilligen Wanderungen und Zwangswanderungen differenzieren. Bei letzteren sind Angst oder physische Gewalt Auslöser für die Wanderung. Die Geschichte kennt zahlreiche Beispiele für Vertreibungen, Deportationen, Zwangsumsiedlungen, Sklavenhandel, aber auch Flucht infolge von Naturkatastrophen, Hunger oder politischer Verfolgung. Eine Abgrenzung ist nicht immer einfach, wie die Problematik bei der Unterscheidung von Asylsuchenden und so genannten Wirtschaftsflüchtlingen zeigt (vgl. 5.1).

Die in weiter entwickelten Gesellschaften vorherrschenden freiwilligen Wanderungen können entsprechend ihrer Motivation in berufs-, wohnungs- und familienorientierte Wanderungen unterschieden werden, wobei oft mehrere Faktoren wie Arbeitsplatzwechsel oder Eigentumserwerb gleichzeitig von Bedeutung sind. Hinzu kommen oft persönliche Gründe wie der Auszug aus der elterlichen Wohnung, Trennen von oder Zusammenziehen mit dem Partner. Darüber hinaus werden Wanderungen auch nach dem Rechtsstatus (legal / illegal), der Wanderungsrichtung (zum Beispiel Stadt-Land), dem Umfang (individuelle Migration / Massen-Wanderungen) oder nach persönlichen Merkmalen der Migranten (zum Beispiel Position im Lebenszyklus, Geschlecht) unterschieden.

1. *Erläutern Sie Beispiele für Zwangswanderungen, mit denen die weiter entwickelten Gesellschaften konfrontiert werden.*

2. *Erklären Sie, wie sich aus dem gesellschaftlichen Wandel neue Typen der Migration ergeben.*

5.3 Modell der Mobilitätstransformation

Das Modell der Mobilitätstransformation bringt die parallele Entwicklung der räumlichen Bevölkerungsbewegungen, die in vielen Ländern beobachtet wird, mit dem Modell des demographischen Übergangs in Verbindung.

1971 veröffentlichte der amerikanische Kulturgeograph Wilbur Zelinsky das empirisch-induktive Konzept der Mobilitätstransformation. Er postulierte eine irreversible stufenweise Entfaltung, die — trotz der weltweit beobachteten Unterschiede in der Entwicklung der Bevölkerungsbewegungen — eine weitgehend universelle Gültigkeit besitzen soll und deren Phasen parallel mit denen des ersten demographischen Übergangs verlaufen (vgl. 4.3). Damit wird ein empirischer Zusammenhang zwischen dem Modernisierungsprozess und der Veränderung der Wanderungsvorgänge hergestellt.

Ausgehend von einer weitgehend immobilen Gesellschaft verläuft die Entwicklung nach dem Modell von Zelinsky in fünf Stufen hin zur hochmobilen nachindustriellen Gesellschaft (M 1):

1. In der vorindustriellen, traditionellen Gesellschaft ist die Mobilität der Bevölkerung niedrig. Eine relativ hohe Geburten- und Sterberate halten sich die Waage, das natürliche Wachstum ist gering.

2. Durch die mit beginnender Modernisierung zurückgehende Sterberate kommt es zu einem Geburtenüberschuss. Der entstehende Bevölkerungsdruck führt zu einem Anstieg der Land-Stadt-Wanderungen und der Auswanderungen.

3. Während das natürliche Bevölkerungswachstum und parallel dazu die Land-Stadt-Wanderungen ihr Maximum überschreiten, kommt es nun zu einem deutlichen Anstieg der Stadt-Stadt-Wanderungen und zirkulärer Bewegungen. Dagegen nimmt die Intensität der Auswanderung wegen der existierenden Alternativen in den wirtschaftlich zunehmend prosperierenden Städten deutlich ab.

4. Die demographische Transformation ist nun zum Abschluss gekommen und es liegt eine hochmobile moderne Gesellschaft vor, charakterisiert vor allem durch hohe Intensitäten an interurbanen Wanderungen und durch zirkuläre Bewegungen, die in Folge technologischer Entwicklungen in zunehmendem Maße Migrationspotenzial absorbiert.

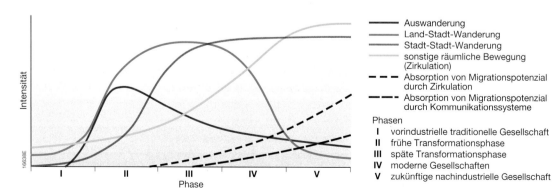

M 1: *Schematische Darstellung der verschiedenen Mobilitätsformen nach dem Modell der Mobilitätstransformation nach Zelinsky 1971*

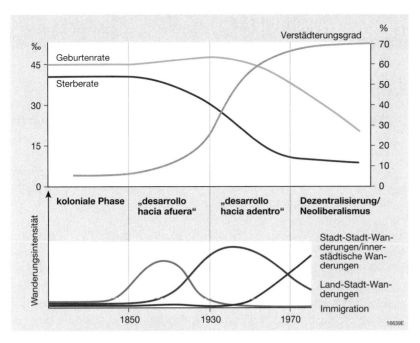

M 2: *Entwicklungsphasen in Lateinamerika und ihre Beziehung zum demographischen Übergang und zum Verstädterungsgrad.*

5. Die Phase der nachindustriellen Gesellschaft ist für Zelinsky hypothetisch und in der Zukunft liegend. Hier wird ein stagnierendes oder möglicherweise sogar zurückgehendes Maß an Migration erwartet, bedingt durch weiter zunehmende zirkuläre Bewegungen und den Ausbau der Kommunikationssysteme, die viele Wanderungen überflüssig machen.

Natürlich werden nicht alle politischen Einflüsse und länderspezifischen Gegebenheiten in dem Modell berücksichtigt. Doch stimmen etwa in den lateinamerikanischen Staaten die beobachteten Entwicklungsphasen sehr gut mit den Modellvorhersagen überein (M 2). Der Transformationsprozess wurde hier durch die ökonomische Öffnung nach Erlangen der Unabhängigkeit ausgelöst (*desarollo hacia afuera*). In dieser nachkolonialen Phase kam es zu massiven Einwanderungen vor allem aus Südeuropa. Infolge der Weltwirtschaftskrise änderte sich die Wirtschaftspolitik der lateinamerikanischen Staaten. Importsubstitution und der damit verbundene Aufbau eigener Industrien begründeten ein Binnenwachstum, wodurch vor allem im städtischen Raum Arbeitsplätze entstanden. Diese als *desarollo hacia adentro* bezeichnete Entwicklungsphase entspricht Phase 3 der Mobilitätstransformation und führte in Lateinamerika zu einer starken Zunahme des Verstädterungsgrades. Nach etwa 1970 wird bei Rückgang des Bevölkerungswachstums und stark abnehmenden Land-Stadt-Wanderungen die Endphase des Transformationsprozesses erreicht.

Allerdings lässt sich das Modell zum Beispiel auf Osteuropa und viele Entwicklungsländer nur bedingt anwenden. Besonders im Falle der weniger entwickelten Länder ist Modernisierung, die eigentlich Schlüsselvariable der Mobilitätstransformation sein soll, eher mit Kolonialisierung und damit oft mit Ausbeutung anstatt Entwicklung gleichzusetzen. Außerdem stehen Transport und Kommunikationsmedien allen Ländern, bedingt durch den technischen Fortschritt der weiter entwickelten Länder, schon zu einem viel früheren Zeitpunkt der Entwicklung zur Verfügung, als dies im Modell vorgesehen ist. Dadurch kann Migration ersetzt werden und der Mobilitätsverlauf verändert sich.

Importsubstitution

Ersetzen eines Importgutes durch ein im Inland produziertes Gut mit dem Ziel, Beschäftigung zu steigern und die Außenhandelsbilanz zu verbessern

1. Diskutieren Sie, warum ein zeitlicher Zusammenhang zwischen dem gesellschaftlichen Wandel und der Mobilitätstransformation besteht.

2. Erklären Sie, in welcher Weise politische Rahmenbedingungen diesen Zusammenhang beeinflussen können.

5.4.1 Klassische Erklärungsansätze

Warum wandern Menschen? Bereits seit Ende des 19. Jahrhunderts ist diese Frage Gegenstand wissenschaftlicher Untersuchungen. Dabei geht es zum einen um ein Verständnis der Zusammenhänge, zum anderen aber auch darum, zukünftige Entwicklungen zu prognostizieren und angemessene politische Handlungsmöglichkeiten zu entwickeln.

Mit den Untersuchungen des deutschen Kartographen und Demographen Ernst Georg Ravenstein über die Binnenwanderungen von Arbeitskräften im Vereinigten Königreich im Jahr 1885 beginnt die Migrationsforschung. Kernergebnis seiner Analysen ist die Erkenntnis, dass Migration nicht völlig regellos abläuft, sondern bestimmten Gesetzmäßigkeiten folgt. Unter anderem formulierte er in seinen Migrationsgesetzen, dass die meisten Wanderungen ökonomisch motiviert sind und dass die größte Zahl davon nur über kurze Distanzen erfolgt, während nur relativ wenige Migranten größere Entfernungen überwinden.

Push-Pull-Modell

$$I_{ij} = k \, \frac{P_i \, P_j}{d_{ij}}$$

mit k als einer Konstante und d_{ij} der Distanz zwischen den beiden Orten, mit P_i als Maß für den Abwanderungsdruck am Herkunftsort bedingt zum Beispiel durch starke Arbeitslosigkeit oder ein relativ niedriges Einkommensniveau, mit P_j als Maß für den Nachfragesog am Zielort bedingt durch Arbeitskräftenachfrage aufgrund wirtschaftlichen Wachstums oder eines relativ hohen Lohnniveaus.

Gravitationsmodelle
besagen, dass der Wanderungsstrom zwischen zwei Ländern proportional zum Produkt der Einwohnerzahl in beiden Ländern und umgekehrt proportional zur Distanz zwischen den Ländern ist.

Motiviert durch diese Beobachtung zu Migrationsströmen zwischen Räumen mit unterschiedlicher Wirtschafts- und Siedlungsstruktur zielen gesamtwirtschaftliche Migrations- oder Gravitationsmodelle auf Faktoren ab, die Wanderungsströme zwischen Ländern erklären können. Das **Push-Pull-Modell**, eine Variante des Gravitationsmodells, schätzt die Zahl der Migranten I_{ij} vom Herkunftsort i zum Zielort j in Analogie zum Gravitationsgesetz von Newton, wobei im Gegensatz hierzu die Distanz in die Modelle der Migrationsforschung im einfachsten Fall nur linear eingeht. Bei solchen **Gravitationsmodellen** wird gleichzeitig die Situation am Ziel- wie am Herkunftsort in die Analysen einbezogen.

Die Zuwanderung ausländischer Arbeitnehmer nach Deutschland von den 1950er- bis in die 1970er-Jahre verdeutlicht das Zusammenspiel von einem Nachfragesog, den Pull-Faktoren in Deutschland, mit einem Abwanderungsdruck, den Push-Faktoren in den südeuropäischen Ländern. Das damalige wirtschaftliche Wachstum in Deutschland hatte bei geringer Bevölkerungszunahme eine Arbeitskräfteknappheit und Lohnerhöhungen zur Folge, die vor allem arbeitsintensive Branchen gefährdet hätten. Die Kompensation des Arbeitskräftemangels allein durch Automatisierung wurde als nicht ausreichend erachtet, weshalb die Unternehmen ausländische Arbeitskräfte nachfragten. Durch die Anwerbevereinbarungen wie beispielsweise mit Italien 1955 oder Spanien 1960 schuf die Politik hierzu die rechtlichen Grundlagen. In vielen Regionen Südeuropas herrschte andererseits hohe Arbeitslosigkeit, und die Einkommen waren zu den erhofften Löhnen in Deutschland vergleichsweise niedrig.

Erweitert wurden die Gravitationsmodelle durch den Ansatz der *Intervening Opportunities* („konkurrierende Möglichkeiten"), der die Abhängigkeit der Stärke der Migrationsströme von der Distanz zwischen Regionen mit dem Vorhandensein von Alternativorten oder -regionen theoretisch

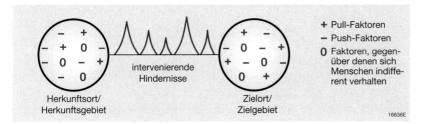

begründet. Ein Wanderungsstrom ist proportional zu den *opportunities* im Zielland wie Beschäftigungschancen und umgekehrt proportional zu den zwischen Herkunftsraum und anvisiertem Zielgebiet liegenden *intervening opportunities*. Freie Arbeitsplätze oder Wohnungen an diesen Orten können dann zum Wanderungsziel werden, wobei das erweiterte Konzept der **Competing Migrants** die Anwesenheit konkurrierender Migranten berücksichtigt.

Speziell auf internationale Migration ist die **Segmentationstheorie** ausgerichtet, die von einer Aufspaltung des Arbeitsmarktes in Teilmärkte oder Segmente mit unterschiedlichen Beschäftigungs- und Einkommenschancen ausgeht. Bestimmte Segmente haben aufgrund niedriger Löhne, körperlich anstrengender oder gesundheitsgefährdender Tätigkeiten oder illegaler Beschäftigungsverhältnisse in der einheimischen Bevölkerung eine so geringe Attraktivität, dass in diesen Teilmärkten trotz vielleicht hoher Arbeitslosigkeit ausschließlich ausländische Zuwanderer beschäftigt sind.

Im Gegensatz zu den Gravitationsmodellen, die zu den makrotheoretischen Ansätzen zählen, werden in den mikrotheoretischen Konzepten vor allem die individuellen Motive oder Entscheidungen, die zur Migration von Personen führen, betrachtet. So begründen die Überlegungen von Everett S. Lee eine individualistische Interpretation des Push-Pull-Paradigmas, das berücksichtigt, dass anziehende oder abstoßende Faktoren nicht alle Menschen gleichermaßen, sondern nach ihren persönlichen Merkmalen und ihrer individuellen Situation unterschiedlich beeinflussen (M 1). Darüber hinaus sind für eine Wanderungsentscheidung der Informationsfluss und die persönlichen Beziehungen zwischen bereits gewanderten Personen und potenziellen Migranten mitbestimmend. Allerdings stellen für Menschen mit Wanderungsabsichten intervenierende Hindernisse wie Einwanderungsgesetze, Informationsmangel oder Transportkosten Erschwernisse bei der Migration dar.

In die Analyse von Wanderungen gehen neben den ökonomischen Bedingungen im Herkunfts- und Zielgebiet weitere Push- und Pull-Faktoren ein. Denn Migranten messen heute besonders der sozialen und technischen Infrastruktur, dem Kultur- und Bildungsangebot oder der landschaftlichen Attraktivität ein zunehmend größeres Gewicht bei.

Yilmaz war 1968 gerade 25 Jahre alt geworden und bearbeitete sein zwei ha großes Ackerland in Anatolien noch mit einem Ochsengespann. Zum Lebensunterhalt reichten die Ernteerträge gerade noch aus, aber wenn die fünf Kinder älter würden, wären die notwendigen Ausgaben mit den jetzigen Einnahmen nicht mehr zu bewerkstelligen. Zurückgekehrte Arbeitsmigranten hatten die Verdienstmöglichkeiten und Lebenshaltungskosten in Deutschland geschildert. Er kalkulierte, dass seine Familie ein wesentlich höheres Einkommensniveau hätte, wenn seine Frau mit den Kindern die Felder bestellen und er selbst für wenige Jahre in Deutschland leben und arbeiten würde. So entschloss er sich (…) zu einem befristeten Aufenthalt in Deutschland und fing als Montagearbeiter bei Ford in Köln an.

M 2: Quelltext zu mikrotheoretischen Ansätzen
Pries, L.: Internationale Migration (2001)

Ludger Pries ist Inhaber des Lehrstuhls für Soziologie / Organisation, Migration, Mitbestimmung an der Ruhr-Universität Bochum.

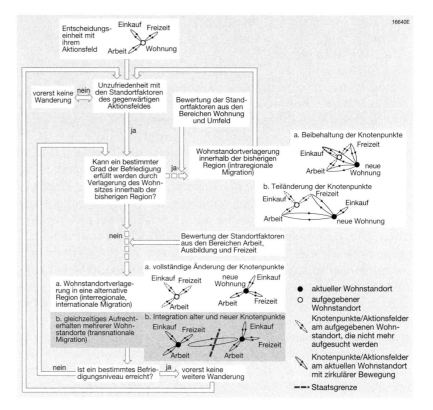

M 3: *Allgemeines Entscheidungsmodell von Wanderungen*

In den klassischen Erklärungsansätzen zur Migration wird noch davon ausgegangen, dass bei einer internationalen oder interregionalen Migration die alten Knotenpunkte vollständig aufgegeben werden. Mit dem neueren Erklärungsansatz der transnationalen Migration (orangefarbene Felder) wird diese Entscheidung zur Aufgabe des sozialen Umfeldes hinfällig, da es zur Integration mehrerer alter und neuer Knotenpunkte kommt.

Rational-Choice-Modelle argumentieren, dass der Mensch als homo oeconomicus Entscheidungen auf rein rationaler Basis trifft. Dabei erfolgt zunächst eine kritische Analyse des Standortnutzens am aktuellen Wohnort hinsichtlich alltäglicher Bedürfnisse (Wohnen, Arbeiten, Bildung), der dann mit dem zu erwartenden Nutzen am potenziellen Zielort verglichen wird (**Wert-Erwartungs-Modelle**, M 3). Die individuellen Akteure wandern, wenn die Differenz zwischen erwartetem Nutzen und den Kosten über dem entsprechenden Wert im Auswanderungsland liegt. Diese Überlegungen gleichen einem Investitionskalkül und die Fixkosten einer Migration (Transport oder psychische Kosten der Trennung) müssen im Zielland verdient werden. Migration kann so auch als Investition in das Humankapital angesehen werden. Dabei spielt die Position im Lebenszyklus eine wichtige Rolle. Der **Humankapitalansatz** betrachtet dabei die Erträge, die im Erwerbsverlauf etwa als zukünftige Einkommenssteigerungen zu erwarten sind. Die **Neue Migrationsökonomie** stellt dagegen statt des individuellen Einkommens das des Gesamthaushalts in den Mittelpunkt und berücksichtigt damit auch das zu erwartende Einkommen des Lebenspartners am Zielort oder Geldüberweisungen von Migranten an ihre Verwandten im Herkunftsland.

Diese verhaltenstheoretischen Ansätze gehen von einer weit reichenden Wahlfreiheit des Individuums oder Haushaltes aus, die bei *Constraints*-**Modellen** eingeschränkt ist. Dies gilt insbesondere für historische Migrationsformen wie die Sklavenwanderung oder für Flüchtlingsströme unserer Zeit. Aber auch in anderen Fällen kann die Entscheidungsfreiheit durch soziale, kulturelle, subjektive oder materielle Faktoren, wie zum Beispiel das Haushaltseinkommen in Relation zu den Mietausgaben für eine neue Wohnung, beschränkt sein.

1. Erklären Sie die prinzipiellen Unterschiede der mikrotheoretischen und makrotheoretischen Ansätze.

2. Diskutieren Sie die Anwendbarkeit des allgemeinen Entscheidungsmodells (M 3) auf eigene Migrationserfahrungen.

5.4.2 Neuere Erklärungsansätze

Die gesellschaftlichen Folgen von Globalisierung und Transnationalisierung verschieben die Inhalte der Migrationsforschung in eine neue Richtung. Fragen, wie Migrationsvorgänge aufrecht erhalten werden und welche neuen transnationalen sozialen Wirklichkeiten im Zusammenhang neuer internationaler Wanderungen entstehen, stehen nun im Mittelpunkt.

Die meisten der neueren Erklärungsansätze für internationale Wanderungen stammen aus den USA. Das liegt nicht nur daran, dass Nordamerika eine klassische Einwanderungsregion ist und eine entsprechende Forschungstradition auf dem Gebiet der Migration aufweist. Speziell die aktuellen Wanderungsprozesse zwischen den USA und den südlichen Nachbarn Mexiko und den Ländern der Karibik weisen Besonderheiten bezüglich ihrer raum-zeitlichen Verknüpfung auf, für welche die traditionellen gesamtwirtschaftlichen Modelle nur eine begrenzte Erklärungskraft haben. Untersuchungen zu solchen Migrationsprozessen führten zur Erkenntnis, dass sie sich überwiegend durch soziale Interaktionssysteme oder auch soziale Netzwerke fortsetzen.

Migrationsnetzwerke werden durch formelle oder informelle Beziehungen zwischen Individuen und Institutionen wie Botschaften, Reiseunternehmen oder Schlepperorganisationen im Herkunfts- wie Zielort gebildet. Netzwerke beeinflussen Migrationsprozesse offensichtlich viel stärker als Lohndifferenzen oder räumliche Distanzen (vgl. 5.4.1). Solche Beziehungen bestehen sehr oft zwischen Familienangehörigen, aber auch zwischen Mitgliedern derselben Herkunftsgemeinde oder von ethnischen Gemeinschaften. Migrantennetzwerke sind oftmals gruppenspezifisch definiert und geprägt durch räumliche Konzentrationen am Ankunftsort, die eine Folge der Kommunikation innerhalb des Netzwerkes ist. Während die ersten Migranten oder Pionierwanderer noch ohne spezifische soziale Netzwerke am Ankunftsort ankommen, haben die nachfolgenden aus demselben Herkunftsort oder derselben Familie Informationen über

Ökonomisches Kapital:
materielle Ressourcen

Kulturelles Kapital:
Kapital, über das ein Mensch aufgrund seiner schulischen Bildung verfügt. Kulturelles Kapital ist auch Familientradition, die von Generation zu Generation weitergegeben wird.

Soziales Kapital:
Die Gesamtheit der aktuellen und potenziellen Ressourcen, die mit der Teilhabe an dem Netz sozialer Beziehungen entstehen und verbunden sind mit gegenseitigem Kennen und Anerkennen.

Symbolisches Kapital:
übergeordnete Kapitalform, die durch gesellschaftliche Anerkennung entsteht. Besitzer dieser Ressource genießen Ansehen und damit ein bestimmtes Prestige.

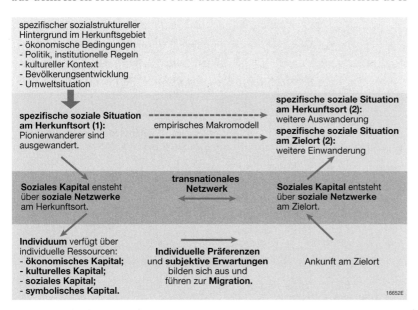

M 1: *Migrationsentscheidung und soziales Kapital*

den Zielort, über dortige materielle oder subjektive Erleichterungen, mit denen sie rechnen können, über Beschäftigungs- und Einkommenschancen. Die Kenntnisse beeinflussen zugleich die Entscheidung innerhalb des Haushaltes oder der Familie, welches Mitglied überhaupt wandert. Für den Migranten ergibt sich aus den Netzwerken eine herkunfts- und ankunftsortspezifische soziale Situation. Sie beeinflusst die Migrationsentscheidung (M 1), bei der Vorteile oder Nutzen, die ein Migrant aus bestehenden Netzwerken zieht, als soziales Kapital im Sinne der *Rational Choice*-Ansätze modelliert werden kann (vgl. 5.4.1).

Im Konzept der **Kumulativen Verursachung** wird Migration als ein sich selbst erhaltender Prozess formuliert: Durch Migrantennetzwerke verstärken sich einmal initiierte Migrationsprozesse und befördern diese weiter. Ein wesentliches Hindernis für Migration ist ein Mangel an Information über den Zielort. Dagegen können Berichte über erfolgreiche Migration am Herkunftsort zu massiver **Kettenmigration** führen (vgl. 5.2, 5.5.2, 5.5.3), die als Informationskaskaden oder als Herdenverhalten beschrieben werden. Dadurch entstehen als Migrationskanäle bezeichnete regionalräumlich sehr spezifische Migrationsmuster, wenn zum Beispiel aus einer Gemeinde überdurchschnittlich viele Menschen in eine bestimmte Zielregion wandern. Eine solche Informationskaskade kann auch bestimmte Tätigkeiten betreffen, wie beispielsweise die polnischen Saisonarbeiter nach Deutschland, die im Wein- oder Spargelanbau dominieren.

Im Zuge dieser Wanderungen entstehen sozial definierte Migrationskorridore, die das Herkunfts- und Zielgebiet von Migranten verbinden. Sie sind in der Gestaltung der Routenführung variabel und zum Beispiel abhängig von persönlichen Beziehungen der Migranten und von sich

Art der Migration	Verhältnis zur Herkunftsregion	Verhältnis zur Ankunftsregion	wichtigste Migrationsgründe	Zeithorizont der Migration	Verständnis von Migration und Migranten (Beispiele)
Emigration und Immigration	Abschied nehmen, Zurücklassen; meist noch selektive Aufrechterhaltung sozialer und kultureller Rückbezüge	Integration; neue Heimat	wirtschaftliche, soziale, kulturelle, politische	unbefristet oder langfristig	klassisches Verständnis: Aufgeben von Aktionsfeldern in der Herkunftsregion und Herstellen eines neuen Referenzsystems in der Ankunftsregion (zum Beispiel europäische Übersee-Wanderung im 19. Jahrhundert)
Remigration	sozialer und kultureller Dauerbezug, um Identität zu wahren	Abstand: Bewahrung sozialer und kultureller Differenzen; Gastland	wirtschaftliche, politische	befristet: kurzfristig	Personen, die mit der festen Absicht emigrieren, in ihr Heimatland zurückzukehren (zum Beispiel Gastarbeiter)
Diaspora-Migration	sozialer und kultureller Dauerbezug, um Identität rückzuversichern; oft überhöht als „Gelobtes Land"	Abstand: Bewahrung sozialer und kultureller Differenzen; Erleidensraum; Gastland	religiöse oder politische Verfolgung; Vertreibung; Entsendung durch Organisationen	befristet: kurz- bis mittelfristig	Angehörige verschiedener Glaubensrichtungen, Mitarbeiter international agierender Unternehmen oder Stiftungen, Angehörige eines diplomatischen Korps
Transmigration	ambivalent: Teil des Referenzsystems, über das Identität entsteht und konstruiert wird	ambivalent: Teil des Referenzsystems, über das Identität entsteht und konstruiert wird	wirtschaftliche; Entsendung durch Organisationen	unbestimmt; sequentiell	neueres Verständnis: Integration der individuell bestimmten Referenzsysteme in der Herkunfts- und der Ankunftsregion

M 2: *Vier Idealtypen von Migranten im internationalen Kontext*

kurzfristig ändernden Bedingungen an den zu übertretenden Grenzen. Im Falle von illegalen Grenzüberschreitungen bestimmt die Erfolgswahrscheinlichkeit für eine sichere Ankunft den Preis für Fahrten und „Hilfen", weniger die Distanz.

Ökonomische und politische Beziehungen oder die geographische Lage von Ländern zueinander beeinflussen die Entstehung und Entwicklung von Migrationsströmen, die sich wiederum auf die gesellschaftlichen Strukturen am Herkunfts- und Zielort auswirken. Im Unterschied zum Konzept der Kumulativen Verursachung fokussiert das Konzept der **Migrationssysteme** speziell auf die historisch gewachsenen Strukturen und die politisch-normative Regulierung, die Migration zwischen Herkunfts- und Zielland ermöglichen oder beschränken (wie z. B. im Falle des Zuzugs von Aussiedlern nach Deutschland).

Migrationssysteme bestehen typischerweise aus einem Zielland oder einer Zielregion und mehreren Herkunftsländern, innerhalb derer ein Großteil aller betreffenden Migrationsvorgänge stattfinden. Beispiele sind das europäische oder das inter-amerikanische Migrationssystem (vgl. 5.5.1; 5.5.4). Die geographische Distanz spielt innerhalb eines Systems eine untergeordnete Rolle. Migrationssysteme werden durch die historischen ökonomischen und politischen Beziehungen zwischen den Staaten sowie die sozialen Netzwerke der Migranten aufrechterhalten.

Im Rahmen der neuen Erklärungsansätze zur internationalen Migration werden auch neue Typologien von Migranten diskutiert. Der deutsche Soziologe Ludger Pries unterscheidet vier Idealtypen internationaler Migranten (M 2). Den ersten Typ bezeichnet er als Emigranten (bzw. Immigranten). Sie richten sich auf einen dauerhaften Aufenthalt im Zielland ein und integrieren sich schrittweise. Beispielhaft hierfür sind die europäischen Amerika-Auswanderer am Ende des 19. Jahrhunderts (vgl. 5.5.4).

Der zweite Typ sind Remigranten, die nach gewisser Zeit in ihr Herkunftsland zurückkehren. Deutschlands Gastarbeiterkonzept entsprach ursprünglich diesem Typus. Dementsprechend haben sich viele dieser in den 1960er- und 1970er-Jahren zugewanderten Personen lange Zeit nicht auf einen dauerhaften Aufenthalt eingestellt (vgl. 5.7.2).

Den dritten Typ nennt Pries den Diaspora-Migranten. Dieser richtet sich zwar bis zu einem gewissen Grade dauerhaft im Zielland ein, wobei er wie zum Beispiel die Glaubensgemeinschaft der Mennoniten aber bewusst die Differenz zur Gesellschaft der Ankunftsregion aufrechterhält bei gleichzeitiger Bewahrung und Fortsetzung der soziokulturellen Beziehungen zum Diasporanetz und damit auch zum realen oder überlieferten Herkunftsland.

Der vierte Typ wird schließlich als Transmigrant bezeichnet. Für ihn ist charakteristisch, dass die Migranten keine eindimensionale Beziehung zu einem Herkunfts- oder Zielland aufbauen. Sie leben zwischen mehreren Aufenthaltsorten und pendeln oft hin und her. Ihre sozialen Beziehungen gehen über Landesgrenzen hinaus und schaffen somit Verknüpfungen zwischen den einzelnen Ländern. Dieses Phänomen, dass territorial gefasste nationale Gesellschaften bedeutungslos werden und an deren Stelle soziale Netzwerke rücken, wird auch als *transnational communities* bezeichnet und gewinnt im Zusammenhang mit der Diskussion um die Auswirkungen von Globalisierung und der Zunahme und Weiterentwicklung moderner Kommunikationsmedien an Bedeutung.

5.4

1. Erläutern Sie die Entstehung von Migrationssystemen und deren Bedeutung für die internationale Migration.

2. Diskutieren Sie die Unterschiede zwischen den vier Typen internationaler Migration.

Seit dem Zweiten Weltkrieg sind mehrere Millionen Menschen mit deutscher Staatsangehörigkeit oder Volkszugehörigkeit aus den ehemaligen Ostgebieten und den traditionellen Siedlungsgebieten in Osteuropa nach Deutschland zugewandert. Nach dem Bundesvertriebenengesetz vom 19. Mai 1953 werden sie als Aussiedler benannt. Das Kriegsfolgenbereinigungsgesetz vom 21. Dezember 1992 geht aufgrund der politischen Veränderungen in Osteuropa davon aus, dass nur noch bei Deutschstämmigen in den Nachfolgestaaten der ehemaligen UdSSR ein Kriegsfolgeschicksal oder Vertreibungsdruck besteht. Daher stammen seit 1993 etwa 97 Prozent aller Spätaussiedler aus Gebieten der ehemaligen Sowjetunion.

Es gibt heute weltweit etwa eine Million getaufte Mennoniten, die meisten leben in Nord- und Südamerika. In Europa gibt es etwa 100 000 getaufte Mitglieder dieser evangelischen Glaubensgemeinschaft, vor allem in den Niederlanden und Deutschland. Sie kamen überwiegend aus der Sowjetunion, nachdem die Emigration 1972 erlaubt wurde. Die Mennoniten bilden eigene Gemeinden anstatt sich an bestehende Gemeinden anzuschließen.

5.5.1 Europäisches Migrationssystem

Im supranationalen europäischen Einigungsprozess wird versucht, einen einheitlichen Migrationsraum herzustellen. Aufgrund länderspezifischer Problemlagen und Fragen zur Sicherung der Außengrenzen zeichnet sich jedoch erst langsam ein gemeinsames Vorgehen in der Migrationspolitik ab.

Obwohl die Länder der Europäischen Union sowohl in der Vergangenheit als auch heute durch unterschiedliche Migrationsmuster und -dynamiken geprägt wurden und werden, wird Europa einschließlich der wichtigsten Zuwanderungsländer als einheitliches Migrationssystem betrachtet (vgl. 5.4.2). Immer noch besitzen die Mitgliedsstaaten weitgehende Souveränität in Fragen der Einwanderungspolitik, da dabei sehr schnell sensible Themen von zentraler innenpolitischer Bedeutung berührt werden.

Ausgehend von historischen Entwicklungslinien und den daraus noch bis heute resultierenden Verknüpfungen zwischen Zuwanderungs- und Zielländern lassen sich die EU-Mitgliedsstaaten in fünf Subsysteme untergliedern (M 1): Die Länder Nord-West-Europas sind durch ihre koloniale

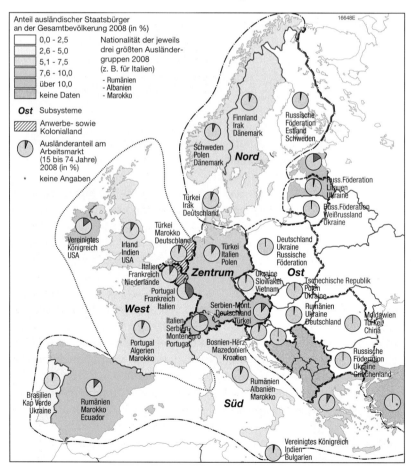

M 1: *Verschiedene Subsysteme im europäischen Migrationssystem*

Vergangenheit geprägt. Bis heute dominiert die Zuwanderung von Personen aus den ehemaligen Kolonialstaaten. Das Subsystem Zentraleuropa ist dagegen durch die Gastarbeiterwanderungen der 1960er- und 1970er-Jahre gekennzeichnet. Bei der Anwerbung wurde von einer Rückkehr der Gastarbeiter nach einigen Jahren Aufenthalt ausgegangen. Inzwischen leben die Nachfahren dieser Zuwanderer in zweiter und dritter Generaion in diesen Ländern (vgl. 5.7.2).

Die südeuropäischen Staaten verzeichneten teilweise auch Zuwanderung aus den ehemaligen Kolonien. Durch die Gastarbeiteranwerbung in diesen Ländern war ihre Migrationsgeschichte im Gegensatz zu der der stärker industrialisierten Ländern Nord-, West- und Mitteleuropas auch nach dem Zweiten Weltkrieg weiterhin von Emigration geprägt. Heute sind sie durch ihre südliche Randlage innerhalb der EU mit dem Problem der illegalen Zuwanderung konfrontiert (vgl. 5.5.3). Die osteuropäischen Länder haben sich seit ihrem Beitritt zur EU von Emigrationsländern zu Transitländern entwickelt, durch die eine Einwanderung insbesondere aus Russland und der Ukraine in die EU erfolgt. Nordeuropa ist schließlich besonders durch eine interne Migration geprägt, der Anteil an ausländischer Bevölkerung ist relativ niedrig.

Die Zusammenarbeit der EU-Mitgliedsländer in Einwanderungsfragen begann mit dem Schengener Abkommen 1985, das den Wegfall der Personenkontrollen an den Binnengrenzen der damals fünf Schengenstaaten Deutschland, Frankreich, Italien, Belgien und Luxemburg beinhaltete und 1995 in Kraft trat. Allerdings wurden die zeitgleich von der Europäischen Kommission formulierten Leitlinien für eine gemeinsame Wanderungspolitik von den Mitgliedsstaaten nicht akzeptiert. Die Wahrung der inneren Sicherheit nach dem Wegfall der Grenzkontrollen lag weiterhin einzig in der Verantwortung der Staaten.

Die vielfältigen Erwartungen der verschiedenen Mitgliedsstaaten an eine gemeinsame Migrationspolitik sind bis heute schwer zu vereinbaren. Diese beinhalten Themen wie gemeinsame Grenzsicherung, Prävention von Fluchtbewegungen, Rückführung von Flüchtlingen, Integration der Einwanderer (vgl. 5.7.2), Schutz der heimischen Arbeitsmärkte, aber auch Förderung der Einwanderung zum Füllen demographischer Lücken oder zum Ausgleich eines spezifischen Arbeitskräftemangels (vgl. 5.5.2). Erst der Vertrag von Amsterdam schuf 1997 eine klare Basis für die Kompetenz der EU in Einwanderungsfragen.

Im Bereich der Asylpolitik und der Sicherung der Außengrenzen sind bezüglich eines gemeinsamen europäischen Vorgehens bisher die deutlichsten Fortschritte sichtbar, was der EU die Bezeichnung als „Festung Europa" einbrachte. Eine enge Zusammenarbeit erfolgte durch den Aufbau eines gemeinsamen Visasystems und durch die Grenzschutzagentur FRONTEX. Das Dubliner Abkommen 1990 harmonisiert die Asylverfahren in der Europäischen Gemeinschaft. Bedingt durch das gemeinsame Vorgehen hat sich nach 1993 die Zahl der Asylbewerber in der EU und besonders auch in Deutschland drastisch verringert (M2). Nichtregierungsorganisationen (NGOs) kritisieren, dass hier Instrumentarien geschaffen wurden, die insbesondere auf eine Rückweisung zielen und das fundamentale Flüchtlingsrecht in Sinne der Genfer Flüchtlingskonvention von 1951 unterlaufen.

1. Beschreiben Sie ein Migrationssystem.
2. Diskutieren Sie die Auswirkungen durch den Fall des Eisernen Vorhangs auf die europäische Migration.

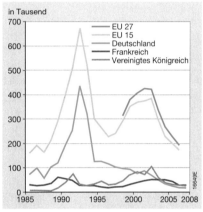

M 2: *Entwicklung der Asylbewerberzahlen in der EU (1985–2008)*

FRONTEX

„Europäische Agentur für die operative Zusammenarbeit an den Außengrenzen", die seit 2005 unter anderem mit Hilfe so genannter Rapid Border Intervention Teams (RABITs) die gemeinsame Grenzsicherung koordiniert und als Vorläufer einer möglichen europäischen Grenzpolizei betrachtet werden kann.

5.5.2 Netzwerke rumänischer Einwanderer

Internationale Migrationsnetzwerke erlangen eine Gestaltungsmacht in Europa, die über politische Regulation kaum mehr gesteuert werden kann. Sie ermöglichen es potenziellen Einwanderern, restriktive Politiken zu umgehen. Ein Beispiel hierfür ist die Zuwanderung von rumänischen Staatsbürgern nach Spanien.

Die Divergenz zwischen politisch gewollten Zielen der Migrationspolitik, wie zum Beispiel die Unterbindung von Einwanderung ohne rechtliche Genehmigung, und der tatsächlichen Entwicklung illegaler Grenzübertritte wird immer größer. Die legale Einreise und das Verbleiben nach Ablauf der Visa kann von noch so umfassenden Kontrollen an den Außengrenzen der EU oder Flughäfen nicht verhindert werden (vgl. 5.5.3). Der Informationsfluss innerhalb von Netzwerken eröffnet immer wieder Möglichkeiten neue Wege zu finden.

Rumänische Staatsbürger haben sich im letzten Jahrzehnt zu einer der stärksten Zuwanderungsgruppen in Spanien entwickelt (M1, M2). Seit dem Fall des Eisernen Vorhangs 1989 stieg als Folge der Transformation die Arbeitslosigkeit in Rumänien stark an und die Betroffenen sahen sich mit der Entscheidung konfrontiert, zu bleiben oder zu gehen. Obwohl die rumänischen Auswanderer in den europäischen Ländern keinen Asylstatus mehr erlangen konnten, nutzten sie die zunehmende Durchlässigkeit der Grenzen. Da für Rumänen vor dem EU-Beitritt des Landes am 1.1.2007 keine Reisefreiheit in die Länder der Europäischen Gemeinschaft bestand, war nur eine illegale Einreise (irreguläre Migration) sowie eine illegale Beschäftigung ohne Arbeitserlaubnis, vorwiegend in der Hotelbranche, im Baugewerbe oder im häuslichen Bereich, möglich.

Während in der ersten Zeit die Auswanderung aus Rumänien vorwiegend nach Mitteleuropa erfolgte, ist seit etwa 1996 eine zunehmende Verlagerung der Migrationsströme insbesondere nach Spanien zu beobachten. Gründe hierfür sind das hohe wirtschaftliche Wachstum seit 1994, die Existenz einer ausgeprägten Schattenwirtschaft in Spanien mit einer hohen Nachfrage nach Arbeitskräften, zunehmende Restriktionen bei der Einwanderung nach Mitteleuropa (Deutschland, Frankreich, Österreich) sowie die geringe Sprachbarriere. Das Erlernen der ebenfalls romanischen Sprache Spanisch empfinden Rumänen als problemlos.

Bei der Einwanderung rumänischer Staatsbürger nach Spanien ab dem Jahr 2001 spielen soziale Netzwerke, die sich mit Hilfe von Internet oder Mobiltelefon verstärken und schneller ausbreiten, eine besondere Rolle. In ganz Rumänien kursieren Informationen zu Spanien als ideales Einreiseland. Reiseagenturen spezialisieren sich auf die Organisation von Fahrten nach Spanien, die mit Bussen oder Billigflügen für viele erschwinglich sind. Sind erst einmal Familienangehörige oder Bekannte ausgewandert, so fällt es den Nachziehenden wesentlich leichter, sich für den Auswanderungsschritt zu entscheiden, weil sie durch ihre Angehörigen ermutigt werden, ihre Ankunft durch deren Unterstützung erleichtert wird und schon Kontakte zu Arbeitgebern in der Schattenwirtschaft geknüpft sind.

Nach dem EU-Beitritt Rumäniens 2007 erlangten die rumänischen Staatsbürger zwar die volle Reisefreiheit innerhalb der Europäischen Ge-

M 1: *Entwicklung der Zahl rumänischer Einwanderer nach Spanien zwischen 1996 und 2009*

Daten über Ausländer mit legalem Status werden im Register des Observatorio Permanente de la Inmigración (OPI) gesammelt. Im kommunalen Melderegister des Instituto Nacional de Estadística (INE) werden alle Einwohner spanischer Gemeinden erfasst, ganz gleich, ob sie einen legalen Status besitzen oder nicht.

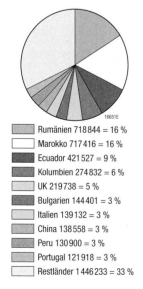

Rumänien 718 844 = 16 %
Marokko 717 416 = 16 %
Ecuador 421 527 = 9 %
Kolumbien 274 832 = 6 %
UK 219 738 = 5 %
Bulgarien 144 401 = 3 %
Italien 139 132 = 3 %
China 138 558 = 3 %
Peru 130 900 = 3 %
Portugal 121 918 = 3 %
Restländer 1 446 233 = 33 %

M 2: *Ausländer in Spanien mit gültiger Aufenthaltsgenehmigung am 31.12.2008*

meinschaft, bis 2009 war aber in Spanien zur Aufnahme einer legalen Beschäftigung immer noch
eine Arbeitsgenehmigung nötig.

Allerdings entspricht das Migrantennetzwerk
der Rumänen nicht der klassischen Vorstellung
(vgl. 5.4.2), da die Einwanderer erstens aus allen
Teilen des Landes kommen und sich zweitens
überall in Spanien verteilen. Die Ursache dieser
Zersplitterung lässt sich mit der gleichzeitigen
Ankunft zahlreicher rumänischer Migrations-
pioniere erklären, die noch nicht auf Netzwerke
zugreifen konnten. Unterstützt wurde diese Entwicklung auch durch die kursierenden Informationen über Spanien in Rumänien, die Stellenver-
mittlungen und die Reiseagenturen.

M 3: *Mehr als 200 Rumänen im französischen Melles nach
ihrer Ausweisung aus Spanien, wohin sie illegal kurz zuvor mit
Touristenbussen gelangt waren.*

Spanien hat seit dem EU-Beitritt 1986 fünfmal (1986, 1991, 1996, 2000/01
und 2005) Regularisierungen durchgeführt, im Zuge derer Ausländer
ohne Aufenthaltsrecht in Spanien unter bestimmten Voraussetzungen
einen temporären Aufenthaltstitel erlangen konnten. Dabei wurde in
der Absicht, weitere irreguläre Zuwanderung zu verringern, jeweils an-
gekündigt, es handle sich um die letzte Möglichkeit für Ausländer mit
irregulärem Aufenthaltsstatus, straffrei zu bleiben. Statt einer Verringerung der irregulären Zuwanderung wurde allerdings das Gegenteil erreicht: Über die Migrationsnetzwerke verbreitete sich die Information
zu den bevorstehenden Regularisierungen recht schnell, so dass es im
Vorfeld sogar zu einer verstärkten irregulären Zuwanderung kam. Zum
Teil nutzten sogar schon wieder nach Rumänien zurückgewanderte Personen die Gelegenheit, sich ein längerfristiges Aufenthaltsrecht in Spanien zu beschaffen.

Migrationsnetzwerke helfen potenziellen Einwanderern, restriktive
Politiken zu umgehen, was die unerwarteten Reaktionen der etablierten
Netzwerke auf die bilateralen Abkommen zwischen Spanien und Rumänien, die Errichtung des visafreien Schengen-Raumes oder die EU-Erwei-
terung 2007 mit Beitritt Rumäniens zeigen (M 4).

Regularisierung

*Legalisierungskampagne, die
es sich irregulär in einem Land
aufhaltenden Ausländern ermöglicht, unter gewissen Voraussetzungen einen Aufenthaltstitel zu erhalten. Dieser
schützt sie dann vor Abschiebung und gewährt gleichzeitig
einige grundlegende soziale
Rechte.*

1. Beschreiben Sie ein Migrati-
onsnetzwerk und seine Funktionen.

2. Diskutieren sie die Möglichkeiten und Grenzen politischer Steuerung von Migrationsprozesse in Europa.

Ebene der Politikent-scheidung	Politik-maßnahme	beabsichtigte Wirkung der Maßnahme	Reaktion der Netzwerke	Erfolg / Resultat der politischen Maßnahme unter Betrachtung der Reaktion der Netzwerke
Spanien	Regulari-sierungen	Wiedererlangung der Kontrolle über Zuwanderung, Einschränkung der irregulären Zuwanderung	Nutzung der Angebote zur Erlangung einer Aufenthaltserlaubnis	weitere unkontrollierte Zuwanderung
Spanien / Rumänen	Bilaterale Abkommen	Steuerung der Zuwanderung niedrig-qualifizierter Migranten	Nutzung der Angebote, auch zur Erlangung von Arbeit außerhalb der Abkommen	durch unattraktive Vertragsge-staltung Nichtausnutzung der an-gebotenen Kontingente / weitere unkontrollierte Zuwanderung
EU	visafreier Schengen-Raum	Reiseerleichterung für Rumänen im gesamten Schengen-Raum	Nutzung der Angebote	Ziel erreicht, jedoch unintendierte Nutzung zum längerfristigen Aufenthalt und Arbeitsaufnahme
EU	EU-Erweiterung 2007	Arbeitsangebote für Bürger der neuen EU-Mitgliedsstaaten in einigen EU-25-Staaten	kaum Reaktion durch starke Netzwerke in bestehenden EU-Staaten	Arbeitskräftemangel in den EU-Staaten, die die Arbeitsauf-nahme für Rumänien zulassen

M 4: *Entwicklung Wirkung von rumänischen Migrationsnetzwerken auf die Zuwanderung in Spanien*

5.5.3 Marokko – das verriegelte Tor nach Europa

Marokko ist Auswanderungs-, Transit- und Zuwanderungsland. Zunehmende Migrationsströme nach Norden über die offiziell geschlossene Südgrenze der „Festung Europa" führen immer wieder zu humanitären Katastrophen.

M 1: *Entwicklung der Bevölkerung mit marokkanischer Staatsbürgerschaft in europäischen Zielländern (1972–2006)*

Aufgrund seiner geographischen Lage hat sich Marokko seit den 1960er-Jahren zum wichtigsten Auswanderungsland von Afrika in Richtung Europa entwickelt. Während der Kolonialzeit bis 1956 war Frankreich das dominante Ziel der marokkanischen Auswanderer. Infolge der Abkommen zur Anwerbung von Gastarbeitern kamen West-Deutschland (1963), Frankreich (1963), Belgien (1964) und die Niederlande (1969) hinzu.

Die Ölkrise 1973 und die damit verbundene wirtschaftliche Stagnation führten zu einem Anwerbestopp und zu Einwanderungsbeschränkungen, was jedoch nicht zu einer Abnahme der Zuwanderung nach Europa führte: Aufgrund der sich verstärkenden wirtschaftlichen Probleme in Marokko und des massiven Nachzugs von Familienmitgliedern besonders in die Niederlande und nach Belgien stiegen im Gegenteil die Zuwanderungszahlen weiter an (M 1). Mit Beginn der 1990er-Jahre fokussierten sich die marokkanischen Migranten jedoch immer mehr auf die südeuropäischen Länder Spanien und Italien, da sich hier besonders im Landwirtschafts- und Dienstleistungssektor die Nachfrage nach niedrigst qualifizierten, billigen Arbeitskräften erhöhte. Die Einführung der Visumspflicht in Italien (1990) und Spanien (1991), nach der die marokkanischen Migranten nicht mehr als Touristen einreisen konnten, verstärkte die Tendenz zur irregulären Einwanderung und die meisten Marokkaner erreichten Südeuropa als *sin papeles* („ohne Papiere"), als undokumentierte Migranten.

Seit Mitte der 1990er-Jahre gewinnt Marokko als Zuwanderungs- und Transitland an Bedeutung: Vor allem aus den subsaharischen Ländern gelangen Einwanderer und Flüchtlinge meist über Niger und Algerien nach Marokko, oft mit der Absicht, irgendwie nach Europa zu gelangen. Der Versuch eines illegalen Grenzübertritts erfolgt häufig in kleinen Motorbooten (*pateras*) bei Nacht über die schmale Straße von Gibraltar. Die irregulären Einwanderer werden regelmäßig von spanischen oder marokkanischen Grenzpatrouillen aufgegriffen und nach Marokko oder in ihre Heimatländer zurückgebracht. Oftmals kentern die hoffnungslos überfüllten Boote oder illegale Passagiere werden von den Schleusern kurz vor dem Eintreffen der Grenzpatrouillen aus Angst vor Bestrafung über Bord geworfen. Im September 2005 starben mehrere Menschen bei einem Massenansturm auf die Grenzbefestigungsanlagen der auf afrikanischem Boden gelegenen spanischen Enklave Ceuta, die zusammen mit Melilla in besonderem Maße einem Zuwanderungsdruck aus Afrika ausgesetzt ist. Trotz missglückter Fluchtversuche riskieren die meisten der Auswanderungswilligen immer wieder ihr Leben, da sie auf afrikanischem Boden keine Existenzalternativen für sich sehen.

M 2: *Boatpeople in der Meerenge von Gibraltar*

Über die Zahl der Ertrunkenen gibt es nur Schätzungen: Nach Angaben der marokkanischen Vereinigung der Freunde und Familien von Opfern der illegalen Einwanderung (AFVIC) wurden zwischen 1997 und 2001 3286 Leichen beiderseits der Meerenge angeschwemmt – dabei handelte es sich sicherlich nur um einen Teil der Ertrunkenen.

Ungeachtet des festungsartigen Ausbaus der Südgrenze der EU und immer strengerer Kontrolle von marokkanischer und europäischer Seite gelingt es aber letztendlich nicht, die illegalen Zuwanderungsströme zu stoppen. Stattdessen kommen neue Routen hinzu, die in anderen afrikanischen Ländern starten: Zunächst entwickelte sich eine Strecke zwischen Mauretanien und den Kanarischen Inseln. Seit dem Jahr 2006 kooperiert Mauretanien im Grenzschutz, weshalb dann wenig später eine weitere Route von Senegal zu den Kanarischen Inseln dazu kam. Es scheint so, als würden verschärfte Grenzsicherungsmaßnahmen lediglich die Risiken, die Kosten und das Leid der Migranten sowie den Anteil an irregulären Zuwanderern erhöhen.

Als wichtigster Grund für die zunehmenden Wanderungsbewegungen von Afrika über Marokko nach Europa gelten Armut und politische Unruhen, aber vermehrt auch Umweltzerstörung in den Herkunftsländern (Push-Faktoren) und das hohe wirtschaftliche Niveau sowie gute Ausbildungschancen in Europa (Pull-Faktoren). Eine wesentliche Rolle spielt dabei auch das Satellitenfernsehen, das ein Traumbild von Europa voller Reichtum, Zukunftschancen und (auch sexueller) Freiheit zeichnet und bis in entlegene afrikanische Dörfer gelangt.

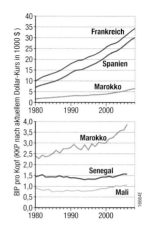

M 3: *Vergleich des marokkanischen Bruttoinlandproduktes mit ausgewählten Ländern in Europa und Afrika (1980–2008)*

Hauptmotiv für die Migration vieler junger Nigerianerinnen nach Europa ist der Wunsch, ihre Familien in Nigeria finanziell zu unterstützen. Wer auf dem Landweg das europäische Festland zu erreichen sucht, verbringt oft Monate bis Jahre on the road – eine Zeit, in der neue, zumeist flüchtige Bindungen entstehen und viele Migrantinnen schwanger werden. Obwohl nicht immer Ergebnis freiwillig eingegangener Verbindungen und zumeist keineswegs geplant, können (ungeborene) Kinder eine entscheidende Rolle für das Weiterkommen nach Europa spielen: Sie stellen heute auf beiden Seiten des Estrecho relatives Schutzschild und ,Papier' dar und mindern so das Risiko einer Abschiebung. In Europa übernehmen dann viele Migrantinnen in doppelter Hinsicht die Rolle von Alleinversorgerinnen, denn sie sorgen für unterwegs oder im Zielland geborene Kinder und unterstützen zusätzlich ihre Familie in Nigeria.

M 4: Quellentext über nigerianische Migrantinnen
Kastner, K.: „My baby is my paper" – Familiäre Bindungen nigerianischer Migrantinnen auf dem Weg nach Europa. Afrika Spectrum 2/2007

Kristin Kastner ist Ethnologin an der Universität Frankfurt/Main.

Allerdings bewirkt das im Vergleich zu anderen afrikanischen Staaten relativ hohe Einkommensniveau in Marokko (M3), dass das Land mehr und mehr auch zum Zuwanderungsland wird, sei es nun, weil die Weiterreise nach Europa nicht gelang oder noch aussteht, oder auch erst gar nicht geplant war. Im Gegensatz zur EU erkennt der marokkanische Staat praktisch keine der subsaharischen Afrikaner als Flüchtlinge an. In der Vergangenheit kam es deshalb immer wieder zu in den Medien kritisierten Abschiebungen, bei denen die Aufgegriffenen von den marokkanischen Sicherheitskräften einfach in wüstenähnlichen Gegenden jenseits der marokkanischen Grenzen abgesetzt wurden. Da es sich laut der Genfer Flüchtlingskonvention von 1951 bei mindestens zehn bis 20 Prozent der Menschen um Flüchtlinge mit Anspruch auf humanitären Schutz handelt, wird nicht nur dem marokkanischen Staat eine Verletzung der Menschenrechte vorgeworfen, sondern die EU wird auch dafür kritisiert, die Augen vor dieser Tatsache zu verschließen und afrikanische Flüchtlinge unbesehen nach Marokko abzuschieben.

1. *Diskutieren Sie die besondere Situation von afrikanischen Frauen bei der irregulären Migration.*

2. *Diskutieren Sie die Frage, warum es in der Praxis schwierig ist, zwischen echten Flüchtlingen und so genannten Wirtschaftsflüchtlingen zu unterscheiden.*

5.5.4 Migrationssystem der USA

In den letzten Jahrzehnten sind die USA einem zunehmenden Einwanderungsdruck aus den lateinamerikanischen Staaten ausgesetzt. Insbesondere die irreguläre Einwanderung aus Mexiko ist eine Herausforderung für die US-amerikanische Migrationspolitik.

In den USA wird die zweite Hälfte des 19. Jahrhunderts und der Beginn des 20. Jahrhunderts als das Jahrhundert der großen Trift bezeichnet. Damals verließen schätzungsweise 55 Millionen Menschen in Europa ihre Heimat in Richtung Übersee, der Großteil davon mit dem Ziel Vereinigte Staaten. Die Hauptursache dieser Auswanderungswelle war der Übergang der europäischen Länder von Agrar- zu Industriegesellschaften und der mit dem gesellschaftlichen Wandel verbundene Geburtenüberschuss (vgl. 4.3). Hinzu kamen Einzelauslöser wie Kriege. Entscheidend für dieses Massenphänomen waren der Informationsfluss über soziale Netzwerke, ausgehend von einzelnen Pionierwanderern oder kleinen Gruppen und der Nachzug von Angehörigen oder Freunden. Während in der ersten Phase der Interkontinentalwanderung die Immigranten von den Britischen Inseln und aus Deutschland die Mehrheit stellten, stieg der Anteil der südeuropäischen Einwanderer aus Italien und Spanien in der zweiten Phase, der „Neuen Einwanderung" nach 1890, stark an (M 1).

In der zweiten Hälfte des 20. Jahrhunderts wandelte sich das Bild völlig: Die Zahl der im Ausland geborenen Personen (*foreign born population*) stieg zwischen 1960 und 2006 um 285 Prozent auf 37,5 Mio., was 12,5 Prozent der Gesamtbevölkerung entspricht (1960: 5,2 Prozent). An die Stelle der Europäer traten Migranten aus Lateinamerika (darunter vor allem aus Mexiko und der Karibik) und Asien (M 2). Zwischen 1942 und 1964 regelte das Bracero-Programm die legale Zuwanderung mexikanischer Gastarbeiter, die dringend in der Intensivlandwirtschaft der südwestlichen Staaten Kalifornien, Arizona, New Mexico, Texas, Arkansas sowie in 23 anderen Staaten als gering qualifizierte Arbeitskräfte benötigt wurden. Das Pro-

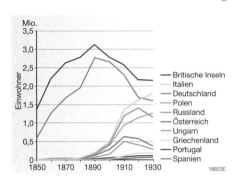

M 1: *Entwicklung der Einwanderung in die USA nach ausgewählten europäischen Herkunftsländern (1850–1930)*

1. Diskutieren Sie die Vorzüge und Probleme einer transnationalen Lebensweise.

2. Diskutieren Sie die Folgen von Zuwanderungskontrollen.

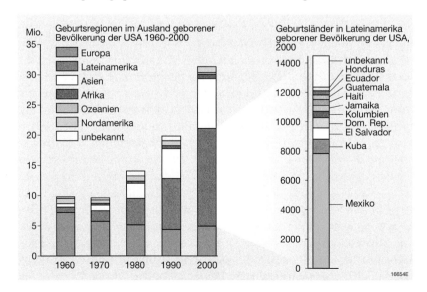

M 2: *Geburtsregion und -länder im Ausland geborener Bevölkerung in den USA (1960–2000)*

gramm ermöglichte in dieser Zeit circa vier bis fünf Millionen Mexikanern, als gering qualifizierte (Saison-)Gastarbeiter in den USA zu arbeiten. Wie die Anwerbeprogramme in Europa (vgl. 5.7.2) scheiterte das Bracero-Programm, weil die „Gäste" blieben und die als temporär geplante Zuwanderung nach 1964 nicht beendet war.

Auch für andere Herkunftsländer existierten Quotenregelungen, die dafür sorgen sollten, die Immigration auf ausgewählte Länder und insbesondere auf qualifizierte Arbeitskräfte zu beschränken (vgl. 5.5.5). Für Teile der US-amerikanischen Wirtschaft waren aber besonders illegale Migranten attraktiv, die keinerlei soziale Absicherung besitzen und die meist unterhalb des festgesetzten Minimallohns arbeiten (vgl. Segmentationstheorie in 5.4.1).

Während nicht nur in der Landwirtschaft, sondern auch im Baugewerbe und im Bereich der Dienstleistungen ein großes Interesse an den irregulären Einwanderern bestand, formierten sich Widerstände gegen die Migranten insbesondere in Zeiten wirtschaftlicher Schwäche und hoher Arbeitslosigkeit wie in den 1980er-Jahren. 1986 wurde mit dem Immigration Reform and Control Act versucht, die irregulären Bewohner teilweise zu legalisieren. Gleichzeitig wurden den Arbeitgebern illegal Beschäftigter hohe Strafen angedroht. 1994 wurde mit der „Proposition 187" in Kalifornien sogar irreguläre Migranten von öffentlichen Schulen und dem Sozial- und Gesundheitswesen ausgeschlossen. Zudem wurde die Überwachung der Südgrenze zu Mexiko stark intensiviert.

All diese Maßnahmen konnten jedoch nicht die wachsende Zuwanderung aus Mexiko bremsen. In der über 3 000 km langen Grenze zwischen den Vereinigten Staaten und Mexiko finden sich immer wieder Lücken, die eine irreguläre Zuwanderung mit Hilfe professioneller Schlepper ermöglichen. Gleichzeitig ist eine zunehmende Illegalisierung festzustellen: 2006 besaßen mehr als die Hälfte der in den USA lebenden mexikanischen Zuwanderer und knapp ein Drittel aller Migranten keinen rechtlichen Titel. Ein wesentlicher Grund für das Versagen der Zuwanderungskontrolle ist die nach wie vor hohe Nachfrage nach niedrig qualifizierten Arbeitskräften. Entsprechend starke Interessensgruppen wie zum Beispiel die Farmer untergraben aus Eigeninteresse eine konsequente Migrationspolitik. Gleichzeitig sind jedoch aufgrund der krisenhaften Entwicklung der mexikanischen Industrie und Landwirtschaft ebenso wie in zahlreichen anderen lateinamerikanischen Staaten viele Haushalte auf zusätzliche Einkommen angewiesen, die durch internationale Migration erwirtschaftet werden können.

Da in den USA das Jus Soli gilt, wodurch auf dem Territorium der Vereinigten Staaten geborene Menschen automatisch die amerikanische Staatsbürgerschaft erhalten, haben viele Nachkommen der mexikanischen Einwanderer die Möglichkeit, frei zwischen den USA und Mexiko zu reisen, und müssen sich nicht für einen Lebensmittelpunkt in einem der beiden Staaten entscheiden. Transnationale Netzwerke und Lebensweisen ermöglichen eine Identität zwischen den Welten zu finden (M2, S. 84).

> *„More than 80,000 braceros pass through the El Paso Center annually. They're part of an army of 350,000 or more that marches across the border each year to help plant, cultivate and harvest cotton and other crops throughout the United States."*
>
> El Paso Herald Post, 28.4.1956

M 3: *Mexikanische Immigranten werden an der befestigten Grenze zwischen Mexiko und den USA von Beamten der United States Border Patrol (USBP) beobachtet.*

Jus Soli und Jus Sanguinis *(lat. „Recht des Bodens" und „Recht des Blutes") Grundsätze des Staatsangehörigkeitsrechts. Traditionelle Einwanderungsländer ordnen allen Personen, die im Territorium geboren werden, ihre Staatsangehörigkeit zu (Jus Soli). In Einwanderungsländern wie die Schweiz und Deutschland kann Staatsangehörigkeit lediglich aufgrund von Abstammungskriterien weitergegeben werden (Jus Sanguinis). Eine andere Möglichkeit ist der Erwerb der Staatangehörigkeit durch Einbürgerung. Die Bedingungen können dabei mehr oder weniger restriktiv sein.*

5.5.5 Brain Drain – Brain Gain

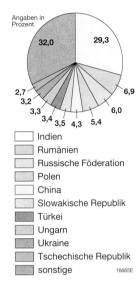

Angaben in Prozent

32,0 — 29,3 — 2,7 — 3,2 — 3,3 — 3,4 — 3,5 — 4,3 — 5,4 — 6,0 — 6,9

- Indien
- Rumänien
- Russische Föderation
- Polen
- China
- Slowakische Republik
- Türkei
- Ungarn
- Ukraine
- Tschechische Republik
- sonstige

16665E

M 1: *Erteilte Arbeitserlaubnisse (erstmalige Beschäftigung) an IT-Fachkräfte nach Staatsangehörigkeit 2000–2004*

Greencard in Deutschland

„Sofortprogramm zur Deckung des IT-Fachkräftebedarfs" zwischen 2000 und Ende 2004. IT-Experten, die nicht aus einem EU-Land und nicht aus der Schweiz stammten, erhielten im Rahmen der Greencard eine auf fünf Jahre befristete Aufenthaltsbewilligung und Arbeitserlaubnis, die an bestimmte Bedingungen geknüpft war.

Der Bedarf an gut ausgebildeten Arbeitskräften verstärkt den Wettbewerb zwischen den hochentwickelten Volkswirtschaften um die „klugen Köpfe". Transnationale Unternehmen ebenso wie Wissenschaftler-Netzwerke profitieren von der Mobilitätsbereitschaft Hochqualifizierter.

Die zunehmende internationale Wanderung von Hochqualifizierten kann als integraler Bestandteil oder auch als Folge der Globalisierung interpretiert werden. Während im Bereich der Finanz- und Warenströme bereits ein hohes Maß an Liberalisierung erreicht ist, wird die Wanderung von Arbeitskräften über nationale Grenzen immer noch verhältnismäßig stark reglementiert. Die gesetzlich festgelegten Einwanderungsbeschränkungen sollen vor allem einem massenhaften Zustrom gering qualifizierter Migranten vorbeugen (vgl. 5.5.3). Großes Interesse besteht jedoch an einer Zuwanderung von hochqualifizierten Arbeitskräften, da für eine zunehmend wissensbasierte wirtschaftliche Entwicklung eine negative Wanderungsbilanz – insbesondere hochqualifizierter Fachkräfte oder Spitzenwissenschaftler – nicht ohne Auswirkungen auf die Entwicklung und internationale Wettbewerbsfähigkeit bleiben.

Zur Reduzierung des Mangels an Fachpersonal in den innovativen Forschungs- und Entwicklungsbereichen wurden und werden in nahezu allen wissensbasierten Volkswirtschaften Sonderregelungen geschaffen, die es ermöglichten, dass Wanderungen von unternehmensintern vermittelten Arbeitskräften frei auf dem globalen Arbeitsmarkt erfolgen können. Auch in Deutschland wurde im Jahr 2000 mit der so genannten „Greencard" für Fachkräfte der Informationstechnik (IT) eine entsprechende Regelung geschaffen, die sich an den damaligen Erfordernissen des Wirtschaftsstandorts Deutschland orientierte. Über die Greencard wanderten 13 041 IT-Experten nach Deutschland ein, wobei knapp 30 Prozent der Spezialisten aus Indien kamen (M 1). Am 1. Januar 2005 wurde das Programm durch ein neues Aufenthaltsgesetz ersetzt, wodurch es IT-Fachkräften weiterhin privilegiert möglich ist, nach Deutschland einzuwandern.

Migrationstyp	Richtung des Wissenstransfer nach Entwicklungsstand der Herkunfts- und Zielregion	Dauer	Orientierung / Realisierung
brain drain-Migration	überwiegend von weniger entwickelten, peripheren zu höher entwickelten Regionen (*brain drain* in der Herkunftsregion)	temporär oder längerfristig bis dauerhaft	unabhängig, individuell, arbeitsmakrtorientiert, „Greencard" (*brain gain* im Einwanderungsland)
brain exchange-Migration	überwiegend zwischen höher entwickelten Regionen	kurzfristig oder temporär	a) Personaltransfer innerhalb des firmeninternen Arbeitsmarktes von TNU (Expatriats) b) Arbeitsmarktorientiert, durch spezielle Personalvermittlungsagenturen
skill transfer-Migration	überwiegend von höher entwickelten zu weniger entwickelten Regionen (*skill gain* in der Zielregion)	kurzfristig oder temporär	a) über institutionelle internationale Organisationen (Expatriats) b) über firmeninterne Arbeitsmärkte von TNU (Expatriats)
scientific / educational exchange-Migration, *transfer*-Migration	a) zwischen weniger entwickelten und höherentwickelten Regionen b) zwischen höher entwickelten Regionen	kurzfristig oder temporär	a) über institutionelle Organisationen oder Universitäten b) unabhängig, individuell orientiert

M 2: *Typologie international wandernder Hochqualifizierter*

Der Wettbewerb um die gut Gebildeten wird allerdings schon seit den 1950er-Jahren unter dem Stichwort *brain drain* und *brain gain*, also vor dem Hintergrund der Auswirkungen der Migration auf Sende- und Empfängerstaaten, diskutiert (M 2, M 4). Insbesondere für die weniger entwickelten Länder kann ein *brain drain* schwerwiegende Folgen haben, wenn keine entsprechenden Rückflüsse in Form von Geldüberweisungen oder Rücktransfer von Know-how stattfinden. Allerdings wird die Gefahr eines *brain drain* zunehmend auch in höher entwickelten Ländern formuliert.

Hundreds of thousands of highly educated and skilled Italians take their talents in search of better funds, career opportunities and payoffs abroad. While the brainy Italians are leaving, not many other qualified scientists go to Italy to support a balanced exchange of brains. Italy exports 30,000 researchers per year and imports only 3,000 (The Chronicle, 2006). It is no wonder why the term „brain drain" is seriously employed by the media, policy makers, and scholars in the last couple of years. Coined by the British Royal Society in the 1950s the term brain drain refers to the escape of scientists and other highly skilled workers towards the US and Canada from developing countries. At the time, the debate centered upon the detrimental effects of the net outflow of skilled people in terms of welfare for a country suffering from qualified emigration.

M 3: Quellentext über den *brain drain* **in Italien**
Constant, A. F.; D'Agosto, E.: Where Do the Brainy Italians Go? Forschungsinstitut zur Zukunft der Arbeit (2008)

Professor Amelie F. Constant ist stellvertretende Programmdirektorin des Forschungsbereichs Migration am Forschungsinstitut zur Zukunft der Arbeit (IZA) in Bonn.

Findet jedoch ein Wissenstransfer von höher entwickelten Regionen in weniger entwickelte statt, spricht man von *skill transfer* und beim Austausch zwischen höher entwickelten Regionen von *brain exchange* (M 2). Werden hingegen im Ausland erworbene Qualifikationen im Einwanderungsland nicht anerkannt oder müssen höher Qualifizierte aus weniger entwickelten Ländern im Einwanderungsland mangels Arbeitsangebot gering qualifizierte Tätigkeiten ausüben, spricht man von einem *brain waste*.

Häufig werden Wanderungen als Personaltransfer innerhalb transnationaler Unternehmen (TNU) oder Organisationen abgewickelt, wobei insbesondere Führungskräfte oder Spezialisten häufig als *Expatriats*, also mit vorherigem Gehalt plus Auslandszuschlag und Sondervergünstigungen entsendet werden (M 2). Deshalb tragen diese TNU entscheidend zur Entwicklung internationaler Migrationsströme bei. Wandern die Arbeitnehmer eigenständig oder durch Agenturen vermittelt, sind sie rechtlich und bezüglich ihrer Einkünfte anderen Arbeitnehmern vor Ort gleichgestellt.

Migrationen im wissenschaftlichen Umfeld unterscheiden sich deutlich von denen von Fach- und Führungskräften. Sie sind weniger motiviert von einer Maximierung des Einkommens, weshalb klassische Kosten-Nutzen-Überlegungen (vgl. 5.4.1) nicht als Begründung für eine Wanderung geeignet sind. Mobilitätsauslöser wie Personen, individuelle Erwägungen zur Maximierung des Erfolges durch wissenschaftliche Arbeit, Austauschprogramme, Stipendien und ad-hoc-Netzwerke sind viel bedeutender. Solche Netzwerke entstehen oft durch internationale Zusammenarbeit in Projekten. Dabei wird die Bedeutung der räumlichen Mobilität für den Erfolg im Wissenschaftsbereich früh im sozialen Umfeld erlernt. Stipendien spielen eine wesentliche Rolle beim Aufbau von Wissenschafts-Netzwerken, insbesondere für Studierende und Wissenschaftler aus weniger entwickelten Ländern (M 4).

Herkunftsländer	Anzahl	aller Geförderten (in %)
Russland	2 596	11,3
China	1 678	7,3
Indien	1 283	5,6
USA	1 259	5,5
Polen	772	3,4
Italien	512	2,2
Ukraine	506	2,2
Frankreich	486	2,1
Brasilien	475	2,1
Spanien	410	1,8

M 4: *Die zehn häufigsten Herkunftsländer ausländischer Wissenschaftler mit DAAD-Einzelförderung in Deutschland 2006*

1. *Diskutieren Sie die Auswirkungen der Abwanderung Hochqualifizierter aus weniger entwickelten Ländern.*

5.6.1 Ost-West-Wanderungen in Deutschland

Seit der Maueröffnung prägen Ost-West-Wanderungen die Binnenwanderungen in Deutschland. Bis heute gibt es Wanderungsverluste Ostdeutschlands gegenüber dem früheren Bundesgebiet.

In den ersten vier Monaten nach der Grenzöffnung fanden bis zur ersten freien Kommunalwahl im März 1990 rund 400 000 Fortzüge statt. Diese Wahl wurde von den Bewohnern der ehemaligen DDR als ein Beginn des politischen Systemwandels gedeutet.

Die ausgeprägten Wanderungen zwischen den alten und neuen Ländern begannen direkt nach der Grenzöffnung mit einer massiven fluchtartigen Abwanderung. Inzwischen hat sich der Wanderungssaldo der neuen Länder auf niedrigerem Niveau stabilisiert (M 1). Allerdings lassen sich die Fragen, ob der Wanderungsverlust auch mit einem nachhaltigen Verlust an qualifizierten Arbeitskräften (*braindrain*) mit negativen Auswirkungen auf die regionale Entwicklung verbunden ist und welche Motive für den Wegzug ausschlaggebend sind, nicht anhand der bundesdeutschen Wanderungsstatistik klären, da diese keine Angaben zur Ausbildung oder beruflichen Qualifikation und zu den Gründen der Migranten enthält.

In einer repräsentativen Befragung des Statistischen Landesamtes von Sachsen wurden deshalb zehn Prozent aller zwischen Januar 2000 und Juli 2001 aus Sachsen in ein anderes Bundesland fortgezogenen Personen über 18 Jahren nach ihrer Qualifikation und ihren Wanderungsmotiven befragt. Demnach ist bei den in die alten Bundesländer fortgezogenen Personen im Vergleich zur Wohnbevölkerung ein überdurchschnittlich hohes Bildungsniveau festzustellen (M 2). Lebensalter und damit die Stellung im Lebenszyklus beeinflussen die Verteilung der Wanderungsmotive in den einzelnen Altersgruppen (M 3). Bei jüngeren Männern spielen die besseren Verdienstmöglichkeiten in Westdeutschland eine große Rolle. Frauen ab 25 Jahre folgen häufig ihrem Ehe- oder Lebenspartner. Der hohe Stellenwert von

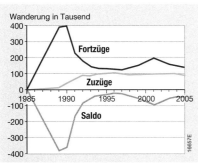

M 1: *Wanderungen und Wanderungssaldo zwischen den alten und neuen Bundesländern*

Ausbildung und Studium für den Wegzug bei den Jüngeren kann aber bei hoher Rückkehrbereitschaft als mittelfristig wirkender Humankapitalgewinn für die wirtschaftliche Entwicklung Sachsens gewertet werden.

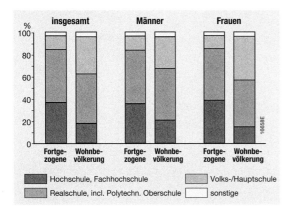

M 2: *Bildungsniveau der aus Sachsen in die alten Länder Fortgezogenen und der Bevölkerung ab 18 Jahre (2000 / 01)*

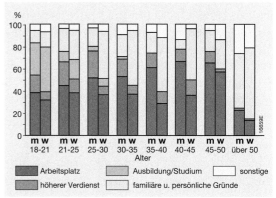

M 3: *Hauptmotiv für den Fortzug aus Sachsen in die alten Bundesländer nach Alter und Geschlecht (2000 / 01)*

Die selektive Wirkung der Ost-West-Wanderung auf das Humankapital in den neuen Ländern kann nur unter Berücksichtigung der Qualifikation der Zuwanderer angemessen beurteilt werden. Nach einer Studie des Instituts für Arbeitsmarkt- und Berufsforschung (IAB) in Nürnberg aus dem Jahr 2009 zum Qualifikationsniveau und Wohn- sowie Arbeitsort der Arbeitskräfte kann diese Frage zumindest auf Basis der sozialversicherungspflichtigen Beschäftigten für den Zeitraum von 2000 bis 2006 beantwortet werden (M 4). Der absolute wie gewichtete Wanderungsverlust verdeutlicht, dass in allen Jahren die Bilanzen in allen Qualifikationsniveaus der Arbeitskräfte, hauptsächlich jedoch in der mittleren Stufe, negativ ausfallen. Die Ausschläge verweisen auf konjunkturelle Entwicklungen, die Ost- und Westdeutschland unterschiedlich stark treffen. Insgesamt ist ein relativer Zuwachs an Hochqualifizierten bei den Beschäftigten in Ostdeutschland zu verzeichnen, da die gewichteten Wanderungssalden dieser Gruppe geringer sind als die der gering Qualifizierten. Deren Beschäftigungschancen sind in Ostdeutschland noch stärker begrenzt als in Westdeutschland.

Die Untersuchung des IAB erlaubt auch eine Analyse, welche Bundesländer wie stark von innerdeutschen Wanderungen betroffen sind (M 5). Deutlich zeigt sich der Wanderungsverlust in Ostdeutschland, lediglich Brandenburg profitiert von Suburbanisierern aus Berlin (vgl. 5.6.2). Wohnungsorientierte Motive sind auch für die Wegzüge aus Hamburg nach Niedersachsen und Schleswig-Holstein anzunehmen, während von den alten Ländern vor allem Bayern besonders für Hochqualifizierte aus Arbeitsplatzgründen attraktiv ist. Auch zeigt sich hier nochmals deutlich, dass in den neuen Ländern die relative Abwanderung der Hochqualifizierten im Vergleich zu den gering Qualifizierten niedriger ist. Die Frage, ob es sich um Rückkehrer nach abgeschlossener Berufsausbildung oder Studium handelt, kann aber nicht beantwortet werden.

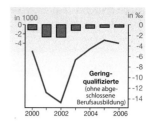

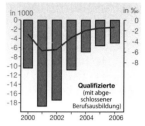

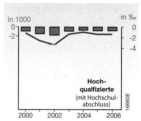

M 4: *Qualifikationsspezifische Wanderungssalden für Ostdeutschland (2000–2006)*

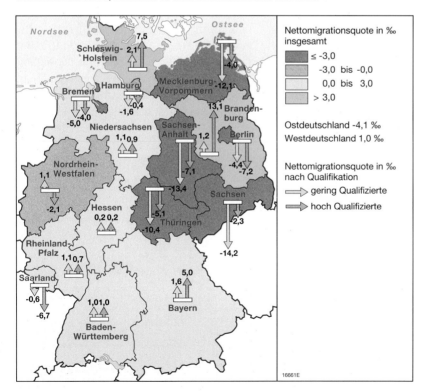

1. Diskutieren Sie die unterschiedlichen alters- und geschlechtsspezifischen Motive bei Ost-West-Wanderungen (M 3).

2. Erklären Sie den Unterschied zwischen absoluten und relativen Gewinnen bzw. Verlusten an Hochqualifizierten (M 4).

M 5: *Durchschnittliche absolute und gewichtete Wanderungssalden der Bundesländer 2000 bis 2006 (in ‰)*

5.6.2 Binnenmigration und Stadtentwicklung

Binnenwanderungen beeinflussen entscheidend die Bevölkerungsentwicklung und -konzentration in den Städten und deren suburbanen Umland. Modellhaft lässt sich die ablaufende Dynamik über die vier Phasen der Urbanisierung, Suburbanisierung, Desurbanisierung und Reurbanisierung beschreiben.

Als Reaktion auf den Bevölkerungsdruck waren in der Industrialisierungsphase insbesondere die geringer Qualifizierten und Arbeitsuchenden samt ihrer Familien mobil. Nach und nach verlagerten sich die Wanderungsströme weg von den Zielen in Übersee (vgl. 5.5.4) hin zu den schnell wachsenden Städten mit ihrem Angebot an Arbeitsplätzen. In vielen weniger entwickelten Ländern führen noch heute der Mangel an Versorgungs- und Arbeitsmöglichkeiten, Armut, unzureichende Bildungsmöglichkeiten und eine ungenügende infrastrukturelle Ausstattung im ländlichen Raum zur Abwanderung in die Stadt (vgl. 2.5). Obwohl sich die Perspektiven in der Stadt oftmals als wenig günstig herausstellen, werden die Migranten von der Erwartung auf eine Verbesserung ihrer Situation getrieben. Die Zunahme der Bevölkerung in den Städten führt zu einer Phase der Urbanisierung (M 2), einem Bevölkerungskonzentrationsprozess, der bauliche wie infrastrukturelle Verdichtung in den Kernstädten mit sich bringt, ebenso wie eine Zunahme der Beschäftigen im sekundären und tertiären Sektor sowie gesellschaftliche Veränderungen, welche die weitere demographische Entwicklung beeinflussen (vgl. 4.3.1).

Motive für kleinräumige Wanderungen innerhalb von Verdichtungsräumen lassen sich mit der Stellung des Haushaltes im Lebenszyklus (vgl. 3.3.2) erklären. Demnach kann eine Veränderung der Haushaltsstruktur etwa durch Heirat, Geburt, Auszug aus dem elterlichen Haushalt oder Sterben eines Partners eine Wanderungsentscheidung auslösen. Insbesondere die Wanderungen von der Kernstadt in das suburbane Umland werden überwiegend von besser verdienenden Haushalten in der Expansionsphase, also Paaren mit Kindern oder Kinderwunsch vollzogen (M 1). Meist sind sie auf der Suche nach einer größeren Wohnung oder einem Haus, nach Möglichkeit in einem weniger verdichteten Umfeld. Jedoch ist für viele Familien ein Neubau oder die Bildung von Eigentum aufgrund

	unter 2000 €	mind. 4000 €
Familien mit suburbaner Wohnorientierung in der Metropolregion Rhein-Neckar	18,2	28,8
in Mannheim umziehende Familien	33,3	19,4

Die in Mannheim umziehenden Familien sind zu 20 Prozent Alleinerziehende; die aus Mannheim wegziehenden Familienhaushalte zu 95 Prozent Paare mit Kindern.

M 1: *Anteil (in %) der Haushalte mit Kindern nach dem monatlichen Nettoeinkommen aller Haushaltsmitglieder und Wohnorientierung in Bezug auf die Stadt Mannheim*

M 2: *Phasen im Modell der Stadtentwicklung nach van den Berg et al. 1982*

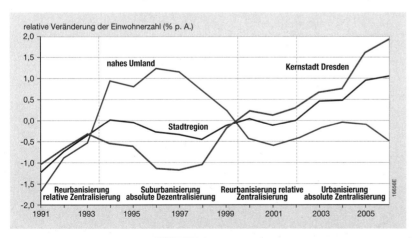

des hohen Preisniveaus in der Stadt nicht möglich (M3). Realisiert wird der Wohnwunsch dann im suburbanen Umland.

Diese Suburbanisierungsprozesse bewirken ein stärkeres Wachstum im Umland als in der Kernstadt und sind verbunden mit zentral-peripher gerichteten Wanderungsströmen (M2). Hervorgerufen wird dieser Dekonzentrationsprozess durch ökonomische und soziale Veränderungen, steigende Bodenpreise und Realeinkommen, Trennung von Wohnen und Arbeiten, Ausbau des Straßennetzes sowie Zunahme des motorisierten Individualverkehrs und des öffentlichen Personennahverkehrs. In den USA setzte der *urban sprawl* (Zersiedelung) bedingt durch die frühe Motorisierung schon in den 1920er-Jahren ein, in Westdeutschland hingegen erst in den 1960er-Jahren. Da zu DDR-Zeiten die Planwirtschaft Baukapazitäten in den Bau von Großwohnsiedlungen in den Städten lenkte, begannen Suburbanisierungsprozesse in den ostdeutschen Ländern erst nach der Wende (M4). Auch in den weniger entwickelten Ländern lösen Veränderungen im Lebenszyklus Wanderungen aus. Semilegale und illegale randstädtische Hüttenviertel entstehen überwiegend durch Haushalte in der Familienbildungsphase, die versuchen, den schlechten Wohnbedingungen in den innerstädtischen Slums zu entgehen.

In der Phase der Desurbanisierung (M1) verliert der gesamte Verdichtungsraum an Bevölkerung, der Dekonzentrationsprozess verstärkt sich und es kann in einzelnen ländlich-peripheren Gebieten zur Bevölkerungszunahme durch positive Wanderungssalden kommen (*counterurbanisation*). In Deutschland spricht man bis in die Mitte der 1990er-Jahre von der „Krise der Städte". Allerdings scheint sich der Stadtentwicklungstrend umzukehren. Hingewiesen wird auf eine „Renaissance der Städte", die in eine Phase der Reurbanisierung mit einem steigenden Anteil der Kernstadtbevölkerung innerhalb des Verdichtungsraumes übergehen soll (M1, M4). Bisher existieren für Deutschland nur einige Beispiele, die auf eine Rückkehr in die Städte durch Binnenwanderung schließen lassen. Bevölkerungswachstum in deutschen Kernstädten ist meistens auf Gewinne durch internationale Migration zurückzuführen. Die Gründe für einen potenziellen Attraktivitätsgewinn städtischer Wohnquartiere werden in veränderten Wertorientierungen gesehen, die ihren Ausdruck unter anderem in der demographischen Alterung, in einem gewandelten Verhältnis zwischen Wohnen, Arbeiten und Freizeit sowie im Aufkommen und der Etablierung neuer Haushaltsformen finden.

Gründe	trifft zu / eher zu [1]
Es gab keine in Frage kommenden Wohnungen /Häuser.	50,8
Mieten oder Preise für Eigentum in Mannheim waren zu hoch.	45,7
Umwelt- und Luftqualität war zu schlecht.	41,8
Mannheim kam aus persönlichen Gründen nicht mehr in Frage.	36,9
Es gab zu wenig Natur und Grünflächen.	33,7
Mannheim kam aufgrund der Lage des Arbeits- / Ausbildungsplatzes nicht mehr in Frage.	21,1
Es gab keine in Frage kommenden Wohnlagen.	20,2

[1] Dargestellt sind alle Gründe, die mindestens 20 % der Befragten als zutreffend oder eher zutreffend angaben.

M3: *Gründe der suburbanisierenden Haushalte gegen einen Verbleib in der Stadt Mannheim (in %)*

1. Diskutieren Sie, für welche Bevölkerungsgruppen in Zukunft das Wohnen in der Kernstadt attraktiv sein könnte.

2. Entwickeln Sie Maßnahmen oder Konzepte, um eine „Renaissance" Ihrer schrumpfenden Stadt zu unterstützen.

M4: *Relative Veränderung der Einwohnerzahl in der Stadt Dresden, dem nahen Umland der Stadt Dresden und der Stadtregion Dresden (1991–2006)*

Auch wenn die Phasen der Stadtentwicklung nicht immer idealtypisch ablaufen wie in Dresden nach der Wiedervereinigung, so können die beobachteten Prozesse trotzdem dem Modell von van den Berg et al. (M1) folgend benannt werden.

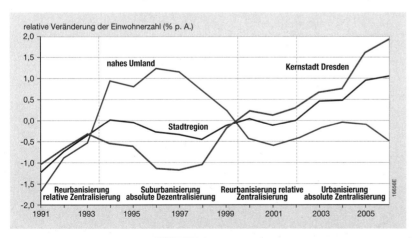

5.7.1 Segregation – das Beispiel USA

Segregation und Konzentration innerhalb von Staaten, Regionen oder Städten sind wichtige Parameter zur Beschreibung des sozialen Wandels und dessen räumlicher Dimension. Ein anschauliches Beispiel hierfür sind die Vereinigten Staaten.

Segregation (lat. segregare – entfernen, trennen) ist als Prozess, aber auch als statisches Merkmal zu verstehen. Als Merkmal beschreibt sie die ungleiche Verteilung von Bevölkerungsgruppen in einem Raum. Zur Charakterisierung der Bevölkerungsgruppen können dabei sowohl einzelne als auch mehrere segregierende Merkmale wie ethnische Zugehörigkeit (vgl. 3.1), Nationalität, Religion, Sprache, Bildung, Einkommen, Alter oder Haushaltsform eine Rolle spielen. Segregation verstanden als Prozess, beschreibt den Vorgang und die Stadien der Entmischung oder Abgrenzung von Bevölkerungsgruppen und das Entstehen mehr oder weniger homogener Nachbarschaften, die zum Teil mit dem Vorhandensein von *natural areas* korrelieren. Typisch für diese *natural areas* sind spezifische städtebaulich-architektonische Grund- und Aufrissformen sowie charakteristische bevölkerungsstrukturelle oder funktionale Merkmale und Interaktionen zwischen den Bewohnern. Oftmals sind die Gebiete durch morphologische Barrieren wie Eisenbahnstrecken, Kanäle oder Flüsse von anderen Gebieten abgegrenzt. Das Resultat einer intensiv verlaufenden Segregation ist die Ausbildung charakteristischer Stadtgebiete, die eine Typisierung erfahren, wodurch wiederum das Image eines Stadtviertels entsteht.

Wohnsegregation oder residentielle Segregation bestimmter Bevölkerungsgruppen ist als Ergebnis von Wanderungsprozessen aufzufassen, denen eine Wohnstandortwahl vorausgeht, die je nach gesellschaftlicher

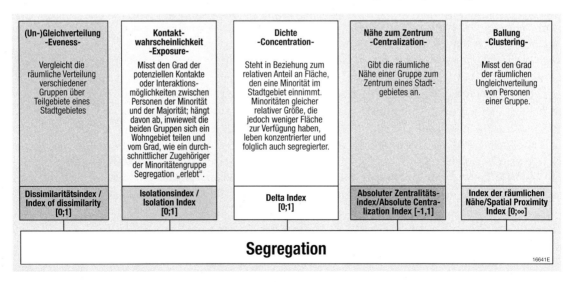

M 1: *Dimensionen der Segregation und deren Messung*

Position und individueller Verfügbarkeit über ökonomisches, kulturelles oder soziales Kapital (vgl. 5.4.2, M 2, S. 75) nahezu uneingeschränkt bis sehr eingeschränkt sein kann. Insbesondere in Abhängigkeit von verfügbarem ökonomischen Kapital, Restriktionen am Wohnungsmarkt, Kenntnissen der Landessprache, des Mietrechts und der Angebotsvielfalt auf dem Wohnungsmarkt, individuellen Wertorientierungen, der Stellung des Haushaltes im Lebenszyklus sowie der sozialen Netzwerke, die über Informationen und Kontakte die Wohnungssuche beeinflussen, wird die Entscheidung über den Wohnstandort möglichst so getroffen, dass die eigene Lebensweise und die der Nachbarn die größtmöglichste Ähnlichkeit und damit meist einen vergleichbaren sozioökonomischen Status aufweisen.

Dieser Zusammenhang zwischen sozialen und räumlichen Distanzen kann in den fünf Dimensionen (Un-)Gleichverteilung, Kontaktwahrscheinlichkeit, Dichte, Zentrumsnähe sowie Ballung untersucht werden, die jeweils über verschiedene Konzentrations- oder Ungleichverteilungsmaße quantifiziert werden (M 1). Der gebräuchlichste Index zur Messung der Ungleichverteilung ist der Dissimilaritätsindex, der sich aus der Lorenz-Kurve ableiten lässt und der Werte zwischen 0 und 1 annimmt (M 2). Bei einem Wert von 0 liegt keine, bei einem Wert von 1 vollständige Segregation zwischen den beiden betrachteten Gruppen vor. Gleichzeitig zeigt der Indexwert an, wie viel Prozent der Gruppe umziehen müssten, um eine Gleichverteilung zu erreichen.

Aufgrund ihrer Migrationsgeschichte, ihres Migrationssystems (vgl. 5.5.4) und ihren Vorstellungen zur Integration (vgl. 5.7.2) ist die Segregationsdynamik in US-amerikanischen Städten besonders deutlich. Einwanderung und eine höhere Fertilität ethnischer Minderheiten in den letzten Dekaden führen dazu, dass sich die USA zu einer diversifizierten multi-ethnischen *majority-minority*-Gesellschaft entwickelt, in der die zahlenmäßig größte Bevölkerungsgruppe, die nicht-hispanische weiße Bevölkerung, weniger als 50 Prozent ausmachen wird. Gemäß den Vorausberechnungen des U.S. Census Bureau sollen die Minderheiten, die 1970 einen Bevölkerungsanteil von 16 Prozent, 1990 von 24 Prozent und 2008 von 31 Prozent der US-amerikanischen Bevölkerung stellten, im Jahr 2050 die 50 Prozent Marke erreichen. Schon heute haben knapp zehn Prozent, also 302 der 3141 Counties (Landkreise), diesen Grenzwert überschritten. Diese Trends sind besonders deutlich in den großen Städten des Landes.

Bevor sich die Einwanderungspolitik der USA mit dem Immigration Act von 1965 änderte, kamen die Einwanderer überwiegend aus Europa (vgl. 5.5.4). Heute jedoch immigrieren die Menschen aus aller Welt, insbesondere aus Asien und Lateinamerika. Meist leben die Einwanderer und ihre Nachkommen in den Metropolitan Areas oder Metropolregionen von New York, Los Angeles oder Miami, in denen eine große ethnische Vielfalt herrscht. Sechs der zehn größten Städte hatten schon 1990 eine *majority-minority*-Gesellschaft. Die Segregationsforschung geht nun der Frage nach, ob sich in den zunehmend multiethnischen Städten die verschiedenen Gruppierungen in den Stadtvierteln mischen oder ob relativ homogene ethnische Enklaven (z.B. die so genannten Chinatowns oder Little Italy) überwiegen. Ist in Städten mit einer größeren Bevölkerungsvielfalt der Grad der Segregation vergleichsweise gering, da die alltägliche Begegnung mit den „Anderen" Berührungsängste abbaut?

Dissimilaritätsindex zur Messung der Segregation

$$D = \frac{1}{2} \sum_{i=1}^{n} |a_i - b_i|$$

a_i = prozentualer Anteil der *Minorität in der i-ten Teileinheit an der Gesamtzahl der ersten Gruppe (A)*

b_i = prozentualer Anteil der *Majorität in der i-ten Teileinheit an der Gesamtzahl der zweiten Gruppe (B)*

n = *Anzahl der Teileinheiten*

Die zweite Gruppe kann sich auch aus den Mitgliedern aller anderen Gruppen zusammensetzen, B entspricht dann nicht A. Die Summe beider Gruppen A und B entspricht dann der Einwohnerzahl des Untersuchungsgebietes.

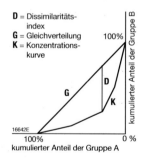

M 2: *Grafische Darstellung des Dissimilaritätsindex*

Metropolitan Area

Verdichtungsraum mit einer großen Bevölkerungskonzentration und seine benachbarten Umlandgemeinden, mit denen der Kernraum eine enge soziale und wirtschaftliche Verflechtung hat

	Dissimilaritätsindex	Isolationsindex	Delta Index	absoluter Zentralitätsindex	Index der räumlichen Nähe
Blacks oder African Americans	0,640	0,591	0,793	0,722	1,374
Hispanics oder Latinos	0,509	0,553	0,764	0,689	1,232
Asian und Pacific Islanders	0,411	0,307	0,743	0,683	1,097
American Indians und Alaska Natives	0,333	0,103	0,674	0,610	1,077
Asians	0,416	0,301	0,746	0,687	1,098
Native Hawaiians und Other Pacific Islanders	0,427	0,205	0,712	0,581	1,050

Eine Abgrenzung nach biologisch / genetischen Merkmalen für bevölkerungsgeographische Analysen ist abzulehnen, da die biologisch / genetische Vielfalt innerhalb einer als „Rasse" bezeichneten Gruppe im Allgemeinen sehr hoch ist. In Deutschland sprechen für eine Nichtverwendung des Begriffs „Rasse" zudem historische Gründe. Im Gegensatz zu dieser Sichtweise wird im Zensus des Jahres 2000 der USA die Kategorie race verwendet, in der sowohl biologische Merkmale, nationale Herkunft als auch ethnische Zugehörigkeit subsumiert werden. Dementsprechend werden fünf Kategorien ausgewiesen: American Indian oder Alaska Native, Asian, Native Hawaiian oder Other Pacific Islander, Black oder African American. Hispanic ist eine rein ethnisch definierte Kategorie.

Im Census von 1980 und 1990 bildeten Native Hawaiians und Other Pacific Islanders zusammen mit Asians eine Gruppe (Asian and Pacific Islander). Erst im Zensus von 2000 wurden Asians and Pacific Islanders in zwei Gruppen unterteilt: 1) Asians und 2) Native Hawaiians and Other Pacific Islanders. Aus Gründen der Vergleichbarkeit mit den älteren Daten wurde in M 3 die ursprüngliche Gruppenzusammensetzung zusätzlich noch einmal ausgewiesen.

Anhand der Daten des alle zehn Jahre in den USA durchgeführten Census lassen sich die Segregationsprozesse gut beschreiben. Das United States Census Bureau verwendet dabei verschiedene im Laufe der Zeit angepasste Kategorien für race (Rasse) oder Ethnie. Der Segregationstrend der African Americans ist von allen Minderheiten der deutlichste (M 3). Obwohl sich die Segregation zwischen African Americans und non-Hispanic Whites, gemittelt über die 311 U.S.-amerikanischen Metropolregionen, zwischen 1980 und 2000 verringerte, sind sie nach wie vor die am stärksten segregierte Gruppe. Der Dissimilaritätsindex nimmt von 0,73 im Jahr 1980 auf 0,68 (1990) und 0,64 (2000) ab. Hispanics oder Latinos sind die am zweitstärksten segregierte Gruppe, gefolgt von den Native Hawaiians und anderen Pacific Islanders, den Asians sowie den Asians und Pacific Islanders. Die am wenigsten segregierte Gruppe in den Städten sind die American Indians und Alaska Natives. Alle Gruppierungen leben innerhalb der Kernstädte deutlich segregierter als im suburbanen Umland, wobei African Americans, Hispanics und Asians isolierter wohnen, also deutlich weniger Kontaktwahrscheinlichkeit zu den non-Hispanics Whites haben als die anderen Gruppierungen.

Segregation lässt sich jedoch nicht nur nach genetischen und ethnischen Merkmalen beobachten. Nachbarschaften unterscheiden sich auch bezüglich sozialer und ökonomischer Unterschiede. Seit den 1970er-Jahren hat die ökonomische Ungleichheit in den USA zugenommen und Armut hat sich zunehmend in den Kernstädten und bei einigen Minderheiten konzentriert (M 4). Es wird jedoch angenommen, dass ein sozialer und ökonomischer Aufstieg von Personen, die einer ethnischen Minderheit angehören, die soziale und räumliche Distanz zu Mitgliedern mit vergleichbarem sozioökonomischen Status, aber verschiedener ethnischer Zugehörigkeit verringert. Die Segregation zwischen den Gruppen nimmt aufgrund der bei der Wohnstandortwahl wirksamen constraints ab, erhöht sich aber innerhalb der jeweiligen ethnisch definierten Gruppe aufgrund der sozioökonomischen Unterschiede. Messungen der Kontaktwahrscheinlichkeit haben ergeben, dass die Interaktionsmöglichkeit von statushöheren African Americans mit statushöheren non-Hispanic Whites höher ist als die mit statusniedrigeren African Americans. Auch die Dissimilaritätsindexwerte zwischen diesen beiden Gruppen zeigen für die unteren Einkommenskategorien deutlich höhere Werte als für die höheren Kategorien. Gleichzeitig verstärkt sich die Segregation für die unteren Kategorien zwischen 1990 und 2000, während sie für die

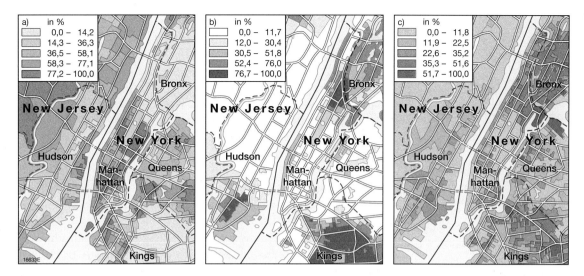

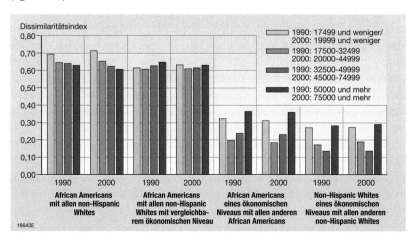

oberen abnimmt. African Americans und non-Hispanic Whites mit vergleichbarem ökonomischem Niveau segregieren im Jahr 2000 in der untersten und höchsten Einkommensklasse stärker als die in der mittleren (M 5).

Die räumliche Verteilung von unterschiedlichen sozialen Gruppen lässt sich mit Hilfe der so genannten U-Kurve der Segregation beschreiben. Sie sagt aus, dass Gruppen sowohl mit niedrigem als auch hohem sozioökonomischen Status stärker segregiert wohnen als Gruppen, die beispielsweise über ein mittleres Einkommen oder auch Bildungsniveau verfügen. Ein Vergleich der verschiedenen Einkommens- und Ausbildungsniveaus sowie Beschäftigungszweige für African Americans und non-Hispanic Whites innerhalb der eigenen Gruppe zeigt, dass die höchsten Werte im Dissimilaritätsindex durchgehend in den niedrigsten und höchsten Kategorien erreicht werden.

Zeitgenössische Segregation erscheint also zunehmend als Frage der Verfügbarkeit über kulturelles und ökonomisches Kapital und nicht nur der ethnischen Zugehörigkeit, weshalb in der öffentlich-politischen Diskussion zur städtischen Ungleichheit und Integration immer wieder die Frage auftaucht, ob residentielle Segregation systematisch das soziale und wirtschaftliche Wohlergehen der Mitglieder von Minderheiten behindert (vgl. 5.7.2).

M 4: *Räumliche Konzentration von non-Hispanic-Whites (a), Blacks oder African Americians (b) und Einwohnern unter der Armutsgrenze (c) in New York City*

1. *Diskutieren Sie, wie Einkommens- und Bildungsunterschiede die Segregation verschiedener Gruppierungen beeinflusste.*

2. *Beschreiben Sie die Kriterien, die zukünftig in einer majority-minority-Gesellschaft bestimmend für Segregation sein werden.*

M 5: *Sozioökonomische Unterschiede in den Mustern der Wohnsegregation von African Americans in US-amerikanischen Metropolregionen 1990-2000 nach Haushaltseinkommen (Dissimilaritätsindex)*

5.7.2 Integration in Deutschland

Deutschland versteht sich nicht als ein Ein-, sondern als ein Zuwanderungsland. Das Zuwanderungsgesetz ist die rechtliche Grundlage, um Zuwanderung zu steuern und zu begrenzen. Die gesellschaftliche Herausforderung liegt aber weniger in einer Regulierung der Zuwanderung als in der Integration der Zuwanderer.

Personen mit Migrationshintergrund

Nach Definition des Statistischen Bundesamts alle nach 1949 auf das heutige Gebiet der Bundesrepublik Deutschland Zugewanderten, sowie alle in Deutschland geborenen Ausländer und alle in Deutschland als Deutsche Geborenen mit zumindest einem zugewanderten oder als Ausländer in Deutschland geborenen Elternteil (zweite oder dritte Generation). Bevölkerungsverschiebungen in Folge des Zweiten Weltkriegs werden nicht berücksichtigt.

Was bedeutet es eigentlich, wenn von der Integration von Migranten oder Personen mit Migrationshintergrund gesprochen wird? Die Vorstellungen, Konzepte und Diskussionen, was Integration ist und wie diese erreicht werden kann, sind oft gegensätzlich und insbesondere in der politischen und öffentlichen Diskussion normativ aufgeladen. Ganz allgemein wird als Integration (lat. integer - unberührt, unversehrt) die Herstellung eines Ganzen aus Teilen verstanden, wobei die Teile in wechselseitiger Abhängigkeit stehen. Durch die Integration in ein Gesamtsystem entsteht etwas Neues. Sind die Teile jedoch autonom, also nicht aufeinander bezogen, spricht man von Segmentation. Durch die Integration von Menschen in eine Gesellschaft ergeben sich zwei gegenläufige Konsequenzen: Einerseits wird dem Einzelnen ein Mehrwert zuteil, zum Beispiel indem er Anerkennung für Leistungen erhält oder ihm Netzwerke und Ressourcen zur Verfügung stehen, was seine Möglichkeit zur Teilhabe und Mitgestaltung erweitert. Andererseits wird von ihm eine Anpassung oder Unterordnung an gesellschaftliche Normen eingefordert, welche die Möglichkeiten zur Betätigung oder Teilhabe in anderen Kontexten einschränkt.

Kennzeichen moderner Gesellschaften ist eine funktionale Differenzierung, was bedeutet, dass in verschiedenen gesellschaftlichen Teilsystemen verschiedene gesellschaftliche Funktionen ablaufen. Im Funktionssystem „Ökonomie" steht der Gelderwerb im Vordergrund, im Funktionssystem „Wissenschaft" ist es Erkenntnisgewinn, in der „Politik" geht es um Aushandlung von Macht, in der „Familie" und im „Freundeskreis" um emotionale Sicherheit. Eine starke Integration in ein Teilsystem ist immer mit einer verringerten Integration bis hin zur Desintegration in anderen Teilfunktionen verbunden. Ausländische Zuwanderer, die nahezu ausschließlich Kontakte innerhalb ihrer Minderheit pflegen, tragen zur Ausbildung und Verfestigung von eigenen kulturellen Systemen innerhalb der Mehrheitsgesellschaft bei, und verfügen deshalb meistens über weniger intensive Kontakte außerhalb ihrer Gruppe. Menschen, die extrem von ihrem Arbeits- und Berufsalltag absorbiert sind, wie beispielsweise Hochqualifizierte und Wissenschaftler (vgl. 5.5.5) oder transnationale Migranten (vgl. 5.4.2, 5.5.4), sind in die anderen Funktionssysteme der Gesellschaft meistens weniger integriert. Ob eine vorrangige Integration in ein bestimmtes Teilsystem unter Vernachlässigung anderer Lebensbereiche gesellschaftlich gewünscht ist oder nicht, ist letztendlich eine normative Frage.

Der einzelne Migrant erfährt soziale Integration in gesellschaftliche Funktionssysteme über vier Dimensionen:

- **Kulturation:** Erwerb kognitiver Fähigkeiten, wie Sprache oder Kommunikationsregeln, die der Einzelne zur Teilhabe in Gesellschaft benötigt;
- **Platzierung:** Einnahme einer sozialen Position, die oft über die Position im Berufsleben bestimmt ist;

- **Interaktion**: soziale Kontakte, die Einbindung in soziale Netzwerke, Partizipation am politischen und öffentlichen Leben der Gesellschaft;
- **Identifikation**: subjektive und emotionale Verortung eines Individuums in der Gesellschaft.

Dabei bedingen sich Kulturation und Platzierung gegenseitig, und erst darüber werden Interaktion und Identifikation innerhalb eines sozialen Systems möglich. Das Verständnis von Integration als Teilhabe an gesellschaftlichen Funktionen geht einher mit einer weit verbreiteten Sichtweise, die stärker das Verhältnis im Zusammenleben zwischen aufnehmender Mehrheits- und einwandernder Minderheitengesellschaft thematisiert (vgl. 5.7.1). Meist existieren in der Gesellschaft des Einwanderungslandes Vorstellungen, dass die Einwanderer sich in die aufnehmende Gesellschaft einzufügen haben. Wie dieser Prozess jedoch konkret aussehen soll, ist vage und wird eben meist mit dem Ausdruck „Integration" umschrieben. In der politischen und wissenschaftlichen Diskussion lassen sich verschiedene Modelle zur Integration unterscheiden:

- **Konformität**: Die Migranten leben nach den Normen und Praktiken des Einwanderungslandes.
- *Melting pot*: Die aufnehmende und die einwandernde Gruppe verschmelzen mit ihren Charakteristika. Es entsteht eine homogene Gesellschaft mit neuen sozialen Mustern und kulturellen Codes.
- **Kultureller Pluralismus**: Die Migranten erhalten und pflegen einige ihrer kulturellen Codes, übernehmen aber gleichzeitig einen Großteil der Kultur des Einwanderungslandes.
- **Struktureller Pluralismus**: Kulturelle Codes der Migranten werden aufgegeben. Es bleibt aber ein starker sozialer Zusammenhalt innerhalb der Migrantengruppe.

In den 1920er-Jahren wurde die Vorstellung von Gesellschaft als *melting pot* wieder von Robert E. Park und der Chicagoer Schule aufgegriffen (vgl. 5.7.1). Integration von Migranten wird dabei als ein gesetzmäßig verlaufender Prozess konzipiert, an dessen Ende jegliche Fremdheit in der Gesellschaft aufgehoben ist. Dabei sind es jedoch nicht nur die Migranten, die einen Anpassungsprozess durchlaufen, sondern auch die Aufnahmegesellschaft verändert sich im Zuge der Migration. Park bezeichnet diesen Prozess als Assimilation. Ihm zu Folge wird diese letzte Stufe der Integration jedoch nicht in der ersten Einwanderergeneration erreicht. Seit den 1960er-Jahren gibt es jedoch Kritik an diesem Konzept. Zunehmend wurde Assimilation als ein einseitiger Vorgang verstanden, der sich als Anpassung der Migranten an die Aufnahmegesellschaft vollzieht und damit eher der Modellvorstellung „Integration durch Konformität" entspricht. Die Integrationsleistung wird von den Migranten erbracht, auch wenn Offenheit und Akzeptanz der Aufnahmegesellschaft eine Voraussetzung für das Gelingen von Integration darstellt. Voraussetzung für ein Angleichen der Migranten an die Aufnahmegesellschaft und ein nahezu spurloses Verschwinden „des Anderen" ist eine relativ homogene Gesellschaft, wie beispielsweise in Deutschland mit der Integration von mehr als elf Mio. Flüchtlingen und Vertriebenen in den 1950er- und 1960er-Jahren.

Heute ist Deutschland ein Zu- und de facto ein Einwanderungsland mit einer vielfältigen ethnischen Bevölkerungsstruktur. Seit Beginn der staatlich organisierten Anwerbung von Arbeitnehmern steigt sowohl die absolute Zahl als auch der relative Anteil von Menschen mit Migrationshin-

melting pot
Die Vorstellung von Gesellschaft als melting pot entstand schon 1782 in New York durch den französisch-amerikanischen Schriftsteller Michel-Guillaume Jean de Crèvecoeur, der in seinen „Letters from an American Farmer" die Frage „What is an American?" stellt und von der Vermischung von Einwanderern aus unterschiedlichen europäischen Ländern zu einem neuen Menschenschlag, der des „Amerikaner" erzählt.

Gastarbeiteranwerbung
begann 1955 mit dem deutsch-italienischen Vertrag und setzte sich fort in den Anwerbeabkommen mit Spanien und Griechenland (1960), der Türkei (1961), Portugal (1964) und Jugoslawien (1968).

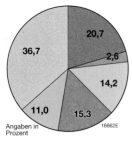

Bevölkerung mit Migrationshintergrund: 15,4 Mio.

Angaben in Prozent   16662E

- Ausländer mit eigener Migrationserfahrung
- Deutsche ohne eigene Migrationserfahrung (mindestens ein Elternteil Spätaussiedler, Eingebürgerter oder Ausländer)
- Eingebürgerte ohne eigene Migrationserfahrung
- Eingebürgerte mit eigener Migrationserfahrung
- Deutsche mit eigener Migrationserfahrung, aber ohne Einbürgerung
- Ausländer ohne eigene Migrationserfahrung

M 1: *Bevölkerung mit Migrationshintergrund nach Migrationserfahrung 2007*

Infolge des Zustroms von Spätaussiedlern durch den Zusammenbruch des Ostblocks und der seit den 1980er-Jahren steigenden Asylbewerberzahlen wurde 1993 das Asylrecht verschärft. Im Jahr 2000 trat das neue Staatsangehörigkeitsrecht und 2005 das Zuwanderungsgesetz in Kraft.

M 2: Quellentext zum interkulturellen Ansatz in Rinkeby
OECD: Bildungspolitische Analyse 2002

1. Diskutieren Sie die Schwierigkeiten der Mehrfachintegration.

2. Informieren Sie sich über Rinkeby, seine Entwicklung und das interkulturelle Modell. Welche Probleme gibt es? Lässt sich der Ansatz auch auf das deutsche Bildungssystem übertragen?

tergrund an der Gesamtbevölkerung. Jeder fünfte in Deutschland lebende Mensch hat einen Migrationshintergrund, bei den Kindern unter zehn Jahren ist es sogar fast jedes dritte (29 %). In den Stadtstaaten Berlin, Hamburg und Bremen sowie in Südhessen und im westlichen Teil Nordrhein-Westfalens liegt dieser Wert sogar bei über 40 Prozent.

Mit zunehmender Heterogenisierung von Gesellschaften verändern sich auch die Vorstellungen zur Integration. Während der Anwerbephase war der Import ausländischer Arbeitskräfte allein auf die Interessen und Bedürfnisse der Industriestaaten konzentriert: Auf soziale oder integrationspolitische Maßnahmen wurde verzichtet. Seit Beginn der 1980er-Jahre wird über politische Maßnahmen zur sozialen und wirtschaftlichen Integration der seit vielen Jahren in Deutschland lebenden Ausländer und Personen mit Migrationshintergrund, insbesondere der zweiten und dritten Generation, diskutiert (M 1). In traditionellen Einwanderungsländern wie den USA und Kanada existieren schon seit langem alternative Vorstellungen zur Integration, die sich unter der Bezeichnung „Multikulturalismus" subsumieren lassen und in den letzten Jahren in den europäischen Ländern diskutiert werden. Statt Konformität oder vollständiger Assimilation wie im *melting-pot*-Modell wird als Alternative die Möglichkeit des kulturellen Pluralismus anerkannt. Im Zuge dieser Diskussion wird auch erstmals darüber nachgedacht, ob das bisher vorherrschende Paradigma, dass residentielle Segregation (vgl, 5.7.1) soziale Integration verhindert und deshalb eine Durchmischung von Wohnanlagen und Quartieren angestrebt wird, nicht aufgegeben werden solle. Stattdessen mehren sich die Stimmen, die „Integration trotz Segregation" fordern und den Schlüssel zur Integration insbesondere in der verstärkten Förderung zur Ausbildung sozialer Kernkompetenzen, wie beispielsweise Spracherwerb, sehen. Die so erreichte Lern- und Interaktionsfähigkeit ist die Voraussetzung für Mehrfachintegration, als gleichzeitige Integration in den Kontext des Einwanderungslandes und der eigenen Migrantengruppe (bei Transmigranten in den Kontext des anderen Landes) oder die Integration ethnisch heterogener sozialer Netzwerke.

In Rinkeby, einem Stadtbezirk Stockholms, haben 73 Prozent der Bewohner einen Immigrationshintergrund, und die 1400 Kinder, die 24 Vorschulen besuchen, sprechen 50 verschiedene Sprachen. Ein multikulturelles Projekt hat das Ziel, diesen Kindern innerhalb der schwedischen Gesellschaft volle Entfaltungsmöglichkeiten zu bieten. Ein einziges Rahmenwerk für alle Kinder im Alter von 1 bis 16 Jahren ist darauf ausgerichtet, schulisches Wissen, sprachliche Fertigkeiten, soziale Kompetenz und persönliche Reife zu entwickeln. Das Projekt fördert die Pflege der Muttersprache der Kinder durch die Aufforderung an die Familien, diese zu Hause zu sprechen, und durch den Einsatz von muttersprachlichen Lehrern (…). Da aber von den Schulanfängern erwartet wird, dass sie Schwedisch sprechen, wird die Vorschule dazu genutzt, Kindern dabei zu helfen, entsprechende Kompetenzen in Schwedisch zu entwickeln. (…) Es wird versucht, Eltern als gleichberechtigte Partner zu sehen (…). Rinkeby erhält mehr staatliche Mittel pro Kind als andere Stadtbezirke Stockholms. Die Stadt und der Staat stellen zusätzliche Mittel zur Verfügung, um zusätzliche Fachkräfte als Lehrer für die Muttersprache der Kinder einzustellen und für Kinder, die eine spezielle Förderung benötigen.

6 Bevölkerungs-
vorausberechnungen
und -politik

Das Wissen um die Größe und Zusammensetzung der zukünftigen
Bevölkerung ist Grundlage für vielfältige Bereiche der Planung und
Politik. Wie lässt sich die Bevölkerung der Zukunft prognostizieren
und was ist bei der Interpretation von Prognosedaten zu berücksichtigen? Vor allem in den weiter entwickelten Ländern gewinnt
vor dem Hintergrund des demographischen Wandels aber auch die
Frage an Bedeutung, wie man die zukünftige Bevölkerungsentwicklung durch politische Maßnahmen steuern kann, um beispielsweise
die wirtschaftliche Leistungsfähigkeit zu erhalten.

Abhängig von der Fragestellung und der räumlichen Betrachtungsebene existieren verschiedene Verfahren zur Bevölkerungsvorausberechnung.

Prognose

Vorhersage der zukünftigen Bevölkerungsentwicklung auf Grundlage der Fortschreibung beobachtbarer Trends mit dem Ziel, die Bevölkerung am Ende des Prognosezeitraums eindeutig zu bestimmen

Projektion / Vorausberechnung

Aussagen über die zukünftige Bevölkerungsentwicklung auf Grundlage bestimmter Annahmen, die sich aus den Trends in der Vergangenheit oder aus theoretischen Überlegungen ableiten lassen

Stochastische Prognosemodelle

Vorausberechnungen, bei denen die Wahrscheinlichkeit angegeben wird, mit der das Ergebnis innerhalb eines bestimmten Schwankungsbereichs liegt

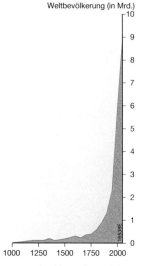

M 1: *Entwicklung der Weltbevölkerung zwischen den Jahren 1000 und 2050*

Menschen sind an Wissen über ihre Zukunft interessiert. Insbesondere seit dem Aufkommen der Diskussionen um die Tragfähigkeit der Erde bilden Vorhersagen der zukünftigen Bevölkerungszahl eine wichtige Grundlage für die Planung von sozialen Sicherungssystemen, der Sicherung der Nahrungsmittelversorgung, der Stadt- und Regionalentwicklung sowie des Aus- oder Rückbaus von Infrastrukturen.

Dazu werden in der Bevölkerungsstatistik zwei verschiedene Methoden eingesetzt: Die quantitativen Verfahren basieren auf formalmathematischen Darstellungen und umfassen sowohl Prognosen als auch Vorausberechnungen oder Projektionen. Bei qualitativen Verfahren werden hingegen Daten verwendet, die mit Hilfe von Befragungen oder Expertenmeinungen gewonnen werden. In der Realität werden beide Verfahren häufig miteinander kombiniert.

Vor allem auf großräumiger Ebene — beispielsweise für die Vorausberechnung der Weltbevölkerung (M 1) — und bei langfristigen Zeithorizonten wird meist auf mathematische **Explorationsmethoden** zurückgegriffen. Darin werden die Trends der Vergangenheit analysiert und unter Verwendung verschiedener Wachstumsfunktionen fortgeschrieben (M 3). Von den dabei am häufigsten verwendeten Methoden kommt die logistische Funktion den beobachtbaren Bevölkerungsveränderungen meist am nächsten. Sie beschreibt eine sich zunächst beschleunigende Entwicklung, die sich allmählich einem Sättigungswert nähert. Als (negative) logistische Wachstumsfunktion kann beispielsweise der Sterblichkeitsrückgang während der ersten demographischen Transformation abgebildet werden, bei dem die Mortalitätsraten ausgehend von einem hohen Ausgangsniveau zunächst zögerlich und später deutlich zurückgingen und sich anschließend auf einem niedrigen Niveau einpendelten. Vorausberechnungen auf Grundlage explorativer Verfahren werden häufig als Status-Quo-Prognosen bezeichnet, da sie die Entwicklungen im Referenzzeitraum fortschreiben.

Die am weitesten verbreitete Art der Bevölkerungsvorausberechnung ist die **Komponentenmethode** (M 2). Hierbei erfolgt eine getrennte Betrachtung der einzelnen in der demographischen Grundgleichung aufgeführten Komponenten (Geburten, Sterbefälle, Zuwanderung, Abwanderung; vgl. 1.2). Ausgehend von dem aktuellen Bevölkerungsaufbau wird der Zu- und Abgang in Altersjahren (Kohorten) für jedes Jahr des Projektionszeitraums berechnet. Je nach Differenzierungsgrad fließen alters- und geschlechterspezifische Sterbe-, Geburten- und Wanderungsraten in die Projektion ein. Dabei wird unterstellt, dass die jeweiligen Kohorten spezifischen Einflüssen ausgesetzt sind und so beispielsweise alterstypische Wanderungs- und Sterblichkeitsmuster aufweisen. Die Vorausberechnung der Sterberaten beruht zumeist auf der Annahme einer steigenden Lebenserwartung, was sich mit einem stetig ansteigenden Verlauf

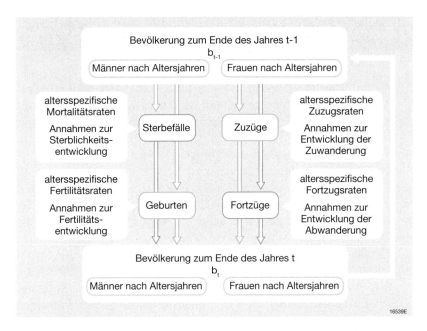

1. Nennen Sie Beispiele für die wichtigsten Wachstumsfunktionen und erklären Sie, inwieweit diese bei Bevölkerungsveränderungen eine Rolle spielen (M 2).

2. Diskutieren Sie zukünftige Trends der Bevölkerungsentwicklung (Geburten, Sterbefälle, Wanderungen) für Ihre Stadt oder Ihr Bundesland.

M 2: *Schematisches Modell zu einer Bevölkerungsvorausberechnung nach Komponentenmethode*

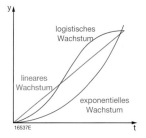

M 3: *Wachstumsfunktionen*

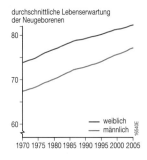

M 4: *Entwicklung der Lebenserwartung Neugeborener in Westdeutschland*

Szenario

Darstellung möglicher zukünftiger Bevölkerungsentwicklungen auf Grundlage von Experteneinschätzungen oder theoretisch abgeleiteten Annahmen mit dem Ziel, konsistente Zukunftsbilder zu entwerfen

in den meisten Ländern während der vergangenen Jahrzehnte begründen lässt (M 4). Die Zahl der in einem Jahr Geborenen ergibt sich aus der altersspezifischen Geburtenhäufigkeit und der Anzahl der Frauen der jeweiligen Kohorten. Die Veränderung der Raten während des Projektionszeitraums beeinflusst maßgeblich die zu erwartende Bevölkerungsentwicklung. Für Deutschland und andere europäische Länder wird in den meisten Vorausberechnungen davon ausgegangen, dass die Geburtenziffer auf einem konstanten Niveau verbleibt, sich jedoch das Alter der Mütter bei Geburt erhöhen wird. Dies bedeutet, dass die altersspezifischen Geburtenraten der älteren Frauen steigen und die der jüngeren sinken. Häufig erfolgt eine Darstellung verschiedener Varianten, um den Unsicherheiten von Vorausberechnungen angemessen zu begegnen.

Bei **multiregionalen Verfahren** werden die Wanderungsbeziehungen zwischen Teilregionen, in Deutschland beispielsweise Raumordnungsregionen oder Kreisen, analysiert und differenziert fortgeschrieben. Flächendeckende regionalisierte Bevölkerungsvorausberechnungen basieren hinsichtlich ihrer Wanderungsannahmen häufig auf einer Auswertung von kleinräumigen Wanderungsverflechtungen, beispielsweise auf Kreisebene. Damit wird berücksichtigt, dass sich Veränderungen der Bevölkerungszusammensetzung in einer Teilregion auf die Struktur der Wandernden und damit auch auf die der Bevölkerung in der Ziel- und Herkunftsregion auswirken.

Qualitative Verfahren werden schließlich dazu genutzt, mögliche Entwicklungen hinsichtlich ihrer Auswirkungen zu analysieren. Verbreitet ist vor allem die Szenariotechnik, mittels derer auf Grundlage von Expertenmeinungen oder Umfragedaten konsistente Zukunftsbilder entworfen werden sollen. Hierbei wird meist keine Aussage darüber getroffen, mit welcher Wahrscheinlichkeit die beschriebenen Szenarien tatsächlich eintreten. Die Szenariotechnik erlaubt es, komplexe und nicht quantifizierbare gesellschaftliche Prozesse zu berücksichtigen oder Folgen singulärer Ereignisse wie den Fall der Mauer im Rahmen von Zukunftsbildern zu beschreiben.

Wissen über die Zukunft ist wichtig. Doch stoßen alle Möglichkeiten zur Vorausberechnung der Bevölkerungszahl und -struktur räumlich wie zeitlich an ihre Grenzen.

Auf globaler Ebene lässt sich Bevölkerung zuverlässig vorhersagen. Die potenziellen Mütter der kommenden 15 Jahre sind bereits heute geboren und Veränderungen der Geburtenhäufigkeit lassen sich ähnlich wie Veränderungen der Sterblichkeit vergleichsweise sicher prognostizieren, wenn nicht lange Epidemien oder Kriege zu deutlichen Einschnitten führen. Allerdings sinkt die Zuverlässigkeit von Vorausberechnungen nicht nur mit der Zeit, sondern auch mit abnehmender Maßstabsebene (M 1). Im Falle von Nationalstaaten oder Regionen bestimmen die Fort- und Zuzüge die Bevölkerungszahl mit. Ihre selektiven Wirkungen führen trotz konstanter Einwohnerzahlen zu Veränderungen in der Bevölkerungsstruktur, was die Entwicklung von Geburten und Sterbefällen wiederum beeinflussen kann. Wanderungen sind abhängig von wirtschaftlicher Dynamik, politischen Entscheidungen, von Bevölkerungsdruck in Krisenzeiten oder Vertreibungen als Folge kriegerischer Auseinandersetzungen. Da all diese die Migration beeinflussenden Faktoren nicht zuverlässig vorherzusagen sind, stoßen regionale und kleinräumige Bevölkerungsvorausberechnungen häufig an ihre Grenzen. Je kleinräumiger die Bezüge von Vorausberechnungen sind, desto deutlicher spiegeln sie regional wirkende politische oder wirtschaftliche Entscheidungen wie die Ausweisung eines Neubaugebiets oder das Schließen eines Unternehmens wider. So stellt beispielsweise die Betrachtung verschiedener Stadtteile oder Wohnquartiere, die durch intensive Wanderungsbewegungen miteinander verflochten sind, besondere Herausforderungen an die Zuverlässigkeit von Vorausberechnungen. Mit der Dauer des Projektionszeitraums nimmt die Unsicherheit zu.

Gleichzeitig jedoch sind Abschätzungen zur Bevölkerungszahl gerade für kleinräumige Entscheidungen, wie die der Planung eines Kindergartens, auf langfristige Angaben angewiesen, da sich der Bau und die Nutzung von Infrastrukturen und Gebäuden meist über eine lange Zeit erstreckt. Um die Risiken zu minimieren, werden Infrastruktureinrichtungen zunehmend so angelegt, dass sie eine multifunktionale Nutzung ermöglichen. Beispielsweise können Kindergartenräume auch als Treffpunkte für Seniorengruppen dienen oder Schulen zu Einrichtungen der Erwachsenenbildung umfunktioniert werden (vgl. 4.4.3).

Die inhaltliche Herausforderung von Bevölkerungsvorausberechnungen besteht in der Berücksichtigung möglichst aller gesellschaftlich relevanten Prozesse. Die reine Fortschreibung der Bevölkerungszahl und -struktur birgt die Gefahr demographischer Fehlschlüsse. So würde man beispielsweise ohne die Betrachtung gesellschaftlicher Veränderungen aus dem Rückgang der Zahl der Jugendlichen leicht auf einen Rückgang der Studienanfänger schließen. Tatsächlich jedoch steigt der Anteil derer, die ein Studium beginnen, im Rahmen der Bildungsexpansion an. Dies führt dazu, dass die Zahl der Studienanfänger trotz abnehmender Bevölkerungszahlen in entsprechenden Altersgruppen zunimmt.

M 1: *Herausforderungen an Bevölkerungsvorausberechnungen*

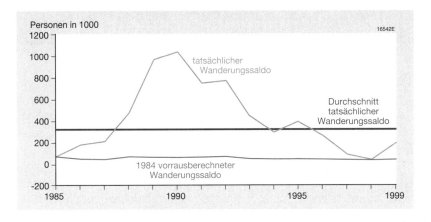

Wir sind alle keine Propheten und werden es auch in Zukunft nicht sein. Stimmen Vorausschätzung und Wirklichkeit trotzdem überein, ist dies i.d.R. dem Zufall zu verdanken. Das beruht letztlich genau darauf, dass niemand alle Daten mit ihren Nebenwirkungen kennen kann, von denen die Zukunft abhängt. Viele Einflussfaktoren sind überdies nur verbal formulierbar und nicht zu quantifizieren, weil sie sich nicht zählen lassen. Dazu kommt die oft übersehene Interdependenz der Einflussgrößen.

M 3: Quellentext zur Problemen der Bevölkerungsvorausschätzung

Schwarz, K: Aus langjährigen Erfahrungen mit Bevölkerungsvorausschätzungen. Materialien zur Bevölkerungswissenschaft, 2002

Der Demograph und Statistiker Karl Schwarz war Direktor des Bundesinstituts für Bevölkerungsforschung.

Vielfach werden Projektionen kritisch betrachtet. Dabei können sie trotz der beschriebenen Unsicherheiten wichtige Hinweise auf anstehende Entwicklungen geben. Generelle Trends wie die Veränderung der Altersstrukturen oder die Entwicklung regionaler Einwohnerzahlen lassen sich für einen Zeitraum von 20 Jahren mit hoher Sicherheit abschätzen. Bei längerfristigen und kleinräumigen Bevölkerungsvorausberechnungen dagegen sinkt die Eintrittswahrscheinlichkeit der Ergebnisse erheblich. Historisch bedeutsame Ereignisse wie Kriege oder der Fall des Eisernen Vorhangs haben im Verlauf des 20. Jahrhunderts auch hinsichtlich der Bevölkerungsentwicklung zu deutlichen Einschnitten geführt (M 2). Der Anstieg der Mortalität oder der Abfall der Geburtenhäufigkeit während Kriegs- und Krisenjahren konnten nicht vorhergesagt werden und fanden entsprechend keine Berücksichtigung in demographischen Vorausberechnungen.

M 4: *Bundesweite Werbekampagne „Leben, Arbeiten und Wohnen im Werra-Meißner-Kreis"*

Unabhängig von ihrer Eintrittswahrscheinlichkeit spielen Projektionen eine wichtige Rolle in der politischen Diskussion. So kann die Vorausberechnung von starken Bevölkerungsverlusten zu planerischen und politischen Gegenreaktionen führen, die ihrerseits bewirken, dass die erwartete Entwicklung nicht eintritt. So wird beispielsweise in verschiedenen Städten und Regionen mit intensiven Marketingmaßnahmen versucht, den prognostizierten Rückgang der Einwohnerzahlen aufzuhalten. In diesem Sinne sind Bevölkerungsvorausberechnungen nicht in jedem Fall als Methoden einer wertfreien Zukunftsforschung zu interpretieren, sondern als Instrument der politischen Einflussnahme.

1. *Diskutieren Sie die Einflüsse möglicher gesellschaftlicher Ereignisse wie Wirtschaftskrisen auf die demographische Entwicklung. Inwieweit können die Effekte in Vorausberechnungen Berücksichtigung finden?*

6.3.1 Prognosen der Vereinten Nationen

Die Bevölkerungsabteilung der Vereinten Nationen erstellt im Abstand von zwei Jahren Bevölkerungsprojektionen für alle Länder der Erde.

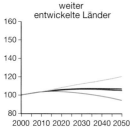

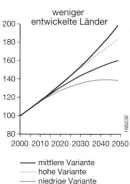

M1: *Entwicklung der Bevölkerung in den weiter und weniger entwickelten Ländern zwischen 2000 und 2050 nach Varianten (2000=100)*

Die Bevölkerungsprojektion der Vereinten Nationen wird in insgesamt acht Varianten berechnet (M2). Die vier wichtigsten davon unterscheiden sich in den Annahmen zur zukünftigen Geburtenentwicklung, während die zusätzlichen Varianten vergleichende Analysen hinsichtlich des Einflusses von internationaler Migration und Mortalitätsentwicklung ermöglichen. In der mittleren Variante wird eine langfristige Annäherung der Geburtenhäufigkeit in allen Ländern auf ein Niveau von 1,85 Kindern je Frau angenommen. Die Entwicklung der Fruchtbarkeit wird auf Grundlage der Dynamik in den Jahren 1950 bis 2010 abgeschätzt. In Ländern mit einer Geburtenhäufigkeit von unter 1,85 wird eine leichte Zunahme bis zum Jahr 2050 erwartet. In der hohen Variante wird eine um 0,5 Kinder höhere und in der niedrigen Variante eine um 0,5 Kinder geringere Geburtenhäufigkeit angenommen. Alle Grundvarianten basieren auf einer weiter ansteigenden Lebenserwartung, wobei sich die jährlichen Zuwächse gegenüber der Entwicklung der Vergangenheit abschwächen. Auch die Annahmen bezüglich der Migration basieren auf einer Fortsetzung des aktuellen Wanderungsgeschehens.

Nach Angaben der mittleren Variante der World Population Prospects (2008 Revision) der Vereinten Nationen wird die Weltbevölkerung bis zum Jahr 2050 auf gut 9,1 Mrd. Menschen ansteigen. Deutliche Unterschiede zeigen sich zwischen weiter und weniger entwickelten Ländern (M1). Während erstere je nach Variante durch einen moderaten Anstieg bis leichten Verlust gekennzeichnet sein werden, steigt die Bevölkerungszahl in den weniger entwickelten Ländern bis 2050 deutlich an. Gleichzeitig vergrößert sich der Anteil älterer Menschen in allen Großregionen der Erde. Lediglich in Afrika wird auch im Jahr 2050 mit einem Medianalter von unter 40 Jahren gerechnet.

Variante	Fruchtbarkeit	Mortalität	Migration
niedrig	niedrig	normal	normal
mittel	mittel	normal	normal
hoch	hoch	normal	normal
konstante Fruchtbarkeit	konstant auf Niveau 2005 – 2010	normal	normal
Bestanderhaltung	Reproduktionsniveau	normal	normal
konstante Mortalität	mittel	konstant auf Niveau 2005 – 2010	normal
keine Veränderungen	Reproduktionsniveau	konstant auf Niveau 2005 – 2010	normal
Null-Wanderung	mittel	normal	konstant auf Niveau 2010 – 2015

M2: *Übersicht über die Varianten der World Population Prospects (2008)*

6.3.2 Nationale Bevölkerungsprognosen

Die vom Statistischen Bundesamt und den Landesämtern in unregelmäßigen Abständen veröffentlichten Bevölkerungsvorausberechnungen bilden die wichtigste Grundlage für die Beschreibung zukünftiger Entwicklungen in Deutschland.

Die Abschätzung der Bevölkerungsentwicklung gehört seit Gründung der Bundesrepublik Deutschland zu den Aufgaben der amtlichen Statistik. In wichtigen Politikbereichen, wie der Renten- und Gesundheitspolitik, bilden detaillierte und zuverlässige Daten zur zukünftigen Bevölkerungszahl und -struktur die Grundlage für Gesetzesvorlagen, beispielsweise für Anpassungen bei der Finanzierung des Rentensystems. Bereits 1951 erstellte das Statistische Bundesamt seine erste eigene Bevölkerungsvorausberechnung. Für das Jahr 1982 wurde darin in zwei Varianten die Zahl und Altersstruktur der Bevölkerung vorausberechnet, wobei das Ergebnis mit knapp 50 Mio. Einwohnern rund 16 Prozent unter der tatsächlichen Bevölkerungszahl von gut 61 Mio. im Jahr 1982 lag. Der starke Anstieg der Geburtenhäufigkeit in den 1960er-Jahren, die deutliche Verlängerung der Lebenserwartung um sechs Jahre bei Männern und acht Jahre bei Frauen sowie die hohen Außenwanderungsgewinne in den 1960er- und 1970er-Jahren waren allesamt unterschätzt worden.

Die ersten amtlichen Bevölkerungsvorausberechnungen in der Bundesrepublik Deutschland waren räumlich nicht differenziert. Ab Mitte der 1960er-Jahre erstellte das Statistische Bundesamt in Zusammenarbeit mit den statistischen Landesämtern koordinierte Bevölkerungsvoraus-

Bezeichnung der Variante	Annahmen		
	Geburtenhäufigkeit (Kinder je Frau)	Lebenserwartung	jährlicher Wanderungssaldo (Personen)
Variante 1-W1 („mittlere" Bevölkerung, Untergrenze)	annähernd konstant bei 1,4	Basisannahme [1]	100 000
Variante 1-W2 („mittlere" Bevölkerung, Obergrenze)	annähernd konstant bei 1,4	Basisannahme [1]	200 000
Variante 2-W1	annähernd konstant bei 1,4	hoher Anstieg [1]	100 000
Variante 2-W2	annähernd konstant bei 1,4	hoher Anstieg [2]	200 000
Variante 3-W1	steigend, ab 2025 bei 1,6	Basisannahme [2]	100 000
Variante 3-W2 („relativ junge" Bevölkerung)	steigend, ab 2025 bei 1,6	Basisannahme [2]	200 000
Variante 4-W1	steigend, ab 2025 bei 1,6	hoher Anstieg [2]	100 000
Variante 4-W2	steigend, ab 2025 bei 1,6	hoher Anstieg [2]	200 000
Variante 5-W1	fallend bis 2050 auf 1,2	Basisannahme [1]	100 000
Variante 5-W2	fallend bis 2050 auf 1,2	Basisannahme [1]	200 000
Variante 6-W1 („relativ alte" Bevölkerung)	fallend bis 2050 auf 1,2	hoher Anstieg [2]	100 000
Variante 6-W2	fallend bis 2050 auf 1,2	hoher Anstieg [2]	200 000

[1] Lebenserwartung neugeborener Jungen im Jahr 2050: 83,5 Jahre; Lebenserwartung neugeborener Mädchen im Jahr 2050: 88,0 Jahre.
[2] Lebenserwartung neugeborener Jungen im Jahr 2050: 85,4 Jahre; Lebenserwartung neugeborener Mädchen im Jahr 2050: 89,8 Jahre.

M 1: *Varianten der 11. koordinierten Bevölkerungsvorausberechnung und zusätzlicher Modellrechnungen*

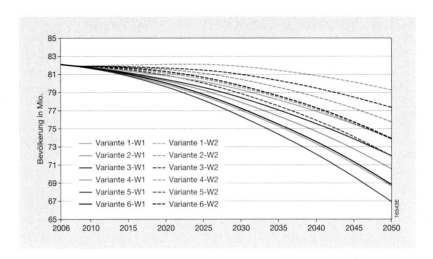

M 2: *Bevölkerungsentwicklung bis 2050 in Varianten*

berechnungen, die auch Ergebnisse auf Länderebene beinhalteten. Aufbauend auf dem Basisjahr 1992 wurde die achte koordinierte Vorausberechnung erstmals für das vereinte Deutschland gerechnet, wenngleich sich insbesondere die darin angenommenen hohen Außenwanderungsgewinne als nicht realistisch erwiesen.

Die aktuelle, 11. koordinierte Bevölkerungsvorausberechnung beruht auf dem Basisjahr 2005 und umfasst insgesamt zwölf verschiedene Varianten und drei Modellrechnungen (M 1). Unterscheidungsmerkmale der Varianten liegen in den getroffenen Annahmen zur Wanderungsentwicklung (jährliche Wanderungssalden zwischen 100 000 und 200 000), zur Geburtenhäufigkeit (bis 2050 auf 1,2 fallend, konstant bei 1,4 und bis 2025 auf 1,6 steigend) und zur Sterblichkeitsentwicklung (leichter Anstieg und hoher Anstieg). Zusätzliche Modellrechnungen zeigen die Bevölkerungsentwicklung bei einem jährlichen Wanderungssaldo von 300 000, einem ausgeglichenen Wanderungssaldo und bei einer zusammengefassten Geburtenziffer von 2,1 Kindern je Frau.

Unter Einbeziehung aller Varianten wird die Bevölkerungszahl im Jahr 2050 zwischen 67,0 Millionen (Variante 5-W1) und 79,5 Millionen (Variante 4-W2) liegen und sich damit gegenüber dem Stand von Ende

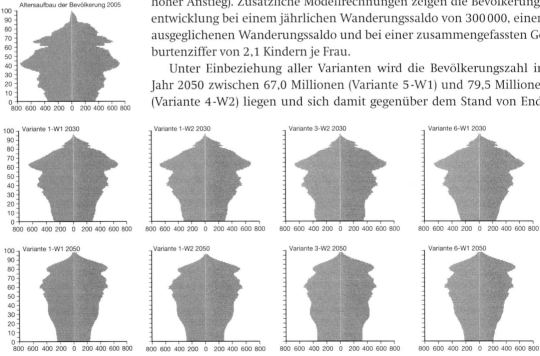

M 3: *Altersaufbau der Bevölkerung für 2005, 2030 und 2050 nach drei Varianten der 11. koordinierten Bevölkerungsvorausberechnung*

2005 um 2,9 bis 15,4 Millionen verringern (M 2). Geht man von einer weitgehend stetigen demographischen Entwicklung aus, so kann bis zum Jahr 2050 mit einem Bevölkerungsrückgang zwischen zehn Prozent und 17 Prozent gerechnet werden. Dieser Rückgang ist begleitet von einem rapiden Anstieg des Geburtendefizits. Denn selbst unter der Annahme einer bis zum Jahr 2025 auf 1,6 Kinder je Frau steigenden Geburtenhäufigkeit und einem jährlichem Wanderungssaldo von 200 000, würden 2050 etwa 433 000 mehr Menschen sterben als geboren werden. Gleichzeitig steigt der Anteil der Älteren an der Gesamtbevölkerung an (M 3). Bis 2050 erhöht sich dieser von 19 Prozent Ende 2005 auf über 30 Prozent. In der Variante „mittlere Bevölkerung, Untergrenze" werden die höchsten Anteile älterer Menschen mit über 40 Prozent für das Bundesland Brandenburg angegeben, der niedrigste Anteil wird mit 29 Prozent für Bremen erwartet. Die ostdeutschen Bundesländer sind auch durch einen hohen Gesamtquotienten oder Lastindex gekennzeichnet, der die Zahl der unter 20-Jährigen und der mindestens 65-Jährigen je 100 Einwohner zwischen 20 und unter 65 Jahren beschreibt (M 4). Ein unterdurchschnittlicher Gesamtquotient wird in Bremen und Hamburg verzeichnet. In Berlin, Hessen und Sachsen-Anhalt trifft ein unterdurchschnittlicher Jugend- auf einen überdurchschnittlichen Altenquotienten.

Die 11. koordinierte Bevölkerungsvorausberechnung deckt mit ihren unterschiedlichen Varianten ein breites Spektrum möglicher Trends ab. Dennoch ist zu hinterfragen, inwieweit die Bevölkerungsentwicklung über einen Zeitraum von 45 Jahren plausibel vorausberechnet werden kann. Bezüglich der Außenwanderungsannahmen konnten die getroffenen Annahmen bereits zwischen 2004 und 2008 nicht eingehalten werden, da das jährliche Wanderungssaldo zum Teil deutlich unter 100 000 lag.

Aus Gründen der Darstellbarkeit werden die Ergebnisse der Berechnung meist in den Varianten „mittlere Bevölkerung, Untergrenze" und „mittlere Bevölkerung, Obergrenze" angegeben, die sich hinsichtlich der Annahme zum Außenwanderungssaldo voneinander unterscheiden. Darüber hinaus können die Effekte der Alterung mit Hilfe der Varianten „relativ junge Bevölkerung" und „relativ alte Bevölkerung" veranschaulicht werden.

1. *Diskutieren Sie die Annahmen der unterschiedlichen Varianten. Welche Variante stellt sich für Deutschland als die wahrscheinlichste heraus?*

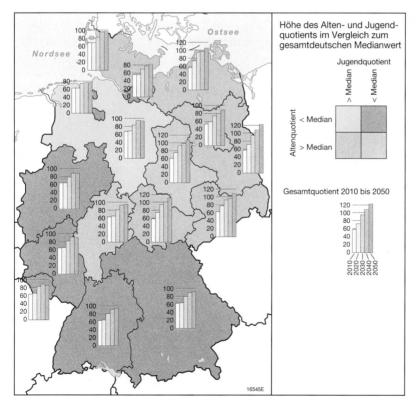

M 4: *Alten- und Jugendquotient sowie die Entwicklung des Gesamtquotienten nach Bundesländern*

Jugendquotient
Zahl der unter 20-Jährigen bezogen auf 100 Personen zwischen 20 und 60 / 65 Jahren

6.3.3 Regionale Bevölkerungsprognosen

**In der räumlichen Planung kommt kleinräumigen Bevölkerungs-
prognosen eine große Bedeutung zu. Sie bilden die Grundlage für
die Abschätzung der Nachfrage nach Infrastrukturen und Wohnungen sowie des Arbeitskräfteangebots.**

Kleinräumige und regionale Bevölkerungsabschätzungen stoßen besonders schnell an methodische und inhaltliche Grenzen. Trotzdem sind sie
für die regionale Politik und Planung unverzichtbar, insbesondere seit die
Auswirkungen des demographischen Wandels eine Verschärfung regionaler Disparitäten hervorgerufen haben. Diese Disparitäten beruhen vor
allem auf räumlichen Bevölkerungsbewegungen, deren Vorausberechnung mit hohen Unsicherheiten behaftet ist. Daher sollten kleinräumige Abschätzungen zur Bevölkerungszahl und -struktur als Szenarien
verschiedene mögliche Entwicklungspfade aufzeigen und idealer Weise
auch lokale Bedingungen wie geplante Neubaugebiete oder den Stellen-
abbau in wichtigen Unternehmen berücksichtigen.

Am Beispiel der Metropolregion Rhein-Neckar wird eine regionale Bevölkerungsvorausberechnung auf Gemeindeebene dargestellt. Im Rahmen
einer Vorausberechnung mit Hilfe der Komponentenmethode (vgl. 6.1)
wurde hierbei die Zahl und Struktur der Bevölkerung für die Jahre von
2007 bis 2020 in 149 Gemeinden vorausberechnet. Ausgangspunkt der
Fortschreibung bildete die nach Altersjahren und Geschlecht differenzierte Bevölkerung in den jeweiligen Gemeinden im Jahr 2006. Hierauf
aufbauend wurden für jedes Jahr bis 2020 die Zugänge in Form von Geburten und Zuwanderung sowie die Abgänge in Form von Sterbefällen
und Abwanderung berechnet. Die Fortschreibung der Geburten basierte
auf den altersspezifischen Geburtenraten in den betrachteten Gemeinden
und Kreisen, die bis zum Jahr 2020 konstant blieben. Zur Ermittlung der
Sterbefälle wurden die altersspezifischen Sterbewahrscheinlichkeiten
aus der Sterbetafel für Westdeutschland abgeleitet und unter der Annahme
einer leicht steigenden Lebenserwartung fortgeschrieben (vgl. 1.2). Die An-

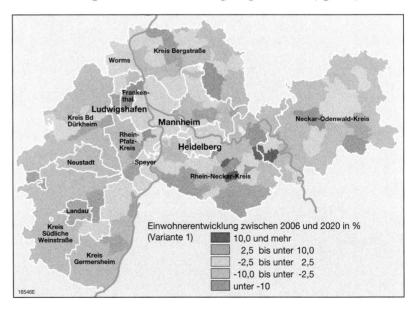

M 1: *Einwohnerentwicklung in
den Gemeinden der Metropolregion Rhein-Neckar zwischen
2006 und 2020*

nahmen zur Wanderungsentwicklung erfolgten auf Grundlage einer Analyse der altersspezifischen Fort- und Zuzüge im Referenzzeitraum zwischen 1997 und 2006. Insgesamt wurden vier verschiedene Varianten berechnet, die sich hinsichtlich der getroffenen Wanderungsannahmen unterscheiden.

Die Ergebnisse verweisen auf eine stagnierende bis leicht abnehmende Bevölkerungsentwicklung bei deutlichen Schwankungen zwischen den Gemeinden (M 1). Stagnierende bis zunehmende Einwohnerzahlen werden in den großen Oberzentren Mannheim, Ludwigshafen und Heidelberg, im südlichen Teil des Rhein-Neckar-Kreises und entlang einer Achse von Speyer nach Landau erwartet, wohingegen deutliche Verluste vor allem in vereinzelten kleineren Gemeinden im östlichen Teil der Metropolregion auftreten werden.

Bedeutender für die gesamte Region als der leichte Bevölkerungsverlust ist die sich fortsetzende Alterung. So wird die Zahl der unter 18-Jährigen in der Gesamtregion zurückgehen, die der älteren Menschen (v. a. über 70-Jährige) hingegen zunehmen (M 3). Ihr Anteil an der Gesamtbevölkerung steigt in einigen Teilräumen um bis zu 50 Prozent. Während der Alterungsprozess in den Oberzentren und kreisfreien Städten moderat ausfällt, nehmen die Anteile älterer Einwohner in den Umlandgemeinden überdurchschnittlich stark zu. Infolge der Suburbanisierungstendenzen in den 1960er- bis 1980er-Jahren erfolgten in einigen dieser Gemeinden zu jener Zeit großflächige Baulandausweisungen, die — meist durch Ein- und Zweifamilienhäuser bebaut — heute durch eine homogene Altersstruktur geprägt sind. In den Jahren bis 2020 werden viele Bewohner dieser Baugebiete höhere Altersgruppen erreichen. Damit steigt

M 2: *Einfamilienhäuser aus den 1970er-Jahren im Umland von Mannheim*

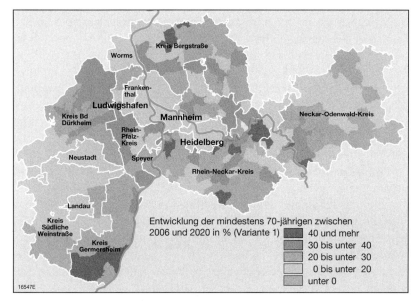

M 3: *Entwicklung der Zahl der mindestens 70-Jährigen in den Gemeinden der Metropolregion Rhein-Neckar zwischen 2006 und 2020*

6.3

1. Erläutern Sie, welche Ereignisse auf kleinräumiger Ebene zu unerwarteten Tendenzen der Bevölkerungsentwicklung führen können.

2. Recherchieren Sie im Internetangebot Ihres statistischen Landesamts die Ergebnisse regionaler Bevölkerungsprognosen und interpretieren Sie diese für Ihre Region.

M 4: Quellentext zur Schrumpfung der Kommunen
Schmidt, K.; Große Starmann, Ca.: Kommunen im demographischen Wandel. Aus Politik und Zeitgeschichte 21–22 / 2006
Kerstin Schmidt und Carsten Große Starmann arbeiten beim Projekt 'Wegweiser Demographischer Wandel' bei der Bertelsmann Stiftung.

Erwerbspersonenpotenzial
Das Erwerbspersonenpotenzial besteht aus allen Personen im erwerbsfähigen Alter unabhängig davon, ob diese tatsächlich erwerbstätig sind. Als erwerbsfähiges Alter werden meist die Alterjahre 18 bis 65 bezeichnet, wenngleich sich die Obergrenze mit steigendem Renteneintrittsalter in Zukunft erhöhen wird.

auch der Anteil an kleinen Haushalten älterer Menschen an. Viele verbleiben bis in ein hohes Lebensalter am liebsten in der vertrauten Wohnumgebung. Durch dieses *ageing in place* steigt die durchschnittliche Wohnfläche pro Kopf stark an. Gleichzeitig entstehen neue Herausforderungen an die Daseinsvorsorge insbesondere in infrastrukturell schlecht erschlossenen Randgebieten.

In Regionen, die insgesamt durch rückläufige Einwohnerzahlen charakterisiert sind, wird die Nachfrage an einzelnen Wohnstandorten in Zukunft noch stärker als heute von der verkehrlichen Anbindung an die Zentren, dem Wohnungsangebot sowie der infrastrukturellen Ausstattung abhängen. Das Nebeneinander von wachsenden und schrumpfenden Gemeinden wird sich zu einem Charakteristikum der zukünftigen Raumstruktur entwickeln.

Das Ergebnis der Bevölkerungsprognose der Bertelsmann Stiftung zeigt, dass die Zahl der Einwohner in der Bundesrepublik bis zum Jahr 2020 um insgesamt 1,4 Prozent schrumpfen wird. Das klingt zunächst nach einer moderaten Schrumpfung. Neben den inzwischen breit diskutierten Auswirkungen auf die sozialen Sicherungssysteme wird dieser Bevölkerungsrückgang aber nicht nur auf der gesamtstaatlichen Ebene, sondern vor allem in den Städten und Gemeinden des Landes spürbar – und hier gibt es eine sehr breite Streuung unterschiedlicher Entwicklungen. Bei Betrachtung der Gesamtergebnisse wird deutlich, dass rund 50 Prozent aller deutschen Städte und Gemeinden mit mehr als 5 000 Einwohnern von Bevölkerungsschrumpfung betroffen sein werden. Die Spannbreite der Schrumpfung reicht hierbei von geringen Bevölkerungsrückgängen mit weniger als einem Prozent Abnahme bis hin zu gravierenden Einwohnerverlusten bis zu 58 Prozent. (…) Demographisch – aber auch ökonomisch – wachsende und schrumpfende Kommunen liegen dabei erkennbar häufig nah beieinander.

Regionale und kleinräumige Bevölkerungsvorausberechnungen bilden wichtige Grundlagen für die regionale und kommunale Entwicklung wie zum Beispiel die Flächennutzungs- oder Verkehrsplanung. Gleichzeitig sind sie die Basis für die Abschätzung des Erwerbspersonenpotenzials. Durch den Rückgang von Personen im erwerbsfähigen Alter kommt es zu Nachfrageüberhängen vor allem nach hoch qualifizierten Fachkräften. Aus diesem Grund finden Bevölkerungsvorausberechnungen heute nicht nur in der räumlichen Planung Beachtung, sondern auch in Unternehmen. Mit Hilfe von Vorausberechnungen des Mitarbeiterbestandes versuchen diese, den zukünftigen Bedarf an Arbeitskräften zu ermitteln und dadurch bereits frühzeitig durch Aus- und Weiterbildungsprogramme auf sich abzeichnende Engpässe reagieren zu können.

Probleme bei der Erstellung kleinräumiger Bevölkerungsvorausberechnungen ergeben sich aus der geringen Größe der betrachteten Raumeinheiten. Insbesondere kleine Gemeinden mit unter 5 000 Einwohnern sind sehr anfällig gegenüber singulären Ereignissen, wie dem Schließen einzelner Unternehmen. Um die zukünftige Bevölkerung möglichst genau abbilden zu können, sollten relevante Planungen, wie die Erschließung von Neubaugebieten oder große Bauvorhaben in Vorausberechnungen berücksichtigt werden.

6.4 Bevölkerungspolitik

Seit dem Absolutismus versuchen Staaten, die Zahl und Struktur ihrer Bevölkerung zu beeinflussen. Ihren traurigen Höhepunkt erreichte diese Bevölkerungspolitik im Dritten Reich. Heute soll in verschiedenen Ländern Europas mit familienpolitischen Maßnahmen zumeist eine Steigerung der Geburtenhäufigkeit erzielt werden.

Allgemein wird unter Bevölkerungspolitik der Versuch verstanden, die demographische Struktur und die Bevölkerungszahl von staatlicher Seite aus zu beeinflussen. Dabei kann zwischen einer quantitativen und einer qualitativen Bevölkerungspolitik unterschieden werden. Erstere hat die Erhöhung der Einwohnerzahlen beispielsweise durch die Förderung von Zuwanderung zum Ziel. Bei letzterer wird versucht, die Struktur der Bevölkerung beispielsweise durch Maßnahmen zur Fruchtbarkeitssteigerung zu erhöhen. Im deutschsprachigen Raum ist der Begriff der Bevölkerungspolitik aufgrund der Erfahrungen im Dritten Reich negativ besetzt. Mit menschenverachtenden Maßnahmen versuchten die Nationalsozialisten ihre Vorstellung von einer „gesunden" Bevölkerung durchzusetzen.

Schon im 17. und 18. Jahrhundert betrieben Fürsten durch gezielte Zu- und Umsiedlungsmaßnahmen, aber auch durch die Unterstützung kinderreicher Familien Bevölkerungspolitik, um ihr Volk zu vergrößern und ihren Einfluss und ihre Macht zu sichern. Heute werden in vielen Ländern bevölkerungspolitische Maßnahmen ergriffen, wobei die Abgrenzung gegenüber anderen Bereichen der Wirtschafts- und Sozialpolitik nicht klar definiert ist. In einer umfassenden Definition zählen alle Ansätze zur Bevölkerungspolitik, die gezielt Einfluss auf Fruchtbarkeit, Sterblichkeit und Wanderungen nehmen. Dazu gehören auch Bildungsprogramme, Kampagnen zur Verbreitung von Verhütungsmitteln oder finanzielle Unterstützungen von Kindern und Familien. Während in weniger entwickelten Ländern der Schwerpunkt auf der Verringerung der Geburtenzahlen liegt, steht vor allem in Europa die Erhöhung der Fruchtbarkeit im Zentrum der Bevölkerungspolitik. In Deutschland und einigen anderen europäischen Ländern hat sich aufgrund der schlechten Erfahrungen im Dritten Reich der Begriff der Familienpolitik statt dem der Bevölkerungspolitik durchgesetzt. Daneben gehören aber auch die Zuwanderungspolitik sowie Teile der Sozialpolitik zu den bevölkerungspolitischen Maßnahmen.

Bevölkerungsfragen erwecken bei vielen Menschen ein schwer zu formulierendes Unbehagen. Und dies Unbehagen steigert sich, sobald von „Bevölkerungspolitik" die Rede ist. Die Bevölkerungswissenschaft oder Demographie hat das ihre dazu beigetragen, solchem Unbehagen Nahrung zu geben. Man braucht gar nicht an die verhängnisvolle Rolle zu erinnern, welche die Bevölkerungswissenschaft unter dem Nationalsozialismus gespielt hat. Auch ohne solche politische Perversionen scheint dem demographisch begründeten politischen Diskurs etwas Brutalisierendes eigen zu sein. Geburt und Sterben erscheinen nur als nüchterne Statistiken biologisch feststellbarer Tatbestände, und Menschen werden auf zählbare Einheiten reduziert.

M 1: Quellentext zur öffentlichen Wahrnehmung der Bevölkerungspolitik
Kaufmann, F.-X.: Schrumpfende Gesellschaft. Vom Bevölkerungsrückgang und seinen Folgen (2005)
Franz-Xaver Kaufmann war Professor für Soziologie und Sozialpolitik an der Universität Bielefeld.

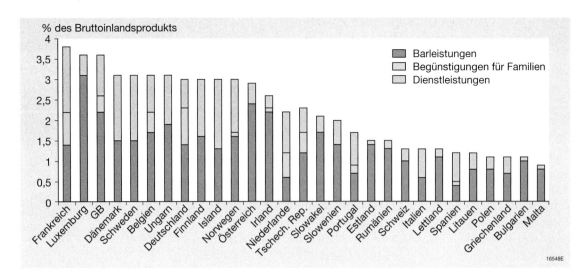

M 2: *Öffentliche Ausgaben für Familie und Kinder 2005 (in Prozent des Bruttoinlandsprodukts)*

Die Instrumente einer auf die Steigerung der Geburtenhäufigkeit ausgerichteten Bevölkerungs- und Familienpolitikpolitik sind vielfältig und werden in den meisten Staaten in kombinierter Form eingesetzt. Als wichtigste Instrumente können geldwerte, zeitwerte und sachwerte Leistungen unterschieden werden (M 2). Geldwerte Leistungen werden entweder als direkte monetäre staatliche Transferleistungen an Kinder oder deren Eltern ausgezahlt. In Deutschland kommt diesem Instrument in Form von Kindergeld und Elterngeld eine wichtige Bedeutung zu. Darüber hinaus können geldwerte Leistungen als indirekte monetäre Transfers wie Steuererleichterungen gewährt werden. Hierzu zählen nicht nur Instrumente wie Kinderfreibeträge, sondern auch das in Deutschland angewandte Ehegattensplitting. Letzteres bietet Ehepaaren die Möglichkeit, dass ein Haupternährer deutlich geringere Steuern bezahlt. Die Einführung des Modells 1958 fiel in eine Zeit, in der das traditionelle Haupternährermodell mit einem berufstätigen Ehemann und einer den Haushalt führenden und die Kinder erziehenden Mutter weite Verbreitung hatte (vgl. 4.4.2). Vor dem Hintergrund des gesellschaftlichen Wandels hat sich dieses Familienmodell inzwischen jedoch grundlegend gewandelt, was dazu führt, dass heute weniger Kinder als Ehepaare davon profitieren.

Zeitwerte Leistungen beinhalten gesetzlich geregelte Freistellungen vom Beruf. Hierzu zählen in Deutschland der Mutterschutz, der es Frauen erlaubt, ihre Arbeit sechs Wochen vor und acht Wochen nach der Geburt ihres Kindes ruhen zu lassen, wobei ein Teil des Mutterschutzes mit

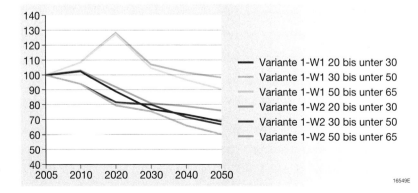

M 3: *Zahl der Personen im erwerbsfähigen Alter nach der 11. koordinierten Bevölkerungsvorausberechnung für Deutschland nach zwei Varianten (2005 = 100)*

einem Beschäftigungsverbot einhergeht. Als zeitwerte Leistungen gelten auch die zehn- oder — bei Beteiligung beider Elternteile — zwölfmonatige Elternzeit, die Anerkennung der Erziehungszeiten bei der Rentenversicherung sowie die Pflegefreistellung bei Krankheit des Kindes von jährlich maximal zehn Tagen je Elternteil.

In den vergangenen Jahren haben in Deutschland die sachwerten Leistungen an Bedeutung gewonnen. Diese konzentrieren sich insbesondere auf die Bereitstellung von Betreuungsinfrastrukturen. Mittels ganztägiger Betreuung in Krippen, Kindergärten und Ganztagsschulen oder Horten soll erreicht werden, dass möglichst viele Eltern einer sozial abgesicherten Erwerbsarbeit nachgehen können. Dies wird insbesondere vor dem Hintergrund der Erhöhung der Frauenerwerbsquote und des Erhalts des Humankapitals als wichtig erachtet (M 3). Während die Ausstattung mit Betreuungseinrichtungen für Kleinkinder unter drei Jahren in den ostdeutschen Bundesländern als gut gilt, weil sie von dem zur DDR-Zeit hervorragend ausgebauten Kinderbetreuungssystem weiterhin profitieren, wird in den meisten westdeutschen Bundesländern aktuell an einem deutlichen Ausbau der Kapazitäten gearbeitet.

In anderen Ländern wurden die familienpolitischen Prioritäten von Beginn an anders gesetzt. So spielen die geldwerten Leistungen in Frankreich eine geringere Rolle, während Unterstützung bei der Betreuung der Kinder an erster Stelle steht (M 5). Die Betreuung erfolgt sowohl in staatlichen Einrichtungen, in Krippen und ab dem dritten Lebensjahr in *écoles maternelles* als auch zu Hause durch Tagesmütter. In Schweden ist die Familienpolitik eng mit der konsequenten Gleichstellung der Geschlechter verbunden. Eine hohe Erwerbsbeteiligung der Frauen, gute und flexible Betreuungseinrichtungen und eine Entkoppelung der steuerlichen Begünstigung für Familien von der Institution Ehe bedingen hier eine hohe Geburtenhäufigkeit.

M 4: *École maternelle in Paris*

1. *Beschreiben Sie die familienpolitischen Instrumente, die am meisten zu einer Steigerung der Fertilität beitragen können.*

2. *Diskutieren Sie den Begriff der Bevölkerungspolitik. Warum ist er in Deutschland negativ besetzt?*

Land	weniger als 3 Jahre		zwischen 3 Jahre und schulpflichtigem Alter	
	unter 30 Stunden	30 Stunden und mehr	unter 30 Stunden	30 Stunden und mehr
Österreich	7	1	52	18
Belgien	21	23	35	65
Tschechische Republik	2	0	31	38
Deutschland	11	7	65	31
Dänemark	7	63	15	82
Spanien	24	16	49	43
Frankreich	13	15	51	42
Lettland	2	14	6	46
Niederlande	39	4	80	11
Norwegen	8	27	17	63
Polen	0	2	8	23
Schweden	20	27	30	61

M 5: *Anteil der Kinder in formaler Kinderbetreuung nach Alter und wöchentlicher Betreuungszeit*

Anhang

Ausgewählte Literatur

Bähr, J.: Bevölkergsgeographie. Stuttgart: Eugen Ulmer, 2004

Binnenwanderungen. Geographische Rundschau 6/2003

Brockerhoff, M. P.: Urbanizing World. In: Population Bulletin 3/2000 (www.prb.org)

Demographischer Wandel. Geographische Rundschau 2/2007

Demographischer Wandel und Raum. Geographie und Schule 172/2008

Gans, P., Schmitz-Veltin, A. (Hrsg.): Demographische Trends in Deutschland. Folgen für Städte und Regionen. Räumliche Konsequenzen des demographischen Wandels. Teil 6. In: Forschungs- und Sitzungsberichte 226, Hannover, 2006

Gans, P.; West, C.: Bevölkerungsentwicklung und Migration: „re"-Reconquista Spaniens? Bayreuther Geowissenschaftliche Arbeiten, Bd. 24, 2004, 27–43

Geiselhart, K, Krüger, F.: Die HIV/AIDS-Krise – Botswanas strategische Antwort als Vorbild? In: Geographische Rundschau 2/2007, S. 54–61

Haug, S.: Klassische und neuere Theorien der Migration. Arbeitspapiere – Mannheimer Zentrum für Europäische Sozialforschung 30, 2000 (www.mzes.uni-mannheim.de/publications/wp/wp-30.pdf)

Huinink, J., Konietzka, D.: Familiensoziologie. Eine Einführung. Frankfurt: Campus, 2007

Institut für Länderkunde (Hrsg.) Nationalatlas Bundesrepublik Deutschland. Bevölkerung, mithrsgg. von Gans, P., Kemper, F.-J., Band 4, Heidelberg/Berlin: Spektrum Akademischer Verlag, 2001

Institut für Länderkunde (Hrsg.) Nationalatlas Bundesrepublik Deutschland. Leben in Deutschland, mithrsgg. von S. Lentz, Heinritz, G., Tzschaschel, S., Band 12, Heidelberg / Berlin: Spektrum Akademischer Verlag, 2006

Internationale Migration. Geographische Rundschau 6/2008

Kuls, W., Kemper, F.-J.: Bevölkerungsgeographie. Stuttgart/Leipzig: Teubner Studienbücher, 2000

McFalls Jr., J.-H.: Population: A lively introduction. In: Population Bulletin 1/2007 (www.prb.org)

Montgomery, M. R.: Urban poverty and health in developing countries. In: Population Bulletin 2/2009 (www.prb.org)

Müller-Mahn, D.: Ägyptische Migranten in Paris. Transnationale Migration und die Relativierung des Lokalen. In: Geographische Rundschau 10/2002, S. 40–44

Peuckert, R.: Familienformen im sozialen Wandel. Wiesbaden: Verlag für Sozialwissenschaft, 2008

Population Reference Bureau Staff: Transitions in world population. In: Population Bulletin 59, 1, 2004 (www.prb.org)

Pries, L.: Die Transnationalisierung der sozialen Welt. Sozialräume jenseits von sozialen Gesellschaften. Suhrkamp: Frankfurt/Main, 2008

Raumordnung und Raumentwicklung. Geographische Rundschau 3/2005

Sanderson, W., Scherbov, S.: Rethinking Age and aging. In: Population Bulletin 63, 4, 2008 (www.prb.org)

Weltbevölkerung und Migration. Geographische Rundschau 3/2001

Internet

Population Reference Bureau
www.prb.org
Publikationen zu allen wichtigen Fragestellungen zum Thema Bevölkerung, jährlich aktuelle Daten weltweit im World Population Data Sheet, Zusammenstellungen von Graphiken usw.

UN Department of Economic and Social Affairs Population Division
www.un.org/esa/population
Daten und Publikationen der Vereinten Nationen zu Themen wie internationale Migration, Verstädterung, Geburtenhäufigkeit wie Sterblichkeit oder Bevölkerungsvorausberechnungen

World Health Organisation
www.who.int/
Daten, Berichte und Publikationen der Weltgesundheitsorganisation

zu Themen der Gesundheit, Gesundheitstrends und Policy Möglichkeiten innerhalb Vereinten Nationen

Human Development Report hdr. undp.org/en/
jährlich erscheinender Human Development Report und Daten HDI, GDI, GEM, HPI-1, HPI-2

Statistisches Bundesamt Deutschland www.destatis.de
Daten und Berichte des Statistischen Bundesamtes zum Thema Bevölkerung mit Bezug auf Deutschland

Bundesinstitut für Bevölkerungsforschung www.bib-demographie.de
Daten und zahlreiche Publikationen zu verschiedenen Bevölkerungsthemen überwiegend mit Bezug auf Deutschland

Berlin-Instituts für Bevölkerung und Entwicklung www.berlin-institut.org
Online-Handbuch Demographie, Daten, Berichte zu allen Themen, die mit Bevölkerung in Beziehung stehen

Rostocker Zentrum für Demographischen Wandel www.zdwa.de
Daten und Publikationen zu verschiedenen Bevölkerungsthemen wie Fruchtbarkeit oder demographischer Wandel

Statistisches Bundesamt der Schweiz www.bfs.admin.ch
Daten und Berichte zum Thema Bevölkerung mit Bezug auf die Schweiz

Statistisches Amt Österreich www.statistk.at
Daten und Berichte zum Thema Bevölkerung mit Bezug auf Österreich

Instituto Nacional de Estadística www.ine.es / en / welcome_en.htm
Daten und Berichte des nationalen Statistischen Amtes Spanien zum Thema Bevölkerung mit Bezug auf Spanien

Europäische Kommission: Eurostat www.ec.europa.eu/eurostat
Daten zum Bevölkerungsstand und zur Bevölkerungsentwicklung in den Ländern und Regionen Europas

U.S. Census Bureau www.census.gov
Daten, Analysen, Publikationen des US-amerikanisches Zensusbüros

Vienna Institute of Demography www.oeaw.ac.at / vid /
Daten, Analysen und Online-Veröffentlichungen zur demographischen Entwicklung in Europa und zur Bevölkerungsvorausberechnung

Online Zeitschriften

Demographische Forschung aus erster Hand: www.demografische-forschung.org

Demographic Research: www.demographic-research.org/

Materialien zur Bevölkerungswissenschaft:www.bib-demographie. de/nn_750132/DE/Publikationen/ Materialien/materialien__node. html?__nnn=true

Register

Abbildungsverzeichnis

26 M5 Gans, P.; Ott, Th.: Binnenwanderungen in den Ländern der Europäischen Union. GR 6/2003, S. 22

28 M1 Gans (eigener Entwurf)

29 M2 Weeks, J. R.: Population. An introduction to concepts and issues. Belmont u. a. 1996, S. 315

31 M1 Stat. Bundesamt 2008

31 M2 Gans (eigener Entwurf) nach Daten der UN 2007; WPDS 2008

31 M3 UN (Hg.): World Population Prospects: The 2008 Revision. New York 2009

32 M1 UNECE und Eurostat

33 M2 Schmitz-Veltin (eigener Entwurf) nach Daten des Statistischen Amts der Landeshauptstadt Stuttgart

33 M3 Deutsches Zentrum für Altersfragen

34 M1 Stat. Bundesamt 2008

34 M2 Schmitz-Veltin (eigener Entwurf) in Anlehnung am Kemper, F.-J.: Die Bedeutung des Lebenszyklus-Konzeptes für die Analyse intraregionaler Wanderungen. In: Kemper F.-J./Laux, H.-D./Thieme, G. (Hg.): Geographie als Sozialwissenschaft. Colloquium Geographicum Bd. 18. Bonn 1985, S. 180–212; Stat. Bundesamt (Hg.): Leben und Arbeiten in Deutschland. Sonderheft 1: Familien und Lebensformen. Ergebnisse des Mikrozensus 1996–2004, Wiesbaden 2006

34 M3, M4 Stat. Bundesamt

34 M5 Schweizer Bundesamt für Statistik

37 M1 West (eigener Entwurf) nach UNDP: Human Development Report 2007/2008. Fighting climate change: Human solidarity in a divided world. New York 2008

38 M2 ebenso

39 M3 ebenso

40 M1 West (eigener Entwurf), stark verändert nach Kalachea, A.; Kickbusch, I.: A global strategy for healthy ageing. World Health 4/1997, S. 4–5

41 M2 West (eigene Berechnungen) nach Stat. Bundesamt (Hg.): Bevölkerung und Wirtschaft 1872–1972, Stuttgart 1972; Destatis (Hg.): Stat. Jahrbuch, versch. Jg.

41 M3 West (eigene Darstellung) nach Deutsche Rentenversicherung: Rentenzugang 2007. Bd. 168, S. 33

42 M4 West (eigener Entwurf)

44 M1 UNDP: Human Development Report 2007/2008; WPDS 2008

45 M2 Gans (eigener Entwurf) nach Daten der WPDS 2007, 2008

45 M3 Ayad, M.; Roudi, F.: Fertility decline and reproductive health in Morocco: New DHS Figures (www.psb.org/Articles/2006)

46 M1 PB 1/2004, S. 17

46 M2 Gans, P.: Bevölkerungsgeographie. In: Gebhardt, H. et al. (Hrsg.): Geographie. München 2007, S. 780; verändert

47 M3 Population Today, July/August 1999; WPDS 2000, 2008

47 M4 PB 4/2005, S. 6; WPDS, versch. Jg.

48 M1 Barrett, H. R.: Population geography. Harlow 1995, S. 108; WPDS 2008

49 M2 UN (Hg.): Demographic Yearbook 2006, New York 2008, S. 567, 576, 583

50 M1 UN (Hg.): Demographic Yearbook 1972, 2006

50 M2 Gans (eigener Entwurf) nach Daten von www.marc-luy.de

51 M3 Gans (eigener Entwurf) nach Daten vom BBSR

52 M2 Gans (eigener Entwurf) nach Daten der WPDS 2007, 2008

53 M4 Saenz, R.: The growing color divide in U. S. infant mortality. Population Reference Bureau, Washington D. C.

53 M5 WPDS 2008

54 M1 WHO

55 M2 Gans (eigener Entwurf) nach Daten vom Stat. Bundesamt, Fachserie 12, Reihe 4

56 M1 UNAIDS (Hg.): Report on the global HIV/AIDS epidemic. Genf 2008, S. 42

56 M2 ebenso, S. 45

57 M3 ebenso, S. 46

58 M1 Gans (eigener Entwurf) nach Daten von Chesnais, J.-C.: Demographic transition: Stages, patterns and economic implications. Oxford u. a. 1992; Stat. Bundesamt (Hrsg.) Statistisches Jahrbuch für die Bundesrepublik Deutschland. Wiesbaden. versch. Jahrgänge

58 M2 Gans, P.; Kemper, F.-J.: Bevölkerung in Deutschland – eine Einführung. Institut für Länderkunde (Hg.): Bundesrepublik Deutschland. Nationalatlas. Bd. 4:

Bevölkerung. Heidelberg/Berlin 2001, S. 17

59 M5 ebenso, S. 16, aktualisiert

59 M6 ebenso, S. 19, aktualisiert

61 M1 Bähr et al.: Bevölkerungsgeographie. Berlin 1992, S. 481

61 M2 Bähr, J.: Tag der 6 Mrd. Menschen. Zur jüngeren Entwicklung der Weltbevölkerung. GR 1999, S. 571

62 M4 Gans (eigener Entwurf)

62 M5 PB 4/2005, S. 16

63 M1 Eurostat, OECD, Stat. Bundesamt

65 M3 Gans (eigener Entwurf) nach der Bevölkerungsvorausberechnung von Eurostat

65 M4 INSEE, No. 805, 2001

66 M5 Gans (eigener Entwurf) nach der Bevölkerungsvorausberechnung von Eurostat

66 M6 Gans (eigener Entwurf) nach Daten von Eurostat

68 M1 ebenso

69 M3 Bundesmin. für Familie, Senioren, Frauen und Jugend (Hg.): Siebter Familienbericht. Berlin 2006, S. 360, ergänzt

71 M2 Stat. Bundesamt (Hg.): Bevölkerung Deutschlands bis 2050. 11. koordinierte Bevölkerungsvorausberechnung. Wiesbaden 2006, S. 21)

71 M3 Bellmann, L. et al.: Betriebliche Sicht- und Verhaltensweisen gegenüber älteren Arbeitnehmern. Aus Politik und Zeitgeschehen, B 20, 2003, S. 31

72 M4 Bundesmin. für Verkehr, Bau und Stadtentwicklung (Hg.): Integration vor Ort. Der Nationale Integrationsplan – Zwischenbilanz. Berlin 2008, S. 13

74 M1 Gans (eigener Entwurf)

75 M2 West, C.: Dimensionen des individuellen und gesellschaftlichen Wandels: Die grundlegenden Orientierungen ‚geschlossen–offen' und ‚konkret–abstrakt' als Determinanten der Stadtentwicklung in Barcelona (1986–2005), Mannheim 2007

77 M1 West verändert nach Kortum, G.: Räumliche Aspekte ausgewählter Theorieansätze zur regionalen Mobilität und Möglichkeiten ihrer Anwendung in der wirtschafts- und sozialhistorischen Forschung. In: Brockstedt, J.: Regionale Mobilität in Schles-

wig-Holstein 1600–1900. Studien zur Wirtschafts- und Sozialgeschichte Schleswig-Holstein 1: Neumünster 1979, S. 13–40

78 M 1 West verändert nach Zelinsky, W.: The Hypothesis of the Mobility Transition. Geographical Review, 2 / 1971, S. 219–249

79 M 2 Gans, P.: Phasen der wirtschaftlichen Entwicklung und ihre Auswirkungen auf das Großstadtwachstum in Lateinamerika. In: Reinhard, W. / Waldmann, P. (Hg.): Nord und Süd in Amerika, Bd. 1. Freiburg 1992, S. 212–224

81 M 1 West verändert nach de Lange, Norbert: Bevölkerungsgeographie. Grundriss Allgemeine Geographie. Paderborn u. a. 1991, S. 65

82 M 3 West verändert und ergänzt nach Bähr 2004, S. 268

83 M 1 West (eigener Entwurf)

84 M 2 West (eigener Entwurf) in Anlehnung an Pries, L.: Internationale Migration. Einführung in klassische Theorien und neuere Erklärungsansätze. GR 6 / 2008, S. 8

86 M 1 West verändert nach Hillmann, F.: Das europäische Migrationssystem. GR 6 / 2008, S. 13

87 M 2 Eurostat

88 M 1 West (eigener Entwurf) nach INE (Instituto Nacional de Estadística) 2009; OPI (Observatorio Permanente de la Inmigración: Ministerio de Trabajo e Inmigración), Anuario 2008

88 M 2 West (eigener Entwurf) nach OPI (Observatorio Permanente de la Inmigración: Ministerio de Trabajo e Inmigración), Anuario 2008

89 M 4 Elrick, Tim: Netzwerke und ihr Einfluss auf Migrationspolitik. In: focusMigration 11. 2008, S. 6

90 M 1 HWWI, Länderprofil Marokko, S. 4

91 M 3 ebenso, S. 10

92 M 1, M 2 West (eigener Entwurf) nach US Census Bureau, Census 2000

94 M 1 Bundesamtes für Migration und Flüchtlinge (Hg.): Migrationsbericht 2005, S. 92

94 M 2 West verändert nach Glebe, G.; White, P.: Hoch qualifizierte Migranten im Prozess der Globalisierung. GR 2 / 2001, S. 41

95 M 4 West (eigener Entwurf) nach DAAD 2009

96 M 1 West (eigene Entwurf) nach Stat. Bundesamt 2006

96 M 2 Statistisches Landesamt des Freistaates Sachsen 2002. S. 42

96 M 3 ebenso, S. 51

97 M 4 Granato, N. et al.: Verluste in Ostdeutschland gehen zurück. Arbeitskräftewanderungen nach Qualifikation. IAB Kurzbericht 7. 2009, S. 3

97 M 5 ebenso, S. 4

98 M 1 Meng, R. Veltin, A.; West, C.: Wohnen in der Stadt? – Wohnwünsche intraurban wachsender Haushalte und potenzieller Reurbanisierer. In: Maretzke, S. (Hg.): Städte im demografischen Wandel. Wesentliche Strukturen und Trends des demografischen Wandels in den Städten Deutschlands. MzB, H. 125, 2008, S. 103–112

98 M 2 West (eigener Entwurf) nach van den Berg, L. et al.: A Study of Growth and Decline. Oxford u. a. 1982, S. 38

99 M 3 Gans, P.; Schmitz-Veltin, A.; West, C.: Wanderungsmotivanalyse Mannheim. Gutachten für die Stadt Mannheim 2007 / 2008. Mannheim 2008

99 M 4 West verändert nach Glatter, J.; Siedhoff, M.: Reurbanisation: Inflationary Use of an Insufficiently Defined Term? Die Erde, Heft 2 / 2008, S. 294

100 M 1 West (eigener Entwurf) nach US Census Bureau

101 M 2 West verändert nach Blasius, Jörg: Indizes der Segregation. Kölner Zeitschrift für Soziologie und Sozialpsychologie, Sonderheft 29; Friedrichs, J. (Hg.): Stadtsoziologie, 1988, S. 416

102 M 3 West (eigener Entwurf) nach US Census Bureau, Census 2000

103 M 4, M 5 ebenso

106 M 1 Stat. Bundesamt (Hg.): Bevölkerung und Erwerbstätigkeit. Bevölkerung mit Migrationshintergrund, Ergebnisse des Mikrozensus 2007, Fachserie 1, Reihe 2.2. Wiesbaden 2009

108 M 1 UN, Department of Economic and Social Affairs, Population Division

109 M 2 Schmitz-Veltin (eigener Entwurf)

109 M 3 Schmitz-Veltin (eigener Entwurf)

109 M 4 Stat. Bundesamt

110 M 1 Schmitz-Veltin (eigener Entwurf)

111 M 2 Bretz, M.: Treffsicherheit von Bevölkerungsvorausberechnungen. In: Flöthmann, E.-J.; Scholz, R.; Gärtner, K. (Hg.): Demographische Vorausschätzungen – Grenzen und Möglichkeiten, Methoden und Ziele. MzB, Heft 204, 2002, S. 26.

112 M 1 Schmitz-Veltin (eigener Entwurf) nach UN (Hg.): World Population Prospects: The 2008 Revision. New York 2009

112 M 2 UN (Hg.): World Population Prospects: The 2008 Revision. New York 2009

113 M 1 ebenso

114 M 2, M 3 Stat. Bundesamt (Hg.): Bevölkerung Deutschlands bis 2050. 11. koordinierte Bevölkerungsvorausberechnung. Wiesbaden 2006

115 M 4 Schmitz-Veltin (eigener Entwurf) nach Destatis (Hg.): Bevölkerung Deutschlands bis 2050. 11. koordinierte Bevölkerungsvorausberechnung. Wiesbaden 2006

116 M 1 Schmitz-Veltin, A.; Gans, P.; Meng, R.: Bevölkerungsentwicklung und Abschätzung des Wohnbauflächenbedarfs in der Region Rhein-Neckar bis 2020. Gutachten im Auftrag des Verbands Region Rhein-Neckar. Mannheim 2008

117 M 3 ebenso

120 M 2 OECD

120 M 3 Stat. Bundesamt

121 M 5 Eurostat

Verwendete Kürzungen:

BBSR: Bundesinstitut für Bau-, Stadt- und Raumforschung

GR: Geographische Rundschau

HWWI: Hamburgisches WeltWirtschaftsInstitut

MzB: Materialien zur Bevölkerungswissenschaft

PB: Population Bulletin

UN: United Nations

UNDP: UN Development Programme

WPDS: WPDS

ZfB: Zeitschrift für Bevölkerungswissenschaft

Quellentextverzeichnis

17 M9 Jürgen Bähr: Bevölkerungsgeographie. Stuttgart: UTB 2004, S. 198–199

19 M5 Bohle, H.-G.: Bevölkerungsentwicklung und Ernährung. In: Geographische Rundschau 53 (2), 2001, S. 19

21 M5 Population Reference Bureau (Hrsg): World population highlights. Population Bulletin 3/2008, S. 5

32 Jürgen H.P. Hoffmeyer-Zlotnik, Uwe Warner: Privater Haushalt. Konzepte und ihre Operationalisierung in nationalen und internationalen sozialwissenschaftlichen Umfragen. Mannheim: Verlag für Sozialwissenschaften 2008

36 Amartya Kumar Sen: Development as freedom. New York: Random House 1999

37 Amartya Sen im Interview mit Nermeen Shaikh. Asia Society 6.12.2004, www.asiasociety.org/business-economics/development/amartya-sen-a-more-human-theory-development

38 Amartya Kumar Sen; Sudhir Anand: Gender Inequality in Human Development: Theories and Measurement. Occasional Paper, 1995 http://hdr.undp.org/docs/publications

48 McFalls; J. A, Jr.: Population. A lively introduction. Population Bulletin 1/2007, S. 10

49 M3 Rainer Lindner: Russlands defekte Demographie. Studie Stiftung Wissenschaft und Politik. Berlin 2008

53 M3 Rogelio Saenz: The Growing Color Divide in U. S. Infant Mortality. Population Reference Bureau, Washington D. C. (www.prb.org); abgerufen am 27.1.09)

55 John R. Weeks: Population. An introduction to concepts and issues. Belmon: Wadsworth 1996, S. 169

57 M4 Charlotte Wiedemann: Das Land der Waisen. In: Die Zeit, 26. Juli 2007 (31), S. 11–15

60 M7 Jürgen Bähr: Bevölkerungsgeographie. Stuttgart: UTB 2004, S. 196–197

62 M3 Jürgen Bähr: Bevölkerungsgeographie. Stuttgart: UTB 2004, S. 221

64 M2 Paul Gans, Ansgar Schmitz-Veltin (Hrsg.): Demographische Trends in Deutschland. Folgen für Städte und Regionen. Forschungs- und Sitzungsberichte der ARL 226, 2006, S. IX

70 M4 Ron J. Lesthaeghe : Second demographic transition. In: Ritzer, G. (Hrsg.): Blackwell Enyclopedia of Sociology. Oxford 2007

71 M1 Kocks, M.: Konsequenzen des demographischen Wandels für die Infrastruktur im ländlichen Raum. Geographische Rundschau 2/2007, S. 24

76 Klaus Bade: Ausländer- und Asylpolitik in der Bundesrepublik Deutschland: Grundprobleme und Entwicklungslinien. In: Einwanderungsland Deutschland: bisherige Ausländer- und Asylpolitik; Vergleich mit anderen europäischen Ländern. Bonn 1992, S. 62, 65–66

81 M2 Ludger Pries: Internationale Migration. Bielefeld: Transcript, 2001, S. 13

91 M4 Kristin Kastner: „My baby is my paper" – Familiäre Bindungen nigerianische Migrantinnen auf dem Weg nach Europa. Afrika Spectrum 2/2007, S. 251,

95 M3 Amelie F. Constant, Elena D'Agosto: Where Do the Brainy Italians Go? Forschungsinstitut zur Zukunft der Arbeit. Discussion Paper No. 3325, 2008, S. 3

106 M2 OECD 2002: Bildungspolitische Analyse. Paris, S. 22

111 M3 Karl Schwarz: Aus langjährigen Erfahrungen mit Bevölkerungsvorausschätzungen. In: Flöthmann, E.-Jürgen; Scholz, Rembrandt, Gärtner, Karla (Hrsg.): Demographische Vorausschätzungen – Grenzen und Möglichkeiten, Methoden und Ziele. Materialien zur Bevölkerungswissenschaft, Heft 204, S. 108, 2002

118 M4 Kerstin Schmidt, Carsten Große Starmann: Kommunen im demographischen Wandel. In: Aus Politik und Zeitgeschichte 21–22/2006

119 M1 Franz-Xaver Kaufmann: Schrumpfende Gesellschaft. Vom Bevölkerungsrückgang und seinen Folgen. Frankfurt/M.: Suhrkamp 2005, S. 161